Bitte beginner die Serie mit dem Ersten Teil, um den Inhalt
volstendig zu verstehen ;)

One last

Death

L.H. Kuhrau

Vorwort

Vielen Dank, dass Sie sich entschieden haben, mein zweites Buch zu lesen. Es ist auch der zweite Teil der „One last..." (Ein letzter…) -Reihe. Die gesamte Serie, insbesondere OLB und OLD, ist aus der Perspektive vieler geliebter Menschen geschrieben, die wie viele andere verstorben sind oder an Krebs gelitten haben, ohne die notwendige Unterstützung oder die Heilung zu erhalten, die sie so dringend brauchten. Deshalb habe ich mich weitergebildet, ausführliche Gespräche mit Menschen geführt, die an Krebs erkrankt waren oder weiterhin daran leiden, und versucht zu verstehen, warum diese Krankheit eine so große Herausforderung für uns darstellt. Sie werden die Schlussfolgerungen, zu denen ich im nächsten Buch gelangte, leicht verstehen. Ich hoffe, Ihnen gefällt die Geschichte und Sie haben eine schöne Pause, auch wenn das Buch unserer Realität in der medizinischen Welt sehr nahe kommt, wie es das erste Buch, OLB, tat.

Bitte beachten Sie, dass das folgende Buch Gewalt, sexuellen Missbrauch, Krankheiten wie Krebs, sexuelle Inhalte und andere Inhalte enthält, die für manche Leser sensibel sein könnten. Weitere Informationen finden Sie in der Buch Beschreibung.

„Ich sah in den Spiegel,

fand nur mich selbst darin.

Lernte die Ecken zu akzeptieren,

erst dann konnte wahres Wachstum

Endspringen"

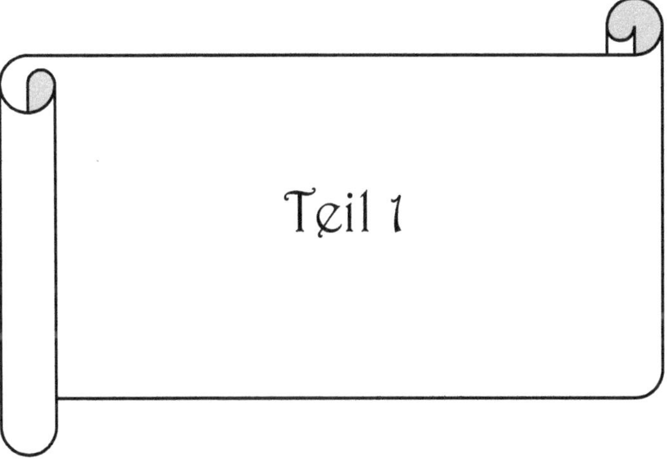
Teil 1

Kapitel 1

Ich bin nur hier und nirgendwo sonst. Das wird sich nicht ändern, solange kein Wunder geschieht, dachte ich, als wir unseren gewohnten Weg in den Wald gingen. Hier könnte es etwas kühler sein, weil uns die Bäume vor der brennenden Sonne schützen. Außerdem war der Pfad etwas Besonderes für mich, vor allem der eine Platz den wir gleich kreuzten. Es war der Ort, an dem er mich das erste Mal geküsst hat. Der Ort, der meine Emotionen in echtes Glück verwandelte, von der widersprüchlichen Seite, die ich gezeigt hatte - jetzt war es eine reale geworden.

Als wir wieder genau zu diesem Baum gingen, berührte er meinen Arm leicht, so dass ich meinen Blick zu ihm wendete, verwundert darüber, was er sagen wollte. Kein Wort, aber er kniete vor mir nieder. Sofort weiteten sich meine Augen. „Was machst du? Bitte steh wieder auf", sagte ich schockiert und sah mich um, aus Angst, dass uns jemand so sehen würde. Niemand war da, nur wir zwei umgeben von Bäumen und kleinen gelben Blumen. „Lusie", flüsterte er meinen Namen und sprach ihn wie den eines Engels aus. Was passierte hier? „Nathaniel ich...", begann ich, aber dann sah er mir mit all seiner Ehrlichkeit in die Augen. Mir wurde warm ums Herz und alles fühlte sich wieder richtig an. „Willst du, Lusie Amans, mich heiraten?" Seine Worte ließen Tränen in meinen Augen aufsteigen. Freudentränen. Auf seinen Lippen schlummerte ein leichtes Lächeln, aber bevor ich antworten konnte, klingelte der Wecker.

„Guten Morgen." Deen küsste mich sanft wie immer, als wäre ich Porzellan, das in der Sekunde, in der er es berührt, zerbrechen könnte. Es ist jetzt einen Monat her, dass ich in Deens Wohnung eingezogen war. Ich hatte mich noch am selben Abend dafür entschieden, als mir klar wurde, welche Entscheidung ich zwischen den beiden treffen musste. Es klingt seltsam, aber es war die einzige Möglichkeit, die Brüder nicht zu trennen und mich die beiden wichtigsten Menschen in meinem Leben sehen zu lassen.

Niemand konnte sich Deen vorstellen, als ich ihm sagte, dass ich ihn statt seines Bruders gewählt hatte. Seine Augen glänzten. Dazu noch die wiedererwachte wahre Freude, als er auf mich zulief und mich mehrere Minuten lang fest umarmte und mich in der Luft herumschwang. Während er das tat, genoss ich natürlich sein Glück, aber als ich im Hintergrund Nathaniel sah, der sich umdrehte und ging war das unbeschreiblich schmerzlich.

Davor lächelte er und nickte mir zu, versicherte mir damit, dass ich richtig entschieden hätte. Doch als er wieder in den Fahrstuhl zurück ging, konnte ich das Glitzern der Tränen in seinen Augen erkennen.

In diesem Moment versprach ich mir, mich auch auf meine eigene Weise um ihn zu kümmern. Was auch immer wir vorher hatten, wir mussten jetzt etwas Ähnliches finden. Nicht nur für ihn, sondern auch für mich.

Kapitel 2

Mittagszeit. Schließlich waren wir viel zu lange allein in Deens Wohnung gewesen. Obwohl sie bereits gegen die Pharmaindustrie kämpften, waren wir immer noch nicht sicher. Leider hatte mir niemand etwas darüber gesagt, wie lange das noch dauern würde oder wie die ersten Ergebnisse der gerichtlichen Untersuchung ausgegangen waren.

Mich beunruhigte nicht nur, dass ich es nicht wusste, sondern auch, dass sie mir so wenig glaubten oder aber dachten, dass sie mich beschützten, wenn ich nichts wusste. Allerdings hatte es auch eine gute Seite: Ich vertraue Nathaniel, und wenn er mir etwas nicht sagte, dann weil alles in Ordnung war oder weil er nicht mochte, dass ich Angst hatte. Was auch immer es war, er würde mir alles sagen, wenn ich mich dadurch besser fühlte. Aber ich hatte nach dem, was ich gesehen hatte, das Gefühl, dass jede Information auch der Weg zum Untergang sein konnte.

„Kommst du mit?", fragte Deen. Jeden Mittag gingen wir irgendwo essen. Für ihn war es nicht so wichtig, wo es sein würde, aber Nathaniel gab ihm eine Liste mit guten Lokalen, die definitiv die Besten der Stadt waren. Ich wusste, dass er es für mich getan hatte, und ich mochte mir nicht vorstellen, wie es für ihn war, als er diese seinem Bruder gab. Irgendwie fühlte ich mich dann wie ein Monster. Ich liebte Deen. Ich liebte ihn wirklich. Auf der anderen Seite war es bei Nathaniel nicht dasselbe. *„Es geht nicht um uns, sondern um sie",* diese Schlussfolgerung ging mir schon seit einigen Monaten nicht mehr aus dem Kopf. Die Wahl lag bei mir und ich entschied mich, mit Deen zusammen zu sein. Eher aus logischen als aus emotionalen Gründen.

Doch in dem Moment, als Nathaniel mich zum Gehen ermutigte, wurde mir zum ersten Mal klar, dass mein Herz in Liebesdingen nicht sehr groß war. Die Menschen hoffen oder mehr noch, sie sehnen sich nach Liebe, aber was sie nicht sagen oder wissen, ist, dass es nicht nur eine Art von Liebe gibt. Ich dachte jetzt nicht an die Liebe von Eltern oder Freunden, sondern an die typische Beziehung. In unserer Gesellschaft herrscht Monogamie.

Was bedeutete nun Liebe für mich? Liebe in meinem primären Ich – ein immer noch 22-jähriges Mädchen, das seit etwa zwei Wochen nicht mehr jungfräulich war (Deen konnte es nicht ertragen, noch länger zu warten) – war es die Sehnsucht, mit dieser Person zusammen zu sein? Ich wollte, dass es ihnen gut geht. Das war im Moment sogar bedeutsamer als mein eigenes Wohlbefinden. Außerdem war das Wichtigste für mich immer noch, dass ich alles wissen und verstehen wollte, was diese Menschen betraf, was dazu führte, dass ich nach einer Weile lernte, aus ihnen zu lesen, weil sie mir so nahe waren. Meine Gedanken brachten mich zum Weinen aus Angst, dass ich ihn nun nicht mehr sehen würde. Nathaniel. Auch wenn ich hoffte, dass er gelogen hatte, wusste ich doch, dass er nie jemanden belog. War ich auf der anderen Seite einfach irgendjemand für ihn? Belügen wir Menschen, die wir lieben, leichter als Fremde, weil wir wissen, dass sie uns verzeihen werden? Denn ich wusste, dass ich ihm sofort verzeihen würde. „Woran denkst du?", fragte Deen, als wir etwa zehn Minuten lang mitten durch den Wald fuhren. „Was ist Liebe für dich?" Ich war neugierig, seine Definition zu hören. Er lachte nur und sah mich an. „Du", sagte er, und ich verdrehte die Augen. „Das ist keine Definition. Das bin ich, eine Person", sagte ich und schaute aus dem Fenster.

Dort sah ich eine Rehmutter mit ihren Kitzen. „Es handelt sich um ein komplexes neurobiologisches Phänomen, das durch die Freisetzung von Neurotransmittern wie Oxytocin und Dopamin gekennzeichnet ist und emotionale Zustände, Bindungsverhalten und physiologische Reaktionen beeinflusst und letztlich zu einem tiefen Gefühl der Verbundenheit und des Wohlbefindens beiträgt", sagte er, und ich lachte. „Okay, Herr Doktor, aber wie fühlt es sich an?", antwortete ich lachend und er atmete tief durch. „Wie Schmetterlinge im Bauch, oder was meinst du?", nannte er die klassische Antwort, unsicher wie er es selbst beschreiben würde.

„Ich dachte an eine Definition dessen, was man davon erwartet oder wie es sich anfühlt", versuchte ich es zu erklären, und er sah mich an und begann ein Gedicht. „Dann findet meine Seele ihre Melodie in den ineinander verschlungenen Noten der Zuneigung, wo der Rhythmus meines Wesens mit der Gegenwart eines anderen harmoniert, eine Verbindung, die so wichtig ist, dass sie zum Atem wird, der mich trägt, ein stiller Balsam für die stillen Stürme in meinem Inneren", sagte er. Sofort wurde mir klar, was das für mich und seine Beziehung zu mir bedeutete, aber ich musste mich vorerst zurückhalten. Außerdem musste ich so schnell wie möglich mit Nathaniel darüber sprechen. Denn wenn ich mit Deen in einem „Sturm", wie er sagte, nicht fertig werden konnte, was mir rätselhaft war, dann war meine eigene Stabilität so oder so nicht die eines Baumes. „Nicht einverstanden", fragte er mich vorsichtig, als ich länger nicht geantwortet hatte. „Es ist deine Art, es zu definieren, aber ich glaube nicht, dass es gut für mich ist, deine seelische Stütze zu sein", sagte ich und das ließ ihn sofort verstummen.

„Deen?" Ich versuchte, ihn nach einer Weile dazu zu bringen, etwas zu sagen. Seine Fäuste ballten sich und waren so angespannt, dass die Knochen weiß durchschimmerten. Seine Stimmung hatte sich so schnell wie nie zuvor verändert.

„Du wirst mich wieder verlassen. Das kann ich spüren", sagte er schließlich, und ich fragte mich, warum er so dachte. Es war mir nicht aufgefallen. Ich wollte ihn nicht verlassen. Ich wollte mit ihm zusammen sein, aber nicht „nur" mit ihm. Auch wenn ich wusste, dass es nicht geht, war es ein innerer Wunsch von mir. Das Leben ohne Nathaniel erwies sich als schwieriger als erwartet.

„Deen, bitte denke nicht so. Wie lange kennen wir uns auf diese Weise? Nicht einmal einen Monat", sagte ich und er wandte sich mir zu. „Das war es für mich, eine Sekunde hat gereicht, um zu wissen, dass ich keine andere Frau mehr will, nur dich für immer. Unser erster Kuss war unglaublich", erklärte er, und meine Augen füllten sich mit Tränen. „Ich habe dich weggestoßen", sagte ich, und er lächelte, während er daran zurück dachte. „Das hast du getan. Du hast mir noch einmal in die Augen geschaut und mich wieder geküsst", sagte er, und ich dachte darüber nach, musste es aber korrigieren. „Das war nicht der erste Kuss", er lachte wieder. „Das war der erste akzeptierte Kuss, also nehme ich es, wie ich will", zog er es sich zurecht, doch bevor ich ein Wort sagen konnte, drehte er sich zu mir um und küsste mich voller Verlangen. Wie immer ändert sich meine Meinung mit seinen Handlungen, was mich schwächer machte. Sofort taten mir meine Gedanken und Sprüche leid und ich küsste ihn zurück. Auch wenn es weder Wunsch noch Begierde war, die mich dazu veranlassten, war Liebe in diesem Moment auch eine Medizin, die sofort wirkte – Deen konnte wieder er selbst sein und würde den ganzen Tag lächeln.

Die Kellnerin war bereits gekommen, aber ich hatte eine halbe Stunde lang nur auf die Speisekarte gestarrt, ohne einen Schritt weiterzukommen. Alles hörte sich köstlich an, war jedoch zum Teil sehr teuer was mich abschreckte. Ich mochte nichts für einen Preis von einem oder sogar zwei früherer Monatseinkommen von mir bestellen.

„Was willst du?", fragte Deen mich, als er mit seiner Auswahl fertig war. „Ich bin unsicher", erwiderte ich. „Wir brauchen noch ein paar Minuten, okay?", sagte er der Kellnerin, die Deen zu freundlich anlächelte, auch wenn ich direkt vor ihm saß, und damit nicht zu übersehen. Was ich empfand, war nichts anderes als Mitleid mit ihr. Warum flirtete sie mit Männern, die in einer Beziehung waren, wenn ihr Aussehen es ihr erlauben würde, mit vielen anderen Spaß zu haben? War es ein Spiel? Etwas, das ihr gefiel, oder generell Spaß machte und dass ich noch nicht erlebt hatte?

„Würdest du wenigstens einen Blick auf die Speisekarte werfen?", fragte Deen leicht genervt, nachdem ich über ihr Verhalten und den Sinn des Ganzen nachgedacht hatte. „Du bist jetzt nicht wirklich eifersüchtig, oder?", fragte er dann, und irgendwie klang es so, als wollte er, dass ich es bin. „Du redest doch nur mit ihr. Warum sollte ich es sein?", fragte ich ihn, wobei ich vorsichtig versuchte, ihn nicht mit der Tatsache zu verärgern, dass ich überhaupt keine solchen Gefühlen hatte.

„Andere würden ihre Gesten bereits als Grund dazu ansehen, aber wie auch immer. Ist ja egal. Was willst du jetzt?", fragte er mich erneut und ich schaute mir noch einmal die Speisekarte an. Er lächelte amüsiert. „Vielleicht bist du in zwei Minuten mit mir im Bad", sagte er, und ich verdrehte die Augen, überhaupt nicht beeindruckt von seinem willkürlichen Spruch.

„Ich würde das Steak nehmen, aber mein Bruder würde sicherlich den Hummer oder so etwas mit Meeresfrüchten wählen", sagte er herausfordernd. Bei dem Gedanken an Nathaniels Essenswahl bekam ich sofort Hunger. Es waren die besten Mahlzeiten gewesen, die ich je genossen hatte, aber jetzt war ich bei Deen, nicht mehr bei ihm, also würde ich auch seine Auswahl akzeptieren und ausprobieren.

„Hast du nicht bald Geburtstag?", fragte mich Deen und ich sah ihm skeptisch in die Augen. „Woher weißt du das?", fragte ich und er verriet grinsend: „Von meinem Bruder." Ich hob eine Augenbraue und fragte mich, wann ich das gesagt hatte oder woher er es wusste, aber Deen fuhr fort, sodass ich keine Antwort auf meinen Gedanken finden konnte.

„Willst du mit mir verreisen?", fragte er, und sofort hasste ich es zu sagen, was ich wollte, weil ich wusste, dass es ihm nicht gefallen würde. „Können wir nicht einfach keine große Sache daraus machen? Die Familie einladen und so darüber hinwegkommen", schlug ich vor und er verzog das Gesicht. „Darüber hinwegkommen? Es ist dein

Geburtstag", sagte er und ich verdrehte die Augen. „Ja, das stimmt, aber ich hatte zweiundzwanzig Geburtstage überstanden und werde hoffentlich noch mehrere haben", bemerkte ich und verdrehte die Augen erneut.

„Du willst also mit Nathen feiern?", fragte er, ohne bei dem Namen zu zögern. „Weißt du, was ich wirklich gerne hätte, Deen?" Ich sprach seinen Namen mit einer Warnung aus. Er lehnte sich zurück. Allerdings blieb ich leicht über dem Tisch gebeugt. „Ich möchte, dass du mit dieser Eifersucht aufhörst", sagte ich und er hörte auf, mir in die Augen zu sehen, nur um mit seinem Blick bei der Kellnerin zu verweilen, die bei jedem Schritt absichtlich mit ihrem Hintern wackelte. Ich lehnte mich wieder zurück, gelangweilt von seinem Versuch, mich eifersüchtig zu machen. Nathaniel würde das niemals tun, er hatte dieses Gefühl nie, weil er wusste, dass er mein Herz hatte und selbst wenn dies nicht so gewesen wäre, Eifersucht nicht zu seinem Vorteil gewesen wäre.

„Ich bin kein Lügner, Deen, und es tut mir weh, dass du mich für einen hälst, aber ja, ich will auch mit ihm feiern. Ist das so komisch? Ich wohnte mehrere Monate mit ihm in derselben Wohnung und…", ich unterbrach mich, aber Deen sah mir gerade wieder interessiert in den Augen und fragte kühl: „Und was?".

Zum Glück kam die Kellnerin mit unserem Essen, also hatte ich eine kurze Pause, bevor er mich wieder mit dieser Frage belästigen würde. Wir bedankten uns beide freundlich und ich begann, das trockene Steak zu essen, sobald sie weg war. Es war nicht vergleichbar mit den Mahlzeiten, die ich mit Nathaniel hatte, aber es war trotzdem gut. „Könntest du endlich fortfahren, mit dem was du sagen wolltest, bevor das Essen kam?" Er starrte mich an, sein Essen stand vor ihm, doch er rührte es nicht an. Deshalb hielt ich inne, mit der Auffassung, dass seine Stimmung und Vorstellungen über meine Gedanken noch schlechter werden würden, wenn ich sie nicht sofort aussprach. Natürlich könnte ich lügen. Deen war nicht in der Lage, mich so zu lesen, wie sein Bruder es konnte, und würde es nicht erkennen. Auf der anderen Seite würde mir das nicht weiterhelfen. Ich musste ihm die Wahrheit sagen, wenn ich damit die Situation ändern konnte.

„Weißt du, Deen, ich liebe dich, aber die Entscheidung zwischen euch beiden ist das Schlimmste, was jemals in meinem Leben passiert ist. Ich fühle mich nicht vollständig, weder mit dir noch mit ihm", sagte ich, und er brauchte lange, um über meine Aussage nachzudenken und zu begreifen, was ich damit sagen wollte. „Mein ganzes Leben lang war ER es immer. Wir mussten uns alles teilen, also hatten wir die gleiche Ausgangsposition. Allerdings hat er mehr verdient als ich. Ich bin mir meiner Fehler und seiner Vollkommenheit bewusst, aber glaube mir eines: Ich würde niemals meine Freundin mit ihm teilen. Auch wenn Sie darum gebeten hätte", und so stand er auf, bevor ich etwas erwidern konnte, und verließ eilig das Restaurant.

„Wir müssen reden", sagte ich zu ihm und bemühte mich so gut wie möglich, in der Öffentlichkeit kalt, aber nicht wütend zu wirken. Meine Gefühle waren jedoch ganz anders: Ich wollte jede Wand zerstören, jede Blume, sogar mich selbst und ihn, einfach alles, die ganze Welt. Am Ende wusste ich, dass das ein Anfang aus dem Nichts war, aus totaler Traurigkeit und mangelnder Lebensfreude. Danke, Lusie.

„Deen, beruhige dich bitte." Nathen flehte mich an, aber ich wusste, dass es zu spät war. Ich rannte zur Arztpraxis und hörte, wie er hinter mir herlief. Es war mir egal. Ich musste an einen Ort kommen, an dem ich meine Gefühle ausdrücken konnte. Sonst würde es bald weh tun. Vielleicht hatte ich die Chance, einfach alles rauszulassen und wieder ich selbst zu sein, bevor die andere Seite seine Chance nutzen und mich überrennen würde.

Ich drückte tausendmal den Knopf, der mich nach unten bringen sollte, bevor sich die Türen endlich schlossen. Nathen kam hinter mir her, aber er ließ sich nicht aus der Ruhe bringen. Mit seinen großen Schritten holte er mich ein und bevor der Aufzug losfuhr, drückte er den Knopf von außen und die Türen öffneten sich wieder. Als er drinnen war, musste ich versuchen, mich zu beruhigen. Sonst wäre er hier bei mir nicht sicher. Das wäre ein weiser, normaler Gedanke gewesen, aber im Moment war diese Person, mein Bruder, einer dieser Menschen, die ich sterben sehen wollte. Die Tür wurde geschlossen, und ich sprang fast auf ihn zu, bereit zu kämpfen und diese Person zu töten, die mir wieder mein Leben gestohlen hatte. Was er tat, war nicht nur unerwartet. Es war auch etwas, das mich so schnell beruhigte, dass ich spüren konnte, dass meine Gefühle die Oberhand gewannen. Ich fiel, wie so oft, in ein schmerzhaftes Nirgendwo, wo das Glück ein Geheimnis der Vergangenheit und hoffentlich der Zukunft war. Nathen hatte seine Arme fest um mich geschlungen und zog mich in eine Umarmung, die sicher normal aussah, sich aber so intensiv anfühlte. Ich hatte meinen Bruder vermisst, aber ich wusste, dass meine Gefühle primär und leider nicht dauerhaft waren. Sofort packte mich die Angst, dass er sie mir wegnehmen würde. Ich wünschte mir, wir hätten sie nie getroffen.

Ich hatte es jedoch rausgelassen. Im Aufzug, in den warmen Armen von Nathen. Ich weinte. Ozeane strömten mir aus den Augen, bis nichts mehr übrig war. Sicherlich hatte er irgendeinen Knopf gedrückt, denn die Aufzugstüren öffneten sich nicht. Zum Glück, weil das unnötige, freundliche Verhör nicht nur meine Existenz rauben würde, sondern mich noch weiter nach unten ziehen würde, dachte ich, als nichts mehr als ein hilfloses Schluchzen aus mir herauskam. „Willst du dir ein paar Tage frei nehmen?", fragte er mich freundlich, aber ich wusste, dass zu Hause bleiben es nur noch schlimmer machen würde. Ich brauchte etwas zu tun, deshalb sagte ich: „Vielen Dank, Bruder. Vergiss es, es wird hoffentlich nicht noch einmal vorkommen." Ich ging auf die andere Seite des Aufzugs und bemerkte, dass meine Augen schmerzten und seine komplette Arbeitskleidung nass war. „Aber ich denke, dass ich irgendwie arbeiten muss. Einfach nicht anfangen an alles zu denken, weißt du", erklärte ich und er drückte einen Knopf, damit sich die Türen öffneten. Überraschenderweise befanden wir uns nicht im Keller, sondern in Nathaniels Wohnung in der obersten Etage.

Gleichzeitig stiegen wir aus und er ging in ein Zimmer, wo er sowohl für ihn als auch für mich saubere Kleidung holte. „Danke", sagte ich und er fragte, was passiert sei. In dem Moment, als er seine Frage beendete, weiteten sich meine Augen, als mir klar wurde, was ich getan hatte. „Deen?" Nathaniel erkannte die Veränderung meines Gesichtsausdrucks und blickte mir direkt in die Augen, wobei er sicher versuchte, meine Gedanken zu lesen. „Wo ist sie?", fragte er plötzlich, denn natürlich bekam er leicht heraus an was ich dachte. „Wir... wir da im Restaurant", stammelte ich und er schrie mich fast an. „Was?!?" Und ich erzählte es schnell, aber bevor ich geendet hatte, hatte er die Wohnung schon verlassen.

Ich hatte mich sofort verflucht. Wie konnte ich nur so leicht die Kontrolle verlieren? Wir hatten gerade gegessen. Alles schien in Ordnung zu sein, aber jetzt... Wenn ihr jetzt etwas zustoßen würde, wäre niemand anderes als ich daran schuld. Am Ende hätte dies Konsequenzen, das wusste ich bereits. Selbst wenn ihr nichts passierte, was hoffentlich der Fall war, würden weder sie noch mein Bruder mir genug vertrauen, um sie weiter bei mir wohnen zu lassen, dachte ich. Wieder begannen meine Beine zu zittern, bevor sie mich nicht mehr tragen konnten. Ich fiel, nicht nur tatsächlich, sondern auch geistig. Mein Leben schien wieder in Trümmern zu liegen, und im Moment würde ich nicht die Kraft haben, es aufzubauen. Der warme Raum, der mich umgab, fühlte sich eiskalt an. Mein ganzer Körper zitterte, als ich schrie und weinte. Offenbar war ich auf dem Boden von Nathen's Wohnung eingeschlafen. Alles tat weh, sicher weil ich es nicht gewohnt war, auf dem harten Boden zu schlafen. Es störte mich allerdings nicht. Ich hatte diesen Schmerz verdient, auch wenn es nur ein kleiner Kratzer im Vergleich zum Inneren war. Hatte ich schon lange geschlafen? Wo war Lu? Ging es ihr gut?, fragte ich mich, während ich wie ein Zombie durch die leere Wohnung ging. Ich blieb in jedem Raum stehen und sah mich ein paar Sekunden lang um. Was sollte ich jetzt tun?

In diesem Zustand konnte ich die Klinik nicht verlassen. Wenn mich jemand sehen würde, würde alles noch schlimmer werden. Daher ging ich zum großen Fenster, das zum Glück von außen nicht durchsichtig war, so dass mich niemand sehen konnte, ich jedoch alles. Dort stand ich, wartete darauf, dass mein Mädchen und Nathaniel eintraten, aber es passierte nichts. Die Zeit verging. Es war mir nicht mehr möglich, einfach nur dazustehen. Schon jetzt schmerzte nicht nur mein Inneres, sondern auch mein ganzer Körper durch die unangenehme Position. Trotzdem wollte ich die einzige existierende Nummer anrufen, die ich im Kopf hatte – die meines Bruders.

Beim ersten Anruf schaltete sich der Anrufbeantworter ein. Beim zweiten Anruf hieß es, er könnte nicht erreicht werden. Also wartete ich weitere zehn Minuten, die sich wie Stunden anfühlten. Im Haus war es still. Nichts war passiert. Das Einzige, was für mich hörbar war, war das immer schneller werdende Schlagen meines Herzens. Plötzlich klingelte das Telefon. Endlich, dachte ich und nahm sofort ab, ohne die Nummer zu überprüfen. „Hallo?", sagte ich, doch am anderen Ende hörte ich nur ein gleichmäßiges Atmen und ein Rascheln oder Zischen, das ich nicht zuordnen konnte.

Ich musste ruhig bleiben, weil ich den Namen „Nathaniel" nicht sagen wollte, aber ich konnte auch nicht warten, bis mein Gegenüber anfing. „Mit wem spreche ich?", fragte ich, und ein hässliches Lachen war zu hören. „Glaubst du, es wäre so einfach?", sagte die andere Person mit verfremdeter Stimme. Ich riss meine Augen auf, reagierte aber sofort, sprang auf, um mein Handy zu holen und auf Aufnahme zu drücken

„Wovon reden sie?", fragte ich unwissend. „Komm schon, das ist langweilig, Deen", sagte die Stimme, und ich war schockiert, dass sie wusste, wer ich war. „Was wollen Sie hören?", fragte ich, in der Hoffnung, etwas mehr zu erfahren, doch ich erntete nur Gelächter. „Was wollen sie? Geld?", fragte ich so fest wie ich nur konnte. Glücklicherweise hatte ich meine Tränen vorhin schon verschwendet, aber meine Stimme fühlte sich immer noch ein wenig zittrig an. „Ich will nichts. Ich bekomme alles. Es geht nur darum, auf dumme Taten zu warten, die es einfacher machen. Kannst du dir vorstellen, was ich damit meine?", fragte die Person und ich musste in dem Moment hart schlucken, bevor er fortfuhr. „Du weißt es. Es ist deine Schuld. Sie werden sterben. Schmerzhaft. Ich werde dir jetzt sagen, was ich ihnen antun werde", sagte die Person, und irgendwie gehorchte ich. Ich sagte kein Wort. Alles, was ich gelernt hatte, habe ich falsch gemacht. Ich bin wieder einmal gescheitert. Ein Versager. Ein Nichts.

„Ich werde mit dem Mädchen beginnen, weil er sie offensichtlich anbetet. Sie zu retten wäre sonst eine solche Dummheit, dass ich hoffe, mein Sohn würde das auf keinen Fall tun. Hast du das gehört, Deeny?", sagte die jetzt sehr bekannte Stimme und ich musste mit mir kämpfen, um nicht ins Telefon zu schluchzen.

„Halt", sagte ich in der Hoffnung, stark und kraftvoll zu klingen, aber ich klang wie ein Looser, was ich offenbar auch war, sonst hätte er sie nicht. „Zunächst werde ich jede einzelne Haarsträhne herausreißen und etwas Waschmittel über die Wunden laufen lassen. Stell dir einfach dieses wunderschöne schrille Geräusch vor. Danach werde ich ihr die Nägel ausreißen, sowohl die Zehen- als auch die Fingernägel", sagte er und ich schrie ins Telefon: „STOP!!!", damit er aufhörte, aber die einzige Reaktion, die kam, war ein amüsiertes widerwärtiges Lachen.

„Danach werde ich ihr die Zunge herausreißen und sie ihr tief in ihre Kehle stecken. Schlimmeres hat sie nicht verdient. Sie hat nicht so viel getan", erklärte er sadistisch. „Was willst du?", schrie ich verzweifelt und er lachte. „Du weißt, was ich will", sagte er. Selbst wenn ich wollte, konnte ich ihm nicht geben, was er verlangte. Er wollte sicher, dass das Gerichtsverfahren eingestellt wird oder unsere Klinik schließt.

Was auch immer es war, es ging nicht um mich, sondern um Nathen. Oh, ich vermisse ihn gerade so sehr. Er hätte, was auch immer es war, besser gemacht als ich, oder? Ich bin nur ein Arzt. Das ist nicht mein Gebiet. „Okay, ich werde tun, was du willst, wenn du sie zurückbringst. Jetzt!", entschied ich, hoffentlich gut lügend. „Oh, Deeny, halte dich nicht für jemand Besonderes. Du bist ein Nichts. Du kannst dich nicht einmal beherrschen. Er würde dir niemals die Zügel in die Hand geben", sagte er mit falschem Mitleid. Doch für mich fühlte sich jedes einzelne Wort so an, als könnte es wahr sein. Mit letzter Kraft dachte ich, du musst dich jetzt zusammenreißen, sonst gehe ich komplett kaputt. War ich doch emotional schon sehr angeschlagen. „Gut, dann kann ich jetzt ja verdammt nochmal schlafen gehen. Offenbar kann ich dir nicht helfen. Gute Nacht", sagte ich, aber die Stimme hielt mich davon ab, sonst wäre mein Plan ruiniert gewesen. „Deenyboy, leg jetzt nicht auf. Es fängt gerade an, lustig zu werden", ich rollte mit den Augen, entsetzt, dass dieser Mensch das „lustig" fand.

„Da er so freundlich zu mir war und dich für ihn arbeiten ließ, können wir doch jetzt zusammenarbeiten", schlug die Stimme vor, und Nathens größter Albtraum wurde wahr. Das war der Grund, warum er nicht wollte, dass ich für ihn arbeite. Er wollte mich als Informanten benutzen und was immer ich sagen oder tun würde, wäre falsch. Wenn ich lügen würde, wären sie tot. Ich käme mit mir selbst nicht mehr klar und die Klinik wäre ruiniert. Wenn ich die Wahrheit sagte, würde das Gleiche passieren. Der einzige Unterschied wäre, dass ich vielleicht einen Tag länger überlebte. Die Stimme hatte gelogen, oder zumindest würde sie Nathen und Lusie nicht gehen lassen. Nein. Sie würden sterben, so wie auch ich. Es war nur eine Frage der Zeit. Was auch immer ich tat, ich musste es so lange wie möglich hinauszögern, in der Hoffnung, dass ein Wunder geschehen würde. „Was meinst du?", fragte ich noch einmal, in der Hoffnung, dass er deutlicher werden. „Was gibst du den Patienten?

Ich will jetzt nichts mehr von deinen Vitamintabletten hören", seine Stimme war hart und drohend und mein Kopf begann vor lauter Aufregung zu schmerzen. Es war so quälend, dass mir keine gute Antwort einfiel. „Deen, du hast meine Adresse. Fahr jetzt einfach zu mir!" Die Stimme war klar und deutlich. Ich war perplex, als er plötzlich ohne ein weiteres Wort auflegte.

Warum sollte er mir glauben? Wenn ich die Polizei einschalten könnte, wäre er endgültig ruiniert. Es war etwas Schlimmes passiert. Ich wusste es. Sonst wäre sein Handeln nicht logisch, sondern dumm. Doch als ich ins Bad ging und mich im Spiegel sah, wurde mir sofort klar, dass ich nirgendwo hingehen konnte. Nicht wegen meines Stolzes, Egos oder was es sonst noch für Gründe geben mag. Nein. Es lag an meiner Existenz. Angenommen, ich würde sofort in die Pharmazeuten-villa fahren: Er würde mich auslachen, bis ich vielleicht vor ihm flehend auf die Füße falle, und wenn das geschähe, wäre ich nicht nur für Lusie und Nathaniel nutzlos, auch für ihn. Wenn das passieren würde, könnte man mich nur noch in die Psychiatrie stecken. Und das für immer.

Ich ging aus dem Bad, einen Blick in die Klinik werfend, um mich zu beruhigen, in dem Gedanken, dass wenigstens dort alles unverändert war. Es war so, zumindest zunächst. Plötzlich öffnete sich die Haupteingangstür. Ich riss meine Augen und mir stiegen wieder die Tränen in die Augen. Was zum Teufel geschah hier?

Bevor ich es richtig realisieren konnte, rannte er weg. Ich versuchte noch ihm hinterher zu eilen, aber als ich die Tür erreichte, war er schon vom Parkplatz gefahren. Das war nicht das, was ich meinte. Er hatte mich völlig falsch verstanden, dachte ich, als ich dastand und ihm nachsah. Ich hoffte, dass er umkehren würde, und so ging ich einfach zu unserem Tisch zurück und setzte mich, um weiter zu essen. Es war schlimm genug, dass mich jeder anstarrte. Dazu kam, dass ich nicht bezahlen konnte. So war ich gezwungen zu bleiben, bis er zu mir zurückkehrte. Ein Telefon hatte ich auch nicht, also konnte ich weder Deen noch Nathaniel anrufen. Ich war absolut abhängig von ihnen, das wurde mir erst jetzt bewusst.

„Ist alles in Ordnung mit ihnen?", fragte die Kellnerin, die vorhin noch Deen so angebaggert hatte, neugierig. „Ja, absolut, das Essen ist gut, aber er musste schnell gehen", log ich mit mir selbst kämpfend, denn Lügen war nicht gerade meine Stärke. „Er musste geschäftlich fort, aber er wird in einer halben Stunde zurück sein. Ich würde gerne hier warten, wenn das in Ordnung ist", sagte ich zu ihr, damit ich nicht in die Verlegenheit kam, die Rechnung begleichen zu müssen. Wenn das geschehen würde, müsste ich mir schnell etwas einfallen lassen und das machte mir Angst. Zum Glück war es schon zwei Uhr mittags, so dass nicht mehr viele Besucher im Restaurant waren.

Hoffentlich wird er sich beruhigen, dachte ich und bereute das zuvor Geschehene. Ich hätte lieber nichts sagen sollen, zumindest nicht so. Doch ich vermisste Nathaniel und ich wollte ihn unbedingt wiedersehen. Wann immer das sein mag, dachte ich, als ich schweigend allein da saß.

Jedes Öffnen der Tür zauberte ein Lächeln in mein Gesicht, das aber sofort wieder verschwand als ich sah, dass es nicht Deen war. So wartete ich fast eine Stunde, nur ein Glas Wasser vor mir. Mir wurde langsam klar, dass Deen nicht zurückkommen würde. In welcher Stimmung er gerade war, es war das letzte Quäntchen, was ihn explodieren ließ. Nathaniel hatte mich gewarnt. Es war meine Schuld, dass ich das alles gesagt hatte. Das war nicht nötig gewesen und ich hatte nicht darüber nachgedacht, bevor ich die Wahrheit frei ausgeplappert hatte. Auf der anderen Seite würde ich so nicht ewig leben können. Ich war eigentlich ein vorsichtiger Mensch, aber ich konnte nicht über jedes einzelne Wort tausendfach nachdenken, bevor ich es endlich sagte. Wenn ich das ewig tun müsste, würde ich schweigen. Für immer.

Ich bemerkte, dass die Angestellten mit jeder Minute, die verging, nervöser wurden. Das lag auch an mir, da vier Stühle am Tisch reserviert waren. Die Abendessenszeit kam näher, schon in einer halben Stunde würde das Haus voller Menschen sein.

Plötzlich kam er hinein. Nicht Deen, nein, Nathaniel. Bevor ich reagieren konnte, hatte er schon den Raum mit den Augen abgesucht, mich gefunden und stand vor mir. Eine Träne stieg mir in die Augen und er nahm mich in seine Arme. Sofort fühlte ich mich wieder wie ich selbst, anders als bei Deen. Ich war so erleichtert und nervös, dass ich all meine Selbstbeherrschung aufbringen musste, um nicht in der Öffentlichkeit zu schluchzen. Als Nathaniel bezahlt hatte und wir in das Auto stiegen, konnte ich mich nicht mehr zurückhalten. Bis dahin sagten wir kein einziges Wort. Wie immer las er in mir wie in einem offenen Buch und verstand meine Situation sofort.

„Hey, ich bin jetzt hier, Lusie. Mach dir keine Sorgen", versuchte Nathaniel mich zu beruhigen, als mir die Tränen über die Wange flossen. Vorsichtig nahm er meine Hand in die seine, was mich sofort entspannte, denn es zeigte mir noch deutlicher, dass dies kein Traum war. Ich saß tatsächlich neben ihm. Endlich. Es erwärmte mein gefrorenes Herz auf eine andere Weise. „Hast du ihn gesehen?", musste ich voller Scham fragen. Schließlich war Deen immer noch sein Bruder, wenn auch nicht von dem gleichen Blut.

„Ja", antwortete er kurz, als wolle er nicht über ihn sprechen. Das irritierte mich etwas, doch andererseits wollte ich jede Sekunde, die ich mit ihm hatte, voll ausnutzen. „Lusie, ich weiß nicht, was ich heute Abend mit dir machen soll," sagte er, und es war das erste Mal, dass ich ihn ein wenig verängstigt und hilflos sah.

Ohne dass ich fragen musste, beantwortete er meine Gedanken, nachdem ich ihn kurzzeitig verwundert angesehen hatte. „Deen befindet sich in einer schweren psychischen Phase. Er braucht professionelle Hilfe. Nimm mir das bitte nicht übel, doch ich will nicht, dass du dann bei ihm bist. Nicht, weil du ihm nicht helfen würdest, aber ich glaube, dass es sich nicht gut für dich auswirken würde", versucht er zu erklären. Auch wenn es sich wie das Schwerste anhörte, was man in einer solchen Situation sagen konnte, verstand ich ihn.

Ich wollte wieder mehr Zeit mit ihm verbringen, gerade weil ich mich in den letzten Monaten nicht wie ich selbst gefühlt hatte. Ich fühlte mich wie in einem anderen Körper. Es war nicht dieses Maskieren, dass ich in den letzten Monaten tat, sondern das Simulieren gegenüber einem, der mich persönlich am besten kannte, so wie Nathaniel.

Er ließ meine Hand vorsichtig los, um sie zu meinem Gesicht zu führen und die Tränen wegzuwischen, wie er es zuvor immer getan hatte. Ich drückte mich leicht an ihn, wollte ihm meine Zuneigung zeigen und hoffte, dass er nicht wieder verschwinden würde.

„Lusie", flüsterte er. „Ich habe dich vermisst", gab er zu und ich lächelte wieder leicht. „Das ist eine Untertreibung, was meine Gefühle angeht", sagte ich darauf und sah ein herzerwärmendes Lächeln auf seinen Lippen. „Es tut mir leid", sagte er, als seine Hand meine plötzlich losließ.

„Was?", fragte ich sofort, fast aus Angst, dass ich ihn wieder verlieren würde. Bereute er seine Worte bereits? Das war nicht fair. Was hatte ich falsch gemacht, fragte ich mich, als er sein Gesicht wieder dem meinen zuwandte, um mich mit seinen leuchtenden Augen anzusehen. „Es tut mir leid. Ich bin das Risiko eingegangen, das sich heute ereignet hat. Es hätte nie passieren dürfen", meine Augen weiteten sich, als ich versuchte seine starke Fassade zu durchblicken. Er hatte mich berührt und meine Stimmung aufgehellt. Würde er es jetzt schon wieder bereuen? Plötzlich hellte sich sein Gesicht auf. „Ich meine, er hat dich heute verlassen, natürlich", erklärte er, und in dem Moment, als ich ihn mit diesem verspielten Lächeln sah, wusste ich, er liebte mich tatsächlich immer noch. Es war lange her, dass ich sie spürte, die Schmetterlinge in meinem Bauch, die allzu wild waren, um von Deen gezähmt zu werden. Der Einzige, der diese Fähigkeit hatte, war immer er, mein Nathaniel.

„Ich glaube, wir sollten nach Hause fahren. Er ist auch da", erklärte Nathaniel, und ich konnte nicht sagen, warum mich das enttäuschte. Ich wohnte doch in Deens Wohnung und hatte mein unschuldiges Jungfrauenleben an ihn verloren. Irgendwie fühlte ich mich in dem Moment, in dem ich herausfand, dass ich für Deen nie dasselbe empfand wie für Nathaniel, wie eine Spielfigur. Bei Deen war ich der Mensch, der ich einst war. Das Zusammenleben war voller Leichtigkeit und doch so gewöhnlich. Allerdings waren die Phasen seiner Stimmungsschwankungen sehr kräftezehrend. Bei Nathaniel konnte ich mich weiterentwickeln.

Durch ihn lernte ich die vielen schönen Facetten des Lebens kennen. Ich brauchte ihn. Immer wenn ich mit ihm zusammen war, war mein ganzer Körper voller Schmetterlinge und ich hatte so viel Energie in mir, wie ich sie nie zuvor hatte. Mein einziger Wunsch war, dass er nicht aus meinem Leben verschwinden würde. Selbst wenn wir zusammen wären, würde seine Klinik Vorrang haben, das wusste ich. Andererseits kannte ich ihn nur wegen dieser Klinik, und was er dort machte, fand ich großartig. Warum sollte ich ihn davon abbringen?

Langsam fuhren wir durch die leeren Straßen. Es war jetzt fast 18 Uhr und die Leute waren um diese Zeit sicher schon von der Arbeit zu Hause. Ich dachte zurück an die Jahre, als ich um zehn Uhr abends mit dem Bus nach Hause fuhr. Es war schon immer so gewesen: Die Leute kommen nach Hause, essen und plaudern mit ihrer Familie, dann schauen sie vielleicht noch Fernsehen, knuspern Chips oder

Schokolade, bevor sie am Ende des Tages ins Bett gehen. Jeden Tag dasselbe. Natürlich hatten einige Hobbys, gingen zum Fußball oder ins Fitnessstudio. Nur einige Teenager, die auch keinen Führerschein hatten, saßen zu der damaligen Zeit mit im Bus. Zum Glück war das in dieser Hinsicht eine große Erleichterung für mich. Weniger Menschen verringerten die Wahrscheinlichkeit, dass mich jemand belästigt hätte.

„Woran denkst du?", fragte Nathaniel vorsichtig, woraufhin ich antwortete: „Kannst du heute nicht meine Gedanken lesen?", darauf lachten wir beide.

„Ich denke nur über meine Vergangenheit nach, und es scheint, als hätte sich der Rest der Welt nicht so sehr verändert, seit ich zu dir gegangen bin", sagte ich und er sah mich ein wenig traurig an. „Möchtest du in dein früheres Leben zurückkehren?", fragte er, und ich war schockiert, dass er so etwas denken konnte. Hatte ich jemals ein positives Wort über meine Vergangenheit gesagt, seit Elisa mich verlassen hatte? Ich glaube nicht. „Nein", sagte ich deshalb lachend.

„Wenn ich die Wahl hätte, würde ich niemals in diese Zeit zurückkehren", erklärte ich und er sah mich verwundert an. „Was meinst du mit Wahl?", fragte er und ließ mich verstummen. Hatte er denn nicht gemerkt, wie abhängig ich von ihm oder Deen war? Ohne sie wäre ich mitten im Nirgendwo, allein, ohne Essen und ohne etwas, worauf ich mich freuen könnte. Meine momentanen Probleme waren nichts anderes als Luxusprobleme.

„Weißt du, ich habe mir kein neues Leben aufgebaut, als ich mein altes verlassen habe. Du hast mir in jeder Hinsicht geholfen, also konnte ich für diese Zeit an deiner und Deens Seite sein. Aber wenn ihr beide euch nicht mehr für mich interessiert…", ich hörte auf zu reden und ließ ihn nachdenken. Als er jedoch nach einigen Minuten immer noch nichts gesagt hatte, schaute ich in sein angespanntes Gesicht, um zu ihn fragen: „Geht es dir gut?" „Ich bedauere etwas. Es ist das erste Mal, dass ich dies tue, und es fühlt sich schrecklich an", erklärte er und ich verzog das Gesicht.

Bedauerte es Nathaniel bereits, mich näher in sein Leben gelassen zu haben? Dass er mich nicht einfach geheilt und gehen gelassen hat, oder ist das der Grund, warum er mich in Deens Leben gestoßen hat? Warum sollte er dann nicht fair mit mir umgehen? Wenn dies der Fall wäre, müsste ich jetzt an einem anderen Ort ein neues Leben beginnen? Ich wusste nur eines: Wenn er mich nicht mehr wollte, musste ich gehen. Für immer mit Deen zu leben war keine Option mehr. Andererseits würde es den letzten Teil von mir zerstören, wenn ich nur noch die Erinnerungen daran hätte, was wir jeden Tag erlebt haben, ohne Nathaniel um mich herum zu haben.

Kapitel 5

Ich parkte mein Auto und stieg sofort aus, öffnete zuerst Lusie die Tür und eilte dann nach oben zu Deen. Überrascht von der Tatsache, dass er auf mich gewartet hatte, ging ich auf ihn zu. Sein Gesicht war leichenblass. Die Augen waren vom vielen Weinen rot geworden. Ohne ein Wort zu sagen, ging mein geschockter Bruder zu mir und umarmte mich herzlich. „Du lebst", flüsterte er und ich runzelte die Stirn. „Natürlich, ich habe Lusie gerade aus dem Restaurant geholt. Was ist passiert?", fragte ich sofort. Er sah aus, als wäre er einem Geist begegnet. Warum dachte er, dass mir etwas passiert war.

Bevor er fortfahren konnte, öffnete sich der Aufzug hinter mir und Lusie kam vorsichtig heraus. Sie hatte sicher Angst davor, wie Deen reagieren würde. Zum Teil war ihre schwierige Situation meine Schuld. Ich war es gewesen, der wollte, dass sie zu meinem Bruder ging, und das war etwas, das ich jetzt bereute. Meine Absicht war es, Deen zu helfen, der jemanden brauchte. Er war nie in der Lage gewesen, für immer allein zu sein. Seine vielen Frauen waren nur dazu da, um das innere Verlangen nach Liebe abzulenken. Ich hatte viel darüber gelesen und versucht, seine Krankheit vollständig zu analysieren, aber ich hatte immer noch nicht an alles gedacht. Lusie war in seinen Augen seine Partnerin gewesen, aber sie wählte mich aus. Ich hatte sie gedrängt, zu ihm zu ziehen.

Obwohl ich wusste, dass sie ihn mochte, war mir auch bewusst, dass sie nicht so für ihn empfand wie für mich. Doch ich wollte, dass sie sich in ihn verliebt. Deen war nicht perfekt, aber er könnte ihr Leben angenehmer machen als ich. Wie könnte ich ihr das Leben bieten, das sie verdient, wenn ich nur wenig Zeit mit ihr verbringen kann? Ein Arzt kennt weder Wochenende noch Feiertag, denn Krankheit macht keine Pause. Außerdem fordert jeder Patient meine volle Konzentration. Es geht schließlich um Menschenleben.

„Lu", sagte Deen und ging schnell auf sie zu, nahm ihre Hände in seine und sah sie an. „Du bist wohlauf", stellte er fest und drehte sich wieder zu mir um. „Können wir reden?", fragte er mich und ich sah kurz Lusie an und sagte: „Wenn du etwas brauchst, werden wir im Büro sein." Aus irgendeinem Grund versuchte sie, mir nicht in die Augen zu schauen. Tatsächlich wirkte sie unruhig, nervös und vielleicht ein auch wenig traurig.

Ich würde später mit ihr reden. Mit diesen Sorgen wollte ich sie nicht allein lassen. Wenn es Deen war, um den sie sich Gedanken machte, hätte ich ihre Gefühle für ihn unterschätzt. Ich müsste sie dann darüber aufklären, was ihm fehlt und was wir unternehmen müssten. Vielleicht würde das helfen, dachte ich, als ich einen Knopf drückte und die Türen sich schlossen.

„Sie wird dir verzeihen, keine Sorge", sagte ich zu Deen, aber er zuckte mit den Schultern, als ob es ihm nichts ausmachte. Etwas, das mich irritierte. Wie konnte er so tun, als hätte es ihm überhaupt nichts ausgemacht? Sollte er nicht in sie verliebt sein? Was war in den letzten Monaten zwischen ihnen vorgefallen, während ich nicht bei ihnen war?

Sein Auftreten war automatisiert, ohne weitere Emotionen. Doch in seinen Augen konnte ich sehen, dass es keine Tränen mehr gab. „Hier, trink das." Ich reichte ihn ein Glas Wasser. Das würde ihm guttun. „Sag es mir", bat ich, damit er anfing über das zu berichten, was vorgefallen war. „Sie haben mich getäuscht", sagte er, und ich konnte nicht verstehen, was er meinte. Nach einer kurzen Pause fuhr Deen fort. „Es tut mir leid, wirklich. Ich weiß nicht, warum ich das getan habe oder was in meinem Kopf vorging, als ich sie verließ. Aber wenn du sie mir wegnimmst..." Er hörte auf, mir fast zu drohen, aber ich würde sowieso nicht gehorchen. „Deen, das ist nicht das, was du sagen wolltest. Aber um deine Frage zu beantworten: es wäre dumm, noch einmal etwas Ähnliches zu riskieren", sagte ich trocken ohne jede Gefühlsregung.

„Ich glaube, es war dein Vater", sagte er nach einigen Minuten des Schweigens." Die Stimme war verstellt, aber sie klang nach ihm", erklärte er. „Was hat der Pharmazeut gesagt?" Ich hatte Mühe, einen anderen Namen zu sagen. Er war nur mein biologischer Vater. Wir hatten nichts miteinander zu tun.

Keine Antwort. Eine Zeit lang ballte er seine Hände zu Fäusten und wurde zittrig. „Hey, es ist in Ordnung. Sag es mir einfach", sagte ich freundlich mit sanfter Stimme, ging auf ihn zu und legte meine Hand auf seine Schulter, damit er spürte, dass ich für ihn war und nicht gegen ihn. „Es tut mir so leid", er begann zu schluchzen und ich setzte mich. Ich hätte nicht gedacht, dass es für ihn so eine große Sache war, mir das zu sagen. Während meine Hand auf seiner Schulter ruhte, begann Deen langsam zu erzählen was geschehen war. „Vor dem Anruf saß ich am Fenster und wartete auf deine Rückkehr." Er stoppte, also versuchte ich, seinen Satz zu vervollständigen: „Du wolltest dir etwas zu Essen oder irgendetwas zu trinken aus der Küche holen, dann klingelte das Telefon", versuchte ich herauszufinden was passiert war, und er nickte nur leise. „Ich habe sie überhaupt nicht verstanden zuerst. Die Stimme. Mein Kopf hatte keine Energie mehr zum Denken", erklärte er und ich nickte. Bei Deen war es schon immer so gewesen. Wenn er einen Zusammenbruch hatte, brauchte er Wochen oder sogar Monate, um sich zu regenerieren.

„Sie sagte man würde dich töten", redete er weiter und hielt seine Hand mit der anderen so fest, wodurch die Haut so weiß wurde, dass ich seine Knochen sehen konnte. „Warum?", fragte ich und er sah mich an, als sei ich ein Narr. „Du wolltest sie retten, aber sie warteten nur auf dein Kommen und würden euch beide holen. Die beiden Menschen, die ich liebe. Auf einmal sind sie weg. Sie würden mir den Boden unter den Füßen wegziehen".

Dann verlor er den Blickkontakt und ich dachte, dass ich den Rest von nun an selbst herausfinden müsste. Jetzt brauchte er nur noch die „zwei Personen, die er liebt", um sich zu regenerieren, hoffte ich, denn wenn das nicht hilft, muss ich kreativer werden. „Willst du bleiben?", fragte ich vorsichtig, aber überraschenderweise lehnte er ab. „Nein, ich will sie zurück. Wenn ich bleibe, wird sie mich in diesem Zustand sehen und nie wieder zu mir zurückkehren", erklärte er, was logischer war, als ich ihm zugetraut hatte. „Was soll ich denn tun?", fragte ich in der Hoffnung, dass er seine rationale Denkweise beibehalten würde. „Fass sie nicht an, dann wird alles gut", sagte er und mit dem Anflug eines Lächelns im Gesicht versicherte ich ihm: „Ich werde mich gut um sie kümmern." Aber irgendwie hatte ich das

Gefühl, als hätte er das nicht mehr gehört. Denn schon, als ich es sagte, waren seine Augen geschlossen und er war tief und fest eingeschlafen. Hier in der Arztpraxis. Ein merkwürdiger Ort zum Schlafen, dachte ich, als ich ihm ein Kissen und eine Bettdecke holte, damit er so lange ruhen konnte, wie er es brauchte.

Endlich Stille, Zeit zum Nachdenken. Jetzt würde ich arbeiten müssen, nicht im Krankenhaus, zumindest wenn mich keine der Krankenschwestern anrief, sondern in meiner Wohnung, da mein Büro besetzt war. Es war so einfacher und keine zehn Schritte vom Aufzug entfernt, der zu meinen Hauptbüro führte, wo alles war was ich brauchte. Wenn ich allein gewesen wäre, hätte der Ort keinen Unterschied gemacht. Aber ich war nicht allein. Lusie war da und es war schwierig, sich zu konzentrieren. Ich wollte lieber einen Smoothie für sie machen, damit es ihr besser ging und sie auf meinem Schoß sitzen lassen, um ihren Teil der Geschichte zu hören.

Denn ich habe sie allein gelassen, obwohl sie unruhig und verängstigt zu sein schien. Aus diesem Grund musste ich unbedingt mit ihr reden und sicherstellen, dass es ihr gut ging. Eine zweite Person war jedoch nicht unter meiner Kontrolle stellte ich traurig fest, als ich meine Wohnung betrat. ‚Nein, du kannst immer wählen, was du tust. Auch wenn es dumm oder gefährlich erscheint, ist es niemanden anderen als deine Entscheidung‘ dachte ich. Warum sie in diesem Moment eine solche traf, erschloss sich mir nicht. Ganz und gar nicht. Das wurde mir wieder klar, als ich meine Wohnung betrat.

Wenn sie auf dem Boden oder Sofa sitzen und weinen würde, hätte mich das nicht gewundert. Auch nicht, wenn sie für sich selbst, für uns beide oder sogar für uns drei etwas zu essen machen würde, denn

Deen könnte ja auch gerade hier sein. Es wäre nicht das gewesen, was ich von ihr erwartete, aber es wäre auch verständlich, sie schlafend in ihrem Zimmer vorzufinden. Aber Lusie, die Frau, die mir am meisten am Herzen lag und für die ich viel Zeit aufbrachte, um sie vollkommen und immer zu verstehen, war nicht so, wie ich dachte. Ihr Handeln war in gewisser Weise manchmal unverständlich. Zumindest, wenn ich ihre frühere Geschichte nicht herausgefunden hätte und sie damit konfrontierte. Zu Warten, dachte ich, wäre für uns beide das Beste. Nein. Damit war Lusie offenbar nicht einverstanden. Wieder einmal.

In dem Moment, als ich hineinkam, war ich froh, dass Deen jetzt schlief und an einem Ort war, wo ich die Kontrolle über ihn hatte. Denn diesen Augenblick wollte ich ihn nicht mit mir teilen lassen. Ich wollte sein Unbehagen einfach nicht noch einmal sehen.

Nackt. Sie war völlig unbekleidet. Sie hatte darauf gewartet, dass ich nach oben komme, dachte ich, warum auch immer. Als ob heute nichts passiert wäre. Als ob es Deen gut ginge. Als wären wir zusammen. Plötzlich ging sie auf mich zu und mir wurde klar, dass ich in Gefahr war. Es kam zu unerwartet. Ich konnte meinen Verstand und eigentliches Verlangen kaum kontrollieren. Mein Kopf war mit anderen Informationen beschäftigt und ich hatte daher keine Kontrolle über den Rest meines Körpers. Warum tust du mir das an, Lusie?

Kapitel 6

Dann saß ich wieder allein in der vertrauten Wohnung, und meine Gedanken kreisten um die Ereignisse des Tages, vor allem um einen von ihnen. Es war Nathaniel, der zu mir sagte, dass ich der einzige Grund sei, wo er Reue empfindet. Autsch, das tat sehr weh. Was war mit mir los? Das war mein erster Gedanke, aber dann wurde ich wütend, wollte die Situation ändern, nicht nur für mich, sondern auch für Deen und ihn selbst. Ich wurde nicht zum Bedauern geboren. Nein, ich wurde als Mädchen geboren, das sich nach allem sehnte oder es zumindest wollte, nur nicht dieses ständige Bedauern. Selbst seiner Mutter hatte er dieses Gefühl nicht gezeigt wegen des Pharmazeuten. ‚Was zum Teufel ist mit mir los?‘, dachte ich und ging kreisend durch die Wohnung.

Der einzige Zweck, den ich mit meiner späteren Schauspielerei verfolgte, bestand darin, ihnen klarzumachen, dass ich das sein wollte, wonach einer von ihnen suchte. Sie konnten mich nehmen, aber nicht ändern. Das konnte nur ich selbst. Noch bis vor einem Jahr hätte ich meinen nackten Körper niemandem außer mir selbst gezeigt. Nun, mehr wegen Nathaniel als wegen mir selbst, schämte ich mich nicht mehr. Mit mir war nicht zu spielen und was auch immer Nathaniels wahrer Grund war, mich zu seinem Bruder zu drängen, es war falsch. Ich gehörte nicht zu ihm und ich wollte auch nicht länger bei Deen bleiben. Es war nicht so, dass er nicht nett zu mir gewesen war. Nein, er war manchmal mehr als nett zu mir. Er wollte, dass ich vollkommen zufrieden bin, auch wenn ich in meinem ganzen Leben fast nie so zufrieden war. Außerdem war es nicht sexy zu sehen, wie er sich an jedem zweiten Punkt seines Lebens so sehr bemühte und verlor. Am Ende wäre ich auch für ihn nichts Weiteres als ein endloses Bedauern.

Es dauerte fast eine Stunde, bis er zurückkam. Ich war auf dem Weg zum Sofa, als sich die Türen öffneten. Sein Blick war wie immer schwer zu lesen. Er wirkte aber ein wenig geschockt und amüsiert. Bevor sich die Aufzugstüren hinter ihm schlossen, begann ich auf meinen männlichen Engel zuzugehen.

Seine Augen wurden groß, aber er ging nicht weg. Ich konnte fast sehen, dass er sich sehr bemühte, einen Plan auszuarbeiten. ‚Nicht mit mir! Kein Plan, keine Entschuldigung. Nimm jetzt, was du willst, oder lass mich für immer in Ruhe. Ich bereue nichts. Ich bin ein Mädchen mit Sehnsüchten und Wünschen. Alles, nur kein Bedauern‘, dachte ich, als ich ihn fast erreichte und seine Zuneigung bemerkte. Seine Erektion.

Während er seine Zähne fest aufeinanderpresste, konnte ich sehen, wie sich seine Muskeln seitlich abzeichneten. Nie verließen seine Augen die meinen. Ob er versuchte, mich zu lesen oder zu kontrollieren, war mir ein Rätsel, aber es schien, als hätte er die Kontrolle über den Rest seines Körpers verloren. Zumindest über den Teil, über den ich wollte, dass er die Kontrolle verliert. Schließlich stand ich nur noch wenige Zentimeter von ihm entfernt und er sah wortlos auf mich. Langsam trat ich ihm entgegen und lächelte stolz, mit einem Hauch von Sieg in meinem Blick.

„Warum sollte sich ein Mädchen wie du mir hingeben", flüsterte er mir ins Ohr. „Weil ein Mädchen wie ich seine Bedürfnisse hat, die nur du sehen kannst. Er ist blind für mein ganzes Verlangen", gab ich zu und seine Augen funkelten gefährlich. Sie verdunkelten sich. Schwarz wie die Nacht. Fast erschreckten sie mich, ließen mich zurückweichen. Doch das war zu spät.

„Schließe deine Augen", befahl er mir, und ich gehorchte und vertraute ihm, wusste aber nicht, was ich eigentlich tat und begonnen hatte. „Nicht bewegen", war das letzte, was er sagte, als ich so ich dastand. Ich hörte die Uhr ticken, es musste fast Nacht sein, aber ich würde nichts sehen. Ich hörte und fühlte es einfach und das Einzige, was ich von ihm hörte, waren seine Schritte, die langsam leiser wurden, so dass er sicher wegging. Dann blieb er stehen und ich hörte, wie er etwas aufschloss. Danach Stille. Sogar die Uhr war für mich nicht mehr hörbar, also konzentrierte ich mich darauf, seine Schritte, seinen Atem oder was auch immer er sonst noch tat, zu hören. Das war das Einzige, was mir einen Hinweis darauf geben konnte, was jetzt passieren würde, während ich ganz nackt in der geheimnisvollen Wohnung stand.

Als seine Schritte wieder lauter wurden und er auf mich zuging war das Nächste, was ich hörte „Braves Mädchen". Ich hatte ihm seinen Wunsch erfüllt. Das war für mich nichts Besonderes. Ich würde alles tun, um ihm zu gefallen. „Steh still", befahl er mir, und dann brachte mich eine leichte Berührung seiner Hände zum Zittern. Sie war nur an meinem Hals, doch ich wünschte, es wäre mein ganzer Körper. Noch nie war eine einfache Berührung intensiver als jetzt. Ich spürte, wie etwas leicht gegen meine Haut drückte. Nachdem er sich einen Schritt von mir entfernt hatte, war der Wind deutlicher zu spüren. Es war nicht so, als würde er mich allein zurücklassen, sondern eher, als würde er mir meine Wahl wieder und wieder in Frage stellen. Es war eigentlich die seine, und jetzt hing es an mir. Andererseits stand ich in seiner Wohnung und war seine Patientin gewesen, hatte seine Kleidung getragen. Mir wurde klar, dass das nicht neu war. Ich hatte einfach nicht genug darüber nachgedacht.

„Du wirst jetzt mit mir mitkommen", sagte er, als hätte ich keine andere Wahl, als zu gehorchen und ihm zu folgen. Im Gedanken versuchte ich, die Wohnung zu sehen, und mich zu orientieren. Dann blieb er stehen. Ich hatte völlig den Überblick verloren, weil er mich in verschiedene Richtungen geführt hatte, bevor er in den Raum ging, in dem wir uns jetzt befanden. Ich spürte seinen gleichmäßigen Atem auf meiner Haut und wich instinktiv zurück, als es näherkam. Plötzlich und kalt drückte die Wand gegen meinen Rücken und ließ mir keine Chance, einen Zentimeter weiter von ihm wegzugehen. Aber warum sollte ich? Ich wollte genau hier bei ihm sein, bei meinem Nathaniel, meinem Retter, dem einzigen, der mich lesen und meine Wünsche erfüllen konnte, wie ich es wollte. „Ich erinnere dich noch einmal daran, dass dies deine eigene Entscheidung war. Wann immer du anfängst zu bereuen oder dich unwohl zu fühlen, sag es. Anderenfalls tue, was ich dir befehle, ohne sinnlose Diskussionen. Du weißt, dass ich dir nichts antun will", sagte er, nicht als Frage, sondern als Mahnung an mich. „Ich werde bald zurück sein", sagte er dann, bevor er mich allein in einem Raum zurückließ, den ich nicht kannte. Schon durch dessen Berührung war er mir unbekannt, doch ich würde bleiben. Alles, was mir vorher fremd war, erwies sich nach einiger Zeit als vertraut, so dass ich mich einfach daran gewöhnen musste. Ich spürte, dass dies die einzige Möglichkeit war, meine Anwesenheit länger als nur ein paar Monate zu akzeptieren. Was auch immer hier geschah oder was er jetzt versuchte, es war seine Entscheidung, und die waren fast immer richtig. Außer vielleicht seine letzte Entscheidung, mich an Deen zu geben.

Stille umgab mich. Nach einer Weile wachte ich auf. Ich hatte bereits das Zeitgefühl verloren. Ich rätselte, wo ich mich befand. Trotzdem schob ich die Augenbinde nicht weg. Nicht, bevor er das sagte. Irgendwie hatte ich das Gefühl, dass es falsch sein könnte und dass er in meiner Nähe war und alles sah, was ich tat. Ich hörte nichts außer meinem Atem. Es war kalt. Doch der Boden war warm und weich. Das gab mir ein vertrautes Gefühl. Wir hatten immer mindestens einen Teppich in jedem Schlafraum, nicht nur im Haus meiner Mutter, sondern auch bei Elisa zu Hause. Leider hatten wir später in unserer kleinen Wohnung nur das Nötigste und nicht das Geld für mehr. Ich konnte mich jedoch daran erinnern, dass ich als Kind immer auf einem flauschigen Teppich geschlafen hatte. Irgendwie fühlte ich mich dann geschützter, weil ich ihn dorthin bewegen konnte, wo ich liegen wollte. Oft war es unter dem Bett. Zumindest bis Ich zu größer wurde und dort nicht mehr genug Platz fand.

Ich war fast wieder eingeschlafen, doch nach ein paar Minuten hörte ich, wie drei Türen aufgeschlossen wurden, was mich zu der Frage veranlasste, warum er mich einsperrte. Ich wollte doch bei ihm bleiben. „Guten Morgen, Langschläferin", begrüßte er mich und ich spürte, wie seine Hand meine berührte. „Komm mit mir", befahl er anschließend und half mir auf. Es dauerte eine Weile, bis ich meinen

Halt wiederfand. Dann drehten wir noch einige Runden, bis wir schließlich an einem Ort ankamen, an dem er mich wieder sehen ließ. Er nahm mir die Augenbinde ab.

Langsam versuchte ich, meine Augen zu öffnen. Es war ein schockierend helles Licht und ich schloss sie instinktiv wieder. Nach einigen Stunden Dunkelheit waren meine Augen nicht mehr an helles Licht gewöhnt. Es hatte sich nichts verändert, erkannte ich, und öffnete endlich ganz meine Augen. Es duftete köstlich nach Brötchen und Speck. Neben mir, auf der Kücheninsel, lag ein weißer Bademantel aus Satin. „Anziehen", ordnete er an. Also tat ich es, was auch immer sein Grund dafür war, mich zu bedecken. „Geh zum Tisch und setz dich", befahl er, aber sobald ich mich umdrehte, um seinem Wunsch gerecht zu werden, blieb mir der Atem weg. Warum sollte er mir das antun?

Der Tisch war mit drei Tellern und allem, was man sich zum Frühstück nur wünschen konnte, gedeckt. Allerdings war er nicht nur für drei Personen gedeckt, wir waren auch zu dritt. Deen sah mich geschockt und wütend an. Ich fühlte, dass das Ereignis, vor dem ich am meisten Angst hatte, eintreten könnte. Das alles wegen meines dummen Benehmens. Von der Sehnsucht und dem Verlangen nach Nathaniel, der sich von niemandem kontrollieren lässt und mich jetzt für den Versuch bestrafte, der ihn dazu gebracht hat, seine wahre Zuneigung zu zeigen. Seine Kontrolle kurzzeitig zu verlieren.

Kapitel 7

Ich drehte mich zu Nathaniel um. Ich wollte versuchen, ihn zu verstehen. Was auch immer ich zu sehen glaubte, es war nicht da. Weder ein sadistischer Beweggrund, der meine Hilflosigkeit ausnutzte, noch ein überraschter Blick bei seiner Anwesenheit. Manchmal hatte man das Gefühl, dass er jeden Menschen kontrollieren konnte, indem er ihm einfach nur in die Augen sah. Ich wandte mich wieder seinem Bruder zu, dessen Gesichtsausdruck nicht wirklich lesbar war, und ging behutsam auf ihn zu.

Mit angespannter Miene saß er da, nicht traurig wie gestern, sondern schlimmer. Er sah zerstört aus, aber er versuchte wütend zu wirken. Doch ich konnte hinter seine Fassade sehen. Seine Augen waren gerötet vom vielen Weinen. Ohne den Blickkontakt zu ihm zu verlieren, schlenderte ich zu meinem Platz. Unsicher sagte ich: „Guten Morgen". „Es ist schon zwölf Uhr. Versuche es nicht", antwortete er nahezu unangenehm. Wie sollte ich reagieren? Was sollte ich sagen? Nichts, oder vielleicht, wie froh ich war, dass er hier war? Das fühlte sich falsch an, da ich noch vor ein paar Minuten nackt vor seinem Bruder stand.

Die Situation war surreal und unbehaglich. Auch für Deen. Es musste schlimm für ihn sein, seine „Freundin" mit ihrem „Ex-Freund", seinem Bruder, zu sehen.

Nathaniel hingegen zeigte nicht den Hauch einer Empfindung. Er ging einfach durch die Küche und kam mit Pfannkuchen an den Tisch. Was war mit ihm passiert, seit ich weg war? Es war gerade einen Monat her. Hatte er sich in dieser Zeit verändert?

„Okay, fangt an zu essen. Es ist jetzt fertig", sagte er auf dem Weg zu seinem Platz. „Ich habe keinen Hunger", entgegnete Deen sofort und verschränkte die Arme vor der Brust. „Du musst essen", sagte Nathaniel trocken. Er begann selbst zu essen. Ich rührte meinen Teller auch nicht an und beobachtete erstaunt die Lage. Er war verwirrt. „Was ist los?", fragte er mich direkt, und ich fühlte mich wie ein lächerliches Nichts, während ich fast nackt zwischen den beiden Menschen saß, die ich am meisten liebte und die mein Leben mit einem Wort für immer verändern könnten.

Natürlich war Nathaniel nicht dumm und wusste, warum es weder mir noch Deen gerade nicht nach Essen war. Es würde jedoch nichts ändern, wenn er uns einfach auf unsere Teller starren ließe. Deshalb begann er: „Okay, um ehrlich zu sein, ich möchte weder mit dir, Deen, noch mit dir, Lusie, streiten." Er sah uns in die Augen und sagte dann ehrlich: „Es muss für euch unangenehm sein, dass ich für uns Frühstück mache. Das ist meine Schuld. Nicht deine, Lusie, und auch nicht deine, Deen", gab er zu und ich war ein wenig verwirrt. Meinte er mit Deens Schuld, dass er mich in dem Restaurant allein zurückließ? Ich hatte ihn provoziert, deshalb lag es auch ein bisschen an mir. Ich verstand jedoch überhaupt nicht, warum Nathaniel schuldig sein sollte. Das ergab keinen Sinn.

„Das Problem ist, dass du da bist, Lusie. Ich habe viel darüber nachgedacht, was du gesagt hast, als du gegangen bist. Als du weg warst, habe ich vieles, was möglich war geändert. Es tut mir leid, Deen, aber es ist nicht so, dass ich sie dir wegnehmen würde, oder was denkst du, Lusie?", fragte er mich und ich rang nach den richtigen Worten. „Ihr kennt mich beide besser als jeder andere. Meinen Körper und meinen Charakter", begann ich und hoffte, dass ich bei Deen mit dem Wort „Körper" nichts auslösen würde. Doch er starrte einfach zu Boden, als wollte er weder von mir noch von Nathaniel ein weiteres Wort hören. „Ich liebe euch", sagte ich und blickte zu den Brüdern. „Mehr als alles andere", gab ich zu. „Das wisst ihr beide, hoffe ich, und hoffentlich habe ich es so oft wie möglich deutlich genug gesagt", sagte ich. Nathaniel sah verwirrt aus. Er wusste nicht, was ich zu sagen versuchte. Es war das der ersten Mal, dass es ihm schwerfiel, mich zu verstehen. Er konnte meine Absicht nicht erkennen.

„Wenn ich wählen könnte, müsste ich mich nicht entscheiden. Ich liebe es, mit dir zusammen zu sein, Nathaniel, aber bei dir zu bleiben, solange ich so viel allein bin, wenn du arbeitest, macht mich einsam. Auf der anderen Seite kannst du mich verstehen wie niemand anderes. Und du, Deen..." Ich rang nach den richtigen Worten. Es war das erste Mal, dass er seinen Blick hob und mich mit seinen blutroten Augen ansah. Herzzerreißende Traurigkeit war darin zu erkennen. „Du hast mir Gefühle gezeigt, von denen ich nicht wusste, dass sie existieren. Deine Berührungen und Worte trösteten mich so sehr", gab ich zu und Tränen stiegen mir in die Augen. „Andererseits fehlt dir oft das Verständnis für mich. Manchmal weißt du nicht, was ich meine, selbst wenn ich es so direkt wie möglich sage. Nein, du würdest stattdessen deine eigenen Wünsche befriedigen", sagte ich weiter, und meine Standhaftigkeit fiel in sich zusammen bis ich anfing zu schluchzen. Meine Stimme war nicht mehr klar, aber auch seine Augen begannen sich mit Tränen zu füllen.

„Du willst uns beide", erkannte Nathaniel nach einer Weile des Schweigens. Sein Gehirn arbeitete auf Hochtouren. Plötzlich begann Deen mit einer schwachen, gebrochenen Stimme: „Wenn du bei ihm bleiben willst, dann tu es, aber für immer. Ich bin kein Spielball, nicht deiner und nicht der meines Bruders." Ich wusste sofort, was er meinte, und es tat mir von Herzen weh. Nathaniel verdrehte die Augen und stand auf. „Du warst nie mein ‚Spielball'", sagte er zu Deen. „Du bist mein Bruder, das weißt du. Ich bewundere dich", seine Worte waren nun eher verärgert. „Du bewunderst mich", Deen betonte jedes seiner Worte ungläubig. Dann stand er auf. „Wofür?", fragte er direkt, mit geballten Fäusten vor Nathaniel stehend. „Komm schon, ich will es hören. Wofür bewunderst du mich?", sagte er noch lauter und wütend.

„Du bist nicht mein Bruder, aber behandelst mich, als wäre ich deiner. Du bist kein Kämpfer, aber du versuchst es auch jetzt. Die Rückfälle sind nicht deine Schuld, sondern deiner Krankheit geschuldet. Außerdem bist du ein verdammt guter Arzt, den ich in meiner Klinik brauche", sagte Nathaniel.

Ehrlich gesagt hatte ich noch nie so viele positive und gefühlvolle Worte von ihm gehört. Es war herzzerreißend. Warum passierten solche Szenarien immer in solch schrecklichen Situationen? Können wir uns nicht einfach immer so unterstützen und bedingungslos lieben? Was hat es mit uns Menschen auf sich, dass wir nie ganz zufrieden sind, dass wir oft kämpfen müssen?

Doch es schien, als ob Deen einen Streit brauchte. In der Sekunde, in der Nathaniel fertig war und ihm klar wurde, was er gesagt hatte, sank Deen langsam zu Boden. Nathaniel war bei ihm und hielt ihn fest im Arm, während er weinte und in tausend Stücke zerbrach. Ich hätte mich zu ihnen gesellen können, aber dieser Moment gehörte nicht mir, sondern ihnen. Also bedeutete mir Nathaniel mit einem kurzen Nicken in Richtung meines Zimmers, dass es besser wäre, wenn sie jetzt allein wären.

Verständlich, dachte ich, als ich schweigend aufstand und zu meinem Zimmer ging. Ich hatte die Tür bereits geöffnet und war bereit einzutreten, als ich Deens Stimme hörte: „Du musst nicht gehen." Danach stand er auf und ging auf mich zu. Beim Blick in seine Augen bekam ich Bauchschmerzen und ich wollte selbst weinen. „Ich bin es", sagte er und ich schüttelte den Kopf. „Ihr gehört zueinander. Ihr passt zusammen", gab er zu und ich konnte ihn nicht mehr ansehen. Ich sprang ihm entgegen und flehte: „Deen, geh jetzt bitte nicht weg!" Aber seine Antwort war hart und er schob mich weg. „Verwirre meine oder deine eigenen Gefühle nicht noch mehr, als du es schon getan hast. Stell dir vor, wie lange du es mit mir ausgehalten hast. Das ist ein Rekord, so lange hat es noch niemand geschafft", sagte er sarkastisch und bevor Nathaniel eingreifen konnte, gab ich ihm eine Ohrfeige. „Wage es nicht, so über dich zu reden. Als bist du jemand mit dem niemand zusammen sein will. Sie bewundern dich! Öffne deine Augen. Fast jede Frau will dich", aber er unterbrach mich. „Nicht du", sagte er traurig und mein Mund blieb eine Weile stumm offen. Ich brauchte zu lange, um mir zu überlegen, was ich entgegnen sollte, und bevor ich neu anfangen konnte, ging er von mir weg.

„Ich liebe dich, Lusie. Das werde ich immer tun. Das wirst du auch tun, aber nicht mich", sagte er und ging zum Aufzug. „Mir wird es gut gehen, dir wird es auch gut gehen. Am Ende sind Gefühle nicht normal zu bewältigen. Nur Nathaniel schafft das, er ist so routiniert, dass es ihm immer gelingt", er verdrehte die Augen, doch bevor Nathaniel etwas sagen konnte, fuhr er fort: „Wir sehen uns eines Tages wieder. Denkt daran, aber ich brauche jetzt Zeit für mich", sagte er zu Nathaniel, der langsam nickte, ein wenig Stolz überzog sein Gesicht.

Deen war also weg, wir waren allein und die Atmosphäre zwischen uns war geprägt von vollem Verlangen. Das werden ab heute lange Nächte werden, dachte ich, als ich mich Nathaniel zuwandte, der schon auf dem Weg zu mir war.

Kapitel 8

Er war weg und ich war ein wenig erfreut, über sein Verständnis. Er würde jetzt sicher nach Hause gehen und sich eine Weile ausruhen, bevor sich seine Laune bessern würde. Ob er wieder der Alte sein würde? Ich hoffte es sehnlichst. Was auch immer passiert, jetzt hatte ich Lusie erst einmal für mich, und ich wusste, dass ich jede Sekunde davon nutzen würde. Das Einzige, was mich in diesem Moment aufhalten konnte, war sie selbst. Doch während ich auf dem Weg zu ihr war und ihre Augen vor Verlangen glänzten, konnte ich spüren, dass sie nichts dagegen einzuwenden hatte.

„Sag mir, was du willst?", fragte ich sie. Ihre köstlichen Lippen verzogen sich zu einem Grinsen. Ich nahm ihre Hände in die meinen. Gestern hatte ich sehr darauf geachtet, sie nicht zu berühren, wie Deen es wollte. Ich hatte ihm alles erzählt, als er heute Morgen nach oben kam. Sein Gesichtsausdruck und seine Stimmung änderten sich wie erwartet, aber er stimmte zu, dass wir miteinander reden mussten. Aus irgendeinem Grund hatte ich das Gefühl, dass Lusie sich anders verhalten würde, wenn wir zusammen über die surreale Situation sprechen könnten.

Irgendwie hatte ich das alles kommen sehen, als ich sie bei unserem Spaziergang zum ersten Mal küsste. Für Deen war das ganz natürlich. Früher hatte er immer versucht, so zu sein wie ich, weil er seinen Eltern, die mich anbeteten, gefallen wollte. Sie liebten ihn, zeigten es aber nicht auf die gleiche Weise, weil er ihnen nicht die gleichen

Gründe lieferte. Er war ein Weiberheld, der versuchte ein Stipendium an der bekanntesten Universität des Landes zu bekommen. Er hatte es nicht leicht, aber er erzählte ihnen nicht viel von seinen Herausforderungen, die er gut meisterte. Ich hätte sie gar nicht bewältigen können.

Es ärgerte mich immer noch, dass meine Rationalität die Chance, die ich mit Lusie hatte, zunichte gemacht hat. Das war schlussendlich der Grund, warum ich sie dazu bringen musste, wegzugehen, um mit Deen zu starten.

Die endgültige Situation war jedoch meine Schuld. Ich hätte ihr sagen sollen, was in dieser Nacht in meinem Kopf vorging. Sie hätte es verstanden, aber sie hätte mich danach vielleicht noch schonender behandelt, und das wollte ich nicht. Am Ende wollte ich in ihren Augen derselbe bleiben und mich nicht als gebrochener Mann entlarven. An ihrer Stelle hätte ich es sofort herausgefunden, als ich ihr meine Geschichte erzählte. Was dachte sie? Dass ich meine harte Vergangenheit vergaß, wenn ich ihr alles erzählte? Das war nicht möglich. Was auch immer wir sahen, fühlten und mit allen Sinnen wahrnahmen, was uns traumatisiert, würde nicht einfach verschwinden. Es würde zumindest immer im Kopf bleiben und in den Träumen. Auch Gedanken können uns auf ihre Weise quälen. Zum Glück hatte ich gelernt, für immer damit zu leben.

„Du hast meine Frage nicht beantwortet. Was willst du?" Ich fragte erneut, weil ich wissen wollte, was in ihr vorging. „Dich. Ich will dich", sagte sie begierig und versuchte, mich zu küssen. Ich hielt sie auf, als sie ganz nah vor mir stand. „Du willst mich wirklich?", fragte ich sie. „Weißt du überhaupt, was du damit sagst? Stell dir zuerst vor, was ich mit deinem schlanken Körper machen könnte“, sagte ich mit einer schmutzig verspielten Stimme. „Du könntest mich vernichten,“ sagte sie, und darüber musste ich grinsen.

Das Lächeln ging in ein Augenrollen über. Warum sollte ich sie vernichten, wenn ich sie erst vor einigen Monaten wieder zum Leben erweckte? „Das Schlimmste, was du tun könntest, ist wahrscheinlich, mich zu verlassen“, gab sie dann zu. „Was würdest du denken, wenn ich vor dir, Sex mit einer anderen Frau hätte“, sagte ich, während ich ihr eine Strähne aus dem Gesicht strich. Es dauerte einige Sekunden, bis sie antwortete. Sie stellte sich den Moment wohl vor. „Solange du dich am Ende für mich entscheidest, glaube ich nicht, dass es mir viel ausmachen würde, aber ich würde dich sehen wollen“, sagte sie, was mich zum Lächeln brachte. Das war mein Mädchen, ganz und gar nicht eifersüchtig. Eigentlich ein schlimmes Gefühl und für mich das unverständlichste zugleich.

„Warum willst du keinen Sex mit mir haben?“, fragte sie und ließ meine amüsierte Stimmung schlagartige umschlagen. Hatte sie gerade über das letzte Mal nachgedacht? Hatte sie vielleicht gedacht, dass es ihre Schuld war? Hoffentlich nicht, es war alles andere als das. „Wenn du ein braves Mädchen bist, werde ich dich an jeden Ort bringen, den du dir vorstellen kannst.“ Ich deutete auf die Küche und sagte: „Dort“, und sie zitterte. „Dort“ wiederholte ich, und zeigte auf das Sofa und sie sagte „Überall“, als ihr klar wurde, was es bedeutete. „Ja, überall“, bestätigte ich mit einem leichten Lächeln. Danach schwieg ich und überließ es ihr, sich die verschiedenen Situationen vorzustellen.

Andererseits nahm sie mir das Verlangen und ich musste jetzt ein wenig Abstand zwischen uns bringen. Dann schaute sie mir auf der Suche nach meinem Problem in die Augen und ich schenkte ihr ein halbes Lächeln, das sie mit einem „Das war's?", entgegnete. Ich fing an, über ihre Enttäuschung zu schmunzeln. Was hatte sie erwartet – harten Sex und sanfte Küsse? Dafür hätte sie bei Deen bleiben sollen. „Du hast seit gestern nichts mehr gegessen. Ich möchte, dass du etwas im Magen hast, bevor ich mit dem fortfahre, was wir begonnen haben", antwortete ich. So hatte ich etwas Bedenkzeit und sie schien es zu verstehen. „Würdest du dich mir anschließen?", fragte sie mit einem netten Lächeln, und es fiel mir schwer, ihr zu sagen, dass ich zu arbeiten hatte. Also sagte ich: „Ich werde bald wieder hier sein, spätestens in einer Stunde. Du kannst wählen, was wir danach machen, aber ich muss jetzt nach meinen Patienten sehen und auch ob es Deen gut geht". Das gefiel ihr ganz und gar nicht, wie ich sehen konnte.

Wir einigten uns, dass sie erstmal etwas zu sich nehmen sollte, während ich meiner täglichen Routine nachging. Ich verließ die Wohnung, während sie aß. Ich begann mit den Patientenkontrollen. Alles war wie erwartet. Danach ging ich zu meinem Auto und fuhr zu Deen. In meinen Gedanken war nur sie, Lusie, die mich vielleicht von der Wohnung aus beobachtete, als ich ging. Vielleicht würde sie in dieser Position ausharren, wie Deen es tat, als ich sie aus dem Restaurant holte. Wenn alles gut lief, würde ich in einer halben Stunde zurück sein. Ich fragte mich, was wir heute Abend machen würden. Es war lange her, dass wir uns gesehen, berührt und zusammen gelacht hatten. Normalerweise würde ich es vorziehen, einfach loszulegen. Aber etwas in mir sagte mir, dass sie das so nicht wollte. Vielleicht hörte ich zu viel auf meine innere Stimme. Das würde ich jedoch erst herausfinden müssen.

Die Fahrt könnte etwas länger dauern. Draußen war es noch hell und der Berufsverkehr war in vollem Gange. Ich wollte mich so schnell wie möglich vergewissern, dass bei Deen alles in Ordnung war, und danach nach Hause fahren. Ich brauchte tatsächlich eine Weile, um das Haus in dem Deen wohnte zu erreichen. Eigentlich wollte ich, dass er näher an die Klinik zieht. Er hätte wenige Meilen entfernt in einem viel besseren Haus leben können. Ich hätte ihm gern eine schöne Wohnung gekauft.

Vielleicht waren es damals seine Affairen gewesen, warum er sich für diesen Abstand entschied. Doch ich glaubte, dass diese Zeit vorbei war. Durch Lusie wurde er zu einem Mann, den es nur noch nach einer Frau verlangte, nicht jede beliebige, wie es vorher war. Er könnte nun erwachsen geworden sein. Ein Mann, der sich richtige Hobbys suchen würde, anstatt sich mit dem nächstbesten Mädchen in seiner Wohnung zu vergnügen. Im Gegensatz zu ihm, konnte ich mit so einem oberflächlichen Leben nichts anfangen. Es würde mich ekeln, vermutete ich. Außerdem hätte ich dafür auch keine Zeit, dachte ich, als ich durch die Tür trat, die zum Eingangsbereich des Wohnblocks führte. Ich erreichte die Wohnung und es herrschte Stille. Leise ging ich zur Tür. Da ich einen Schlüssel hatte, verschaffte ich mir Zugang, ohne zu klingeln. Irgendwie hatte ich ein seltsames Gefühl.

Nichts. Ich fand ihn weder in der Küche, im Schlafzimmer noch im Wohnbereich. Der letzte Ort, an dem ich suchte, war das Badezimmer. Ich hatte mich nicht mit dem Gedanken befasst, dass er dort drin sein könnte, da es Geräusche gegeben hätte, wenn er geduscht, auf der

Toilette gewesen wäre oder seine Hände gereinigt hätte. Die Tür war zum Glück nicht verschlossen. Vorsichtig öffnete ich sie und fragte mich, warum das Licht brannte. Dann sah ich ihn, in einer Position, in der ich ihn nicht finden wollte. Niemals.

Sein Gesicht war nass vom Weinen. Ein Brief lag auf dem Waschbecken und ich konnte erkennen, was es war. Mir stiegen die Tränen in die Augen, bevor ich sagte „Tu mir das nicht an".

Kapitel 9

Wenn er denkt, dass er mich reparieren kann, wie seine Autos, dann täuscht er sich. Der einzige Grund, warum ich abgeschlossen hatte, war, weil ich wusste, dass er mich ins Leben zurückholen wollte. Ich wollte mich ihm nicht so zeigen. Auf der anderen Seite, was war seine Absicht? Dachte er ich bräuchte seine Hilfe, oder warum sollte er einen Schlüssel für meine Wohnung haben, von dem ich nichts wusste? Hätte er nicht einfach klingeln können, damit ich ihm die Tür öffne und ihm versichere, dass alles in Ordnung ist, um mich anschließend aus dieser dummen Welt zu verabschieden? Ist wirklich jeder gegen mich?

Es war eine halbe Stunde vergangen, seit er mich gefunden hatte, und nun konnte ich kein Wort mehr sagen ohne das er es mitbekommen würde. Er brachte mich zu seinem Auto. Mir war es egal, wohin wir fuhren, aber ich war mir hundertprozentig sicher, dass es nicht so einfach sein würde, aus seinen Fängen zu entkommen. Natürlich wollte er mich jetzt nicht in seiner Klinik haben. Denn was wäre, wenn Lusie zu mir zurückkehren würde? Auf der anderen Seite wusste ich, dass sie niemals zu so einem Wrack zurückkommen würde. Was könnte ich ihr geben? Nichts. Ich war nicht in der Lage, irgendetwas zu tun. Weder konnte ich sie im Auge behalten und beschützen, noch konnte ich sie zum Lachen bringen. Im Moment fühlte sich Glück wie ein Geheimnis an. Eine Geschichte, die vor langer Zeit einmal erzählt wurde, jetzt fühlte ich nichts mehr. Ich war weder traurig, wütend, frustriert oder enttäuscht. Einfach nichts. Als wäre die Welt stehen geblieben, damit mich jede Sekunde für den Rest meines Lebens bestrafen konnte.

„Deen?" fragte Nathaniel nach einer Weile vorsichtig. Ich wusste, dass ich ihn schockiert hatte, und das zum ersten Mal. Er war nicht geschockt gewesen, als ich einst das Studium abgebrochen hatte. Nein, er würde einfach alles wieder in Ordnung bringen, ohne mir einen Vorwurf zu machen oder mir seine Enttäuschung zu zeigen. Er musste es eben ausbessern, bevor ich wieder in Not gerate und damit von seiner Hilfe abhängig sein würde.

Faszinierend. Damals dachte ich, dass dies tatsächlich der Beginn meiner Doktorlaufbahn war. Nach dem Schulabgang hatte ich bewiesen, was ich erreichen kann, wenn ich mich mit anderen Dingen als Mädchen beschäftige. Es war eine gute Zeit. Ich musste zwar meine Affairen reduzieren, da das Medizinstudium wirklich einen großen Teil des Tages in Anspruch nahm, hätte ich nicht Nathaniels alte Tests zum Lernen gehabt. „Würdest du bitte etwas sagen?", bat er. Ich hatte ganz vergessen, dass er meinen Namen sagte, aber das Spiel gefiel mir. Es wäre dumm, jetzt zu reagieren? Ich wollte nicht reden und so fuhren wir weiter in die hereinbrechende Nacht.

„Du willst nicht reden. Fein. Ich kann mir den Grund schon denken. Gib mir nicht die Schuld. Ich fände es schlimm, wenn du für den Rest deines Lebens in die Psychiatrie musst. Am Ende kann ich nämlich entscheiden, wann du gesund genug bist, um da rauszukommen", sagte er mit einem Zittern in der Stimme. Ich wusste nicht, was ich an seiner Stelle gemacht hätte. Wahrscheinlich hätte ich einen Menschen, der nicht länger auf dieser Erde sein wollte, gehen lassen.

Ich verstand, dass das für einen Arzt unmöglich ist, aber was ist mit einem Bruder? Wenn ich ihm alles erzählen würde, würde er mich doch verstehen, oder?

Den Rest der Fahrt sagte er kein Wort mehr. Ich schaute aus dem Fenster, damit ich seinem Blick ausweichen konnte. Ich wusste, dass er mich hin und wieder ansah und versuchte, meine Gefühle zu erraten. Wenn ich ihm erlaubte in meine Augen zu schauen, würde er sie auch lesen können.

„Wir sind da", sagte er plötzlich, und ich sah zunächst nichts, nur den Wald. Plötzlich bogen wir nach links ab. Bis dahin hatte ich den Außenbereich nur von der Beifahrerseite aus gesehen. Eigentlich war es mir auch egal, wo wir uns befanden. Am liebsten wäre ich weggerannt, denn ich wusste nicht, was mich erwartete. Wahrscheinlich würde ich in einer Zelle landen, ohne Spiegel und mit unzerstörbaren Fenstern. Völlig steril, mit nichts, womit man sich selbst verletzen könnte.

Ich war etwas überrascht, als ich das Haus sah. Es hatte die Größe eines normalen Einfamilienhauses, modern und scheinbar komfortabel. Wahrscheinlich würde ich meinen Arsch dort aber nicht mehr rausbekommen. Ich würde vierundzwanzig Stunden am Tag unter Beobachtung stehen. Wie eine Attraktion, ein seltenes Tier.

Die einzige Person, die sich für meinen Zustand interessieren würde, wäre Nathaniel. Wenn ich nicht mehr sein Co-Arzt wäre, würden die Leute hinter vorgehaltener Hand reden und seine Klinik würde vielleicht sogar untergehen, weil er nicht erkannt hatte, dass sein Bruder so depressiv war. Es tat mir so leid, lieber Bruder. Wie konnte ich dir so etwas antun? Am schlimmsten wäre die Tatsache, dass er nicht oft bei ihr sein könnte, wenn in der Klinik viel Arbeit anfällt. Oh, ich ertrug es nicht, an sie zu denken. Wie konnte sie solche Spielchen mit mir treiben? Wie konnte ich glauben, dass ein Mädchen wie sie echte Zuneigung für einen Narren wie mich empfand? Natürlich würde sie sich am Ende für Mr. Perfekt entscheiden. Mich würde niemand wollen...

„Deen, das ist dein Zimmer", bedeutete mir Nathaniel, und mir wurde zum ersten Mal klar, dass wir uns in dem Gebäude befanden. Warum wusste er von diesem Ort? Hatte er bereits den Plan gehabt, mich in die Klapsmühle zu stecken? Vielleicht wollte er mich so schnell wie möglich loswerden und war einfach ein ebenso guter Schauspieler?' dachte ich, dann betrat ich den Raum. Wie erwartet, gab es keine Messer, Spiegel oder anderes Zerbrechliches. Nichts, was mir Frieden bringen könnte. Nur ein Bett und ein Tisch mit ein paar Stühlen. Es wirkte nicht so seltsam, wie ich erwartet hatte, aber es war mir auch egal. Nichts konnte mir Frieden bringen. Es hätte für mich das gleiche Ergebnis: Ich musste am Leben bleiben. Ich musste täglich wieder aufwachen, weiter atmen und essen. Selbst ein Hungerstreik würde für mich mit Flüssigernährung enden. Nicht einmal der Versuch lohnte sich.

„Du hast nur eine Krankenschwester. Sie ist unterwegs. Die einzige Person, die hier sein wird. Sie wird dir gefallen", sagte Nathaniel und ich verdrehte die Augen. Vor einigen Monaten hätte ich gefeiert, bei dem Gedanken, allein in einem Haus mit einer Krankenschwester zu bleiben, insbesondere mit einer von der Art wie Hannah aus der Klinik. Doch warum sollte ich das jetzt tun? Ich war nicht an ihr interessiert, auch wenn sie ein langbeiniges blondes Model wäre. Sie war nicht Lusie. Sie war uninteressant. Sie war nicht das, was ich wollte.

Das wusste ich schon, bevor ich sie zum ersten Mal sah. Nathaniel hatte eine halbe Stunde mit mir gewartet, bis sie eintraf. Andererseits würde er mich jetzt nicht allein lassen. Daran hätte ich denken müssen. Ich bin jetzt ein Patient. Plötzlich kein Bruder oder Arzt mehr, sondern ein Kranker, der geheilt werden muss. Mehr nicht.

Wie erwartet hatte er eine junge Krankenschwester ausgesucht, wohl in der Annahme, dass ich ab jetzt wieder täglich eifrig aufwachen würde, um diesen hübschen Körper und ihr Gesicht sehen zu können. Was auch immer er dachte, sie war für mich so uninteressant, dass ich ihren Namen in der Sekunde vergaß, in der er sie mir vorstellte. Sie war nicht sie. Sie wird sie nie sein. Sie wurde für die Anwesenheit in meiner Nähe bezahlt, unglückliches fast bedauernswertes Mädchen.

„Deen, ich muss jetzt gehen. Kannst du mir versprechen, es wenigstens zu versuchen? Wenn nicht für dich, dann für mich? Bitte, ich brauche meinen Bruder wirklich. Ich werde morgen wiederkommen. Es ist schon spät. Vielleicht versuchst du zu schlafen?", schlug er vor, und ich verdrehte abermals die Augen, ohne mich zu verabschieden oder ein anderes Wort zu sagen. Geh einfach. Fick sie, bis sie nicht mehr sitzen kann. Entschuldige dich nicht bei mir. Der alte Deen hätte seinen Bruder verstanden. Im Moment verstand ich niemanden, nicht einmal mich selbst. In diesem Augenblick wollte ich einfach unter der Erde liegen und von Würmern gefressen werden. Alles war mir egal. Es wäre wenigstens eine letzte gute Sache gewesen, die ich in diesem dummen Leben getan hätte.

„Hey", sagte sie energisch. Wieder musste ich mit den Augen rollen. Was zum Teufel hatte er da angeschleppt? Eine Cheerleaderin? Zumindest keine Krankenschwester, die mit Sicherheit etwas Besseres zu tun hätte, als um die Aufmerksamkeit eines Mannes zu betteln, der alles wollte, nur keine Aufmerksamkeit. Ich wollte vergessen werden. Das wäre das Beste. Es würde niemandem schaden. Mein Tod sollte keinem wehtun, denn es war meine Wahl. Ich war ein freier Mann, richtig? Könnten wir nicht einfach sagen: „Okay, eine gute Reise in die Hölle", und uns mit einer letzten Umarmung verabschieden? Warum war es so kompliziert? Schlussendlich würde ich einfach etwas vorspielen und wenn ich endlich wieder zu Hause wäre, würde ich zur Waffe greifen, damit es ganz schnell ein Ende nahm. Alles andere wäre nicht so todsicher.

„Vielleicht bist du müde, es war ein langer Tag. Komm, wir gehen auf die Toilette, bevor wir schlafen gehen", schlug sie vor. ‚Ich werde nirgendwo hingehen‘, dachte ich, während sie mir vor mir herumtänzelte. Wenn sie glaubten, meine Lebensfreude käme so zurück, hätte ich ihnen gleich sagen können, dass es mich nur noch verzweifelter nach einer endgültigen Lösung suchen ließ. Eine Möglichkeit, von Mrs. Cheerleaderin wegzukommen.

Ich sah ihm nur einmal in die Augen. Danach wich er meinem Blick aus. Seine Gefühle zu verbergen, erschien für ihn die bessere Lösung zu sein, als sich seinen Problemen zu stellen. Er wollte sich nicht mit mir auseinandersetzen und hatte nicht mehr die Kraft, um Hilfe zu bitten. Vielleicht sah er keinen Sinn mehr darin. Verdammte Psyche. Was war es, das ihn dazu brachte, sein Leben beenden zu wollen? Hoffentlich würde er nach seiner Therapie wieder er selbst sein und seinen Suizidversuch bereuen.

Ich brauchte kurz, um mich zu entscheiden, wohin ich als nächstes fahren würde. Schließlich entschied ich mich für Deens Wohnung, um ein paar Klamotten für ihn zu holen. Ich dachte darüber nach, seine Wohnung zu verkaufen und nach einer Bleibe in der Nähe der Klinik zu suchen. Wäre das eine gute Idee? Im Moment wusste ich nur, dass ich das alles wieder in Ordnung bringen musste. Schnell. Schneller als sonst. Ich hatte das Gefühl, keine Luft mehr zu bekommen. Ein weiterer Versuch muss nicht scheitern. Was für ein unerträglicher Gedanke, das engste Familienmitglied zu verlieren, das einzige, das ich noch hatte.

Das nächste Problem wäre Lusie. Sollte ich ihr etwas sagen oder sollte ich das Deen überlassen? Wenn ich sie jetzt einweihen würde, könnte das die nächsten Tage mit ihr ruinieren. Gleichzeitig würde ich mich über meinen Bruder hinwegsetzen. Hatte sie noch eine Wahl? Auch wenn es mir eigenartig vorkam, wäre es doch möglich, dass sie zu ihm zurückging. Wenn auch nur, damit sie sich dadurch nützlich machen konnte. Natürlich könnten sie wieder zusammen sein. Doch diese Variante entzog sich ebenso meiner Vorstellung. Vielleicht blieben wir am Ende alle drei Single. Damit wäre zumindest ein entscheidendes Problem gelöst: Deens Eifersucht und seine Gedanken, dass ich besser sein könnte als er. Wir wären alle in der gleichen Situation. Die Frage ist nur, ob Lusie bleiben würde. Wenn nicht... ein unerträglicher Gedanke?

In seiner Wohnung war es aufgeräumter als sonst. Als hätte er seinen Suizidversuch geplant. Ich ging in sein Schlafzimmer. Sogar sein Bettzeug war ordentlich gelegt. Jedes einzelne Hemd war nicht wie sonst einfach in den Kleiderschrank geworfen. Alles war perfekt gefaltet und sogar farblich sortiert, so wie ich das früher immer tat, wenn ich die Zeit dafür fand. Hatte er sich so sehr verändert, seit wir vor fünf Jahren zusammengelebt haben?

Dann fiel mir ein, dass Lusie doch mit ihm zusammenlebte. Vielleicht hatte sie sich darum gekümmert. Doch andererseits konnte ich mir das nicht vorstellen. Er hätte das von ihr auch gar nicht verlangt. Ich glaubte nicht, dass die beiden sich darüber unterhielten, wie ich meine Kleidung aufbewahrte. Deen hatte bestimmt selten über mich geredet, denn er sah mich als ihren Ex. Seine Eifersucht ließ es wohl nicht zu, meinen Namen öfter als nötig auszusprechen. Andererseits, hätte er versuchen können, sich für mich auszugeben, weil er dachte, dass sie den wirklichen Deen, nicht mögen könnte? Das wäre furchtbar. Er war so ein liebenswerter Bruder.

Nachdem ich einige seiner Sachen eingepackt hatte, ging ich ins Bad, um die letzten Dinge zu holen. Das Licht war noch an, wie vor

Stunden, als ich ihn fand. Das Messer lag noch auf dem Waschbecken, darunter war der Brief. Den hatte ich komplett vergessen. Allerdings hatte ich keine Zeit, ihn jetzt zu lesen. Deshalb steckte ich ihn in meine Jacke und nachdem ich alles eingepackt hatte, eilte ich nach draußen zu meinem Auto, um Lusie wieder zu sehen.

Es dauerte zwar nur ein paar Minuten, um zur Klinik zurückzufahren, aber der Gedanke, dass sie über meine Verspätung verärgert sein könnte, ließ mich entgegen meinen eigenen Regeln schneller zu fahren.

„Du bist wieder da", sagte sie, als ich in die Wohnung kam. Deens Kleidung, hatte ich in meinem Auto gelassen hatte „Ja", sagte ich kurz und zog meine Jacke aus. Sie kam auf mich zu. „Geht es dir gut?", fragte sie mit gerunzelter Stirn. Ich musste ehrlich bleiben, auch wenn es mir schwerfiel. „Ich habe Deen zu einer Freundin gefahren, sie wird sich um ihn kümmern", sagte ich. „Ist es so schlimm?", fragte sie besorgt. Wenn sie nur wüsste, wie schlimm es wirklich war, aber es war nicht meine Aufgabe, es ihr zu sagen. „Wir könnten ihn morgen oder wann immer wir wollen, sehen. Auf der anderen Seite brauchen wir vielleicht ein bisschen Zeit für uns. Was meinst du?", sagte ich und ging auf sie zu, bis wir nah beieinanderstanden. „Wann immer du hier bist, ja", entgegnete sie mit einem versteckten Hinweis, dass ich sie oft allein lassen musste. Sie wusste, wo ich arbeitete und dass ich viel Zeit mit meinen Patienten verbringe.

„Denk nicht zu viel darüber nach. Ich werde sehen, was ich tun kann. Außerdem wird es bald Sommer und wie du weißt, wird die Klinik dann geschlossen sein." Sie nickte. „Natürlich habe ich mich darauf gefreut", erklärte sie, und ich hob sie hoch, so dass ihre Beine meine Hüften umschlossen. Sie kicherte und hatte sicher alles andere vergessen. Auch meine Verspätung. Vergessen wollte ich auch gern. Einfach etwas Schönes sehen oder fühlen, ohne darüber nachzudenken, welche Konsequenzen es haben könnte, es ganz und gar zu akzeptieren, völlige Entspannung. Es schien so leicht zu sein.

Doch es war schwieriger als erwartet. Mein Gehirn arbeitete auf Hochtouren. „Hast du gegessen?", fragte ich sie. Natürlich hatte sie es nicht. Also holte ich etwas aus dem Gefrierschrank und begann, es aufzuwärmen. Mit Kochen wollte ich unsere Zeit nicht verschwenden und so gab es Geflügel mit Kartoffeln und etwas Mischgemüse. Wenigstens etwas Gesundes, dachte ich, als ich das Essen zubereitete, während Lusie auf einem Stuhl an der Center saß und mich beobachtete.

„Du hast doch Hunger, oder?" fragte ich sie nach einer Weile. „Ein bisschen auf Essen, mehr aber auf andere Dinge", sagte sie. „Ohne Essen, keine ‚anderen Dinge'", erwiderte ich und sie lachte. „Natürlich, ich würde ja sonst in einer Stunde verhungern", bemerkte sie sarkastisch und ich beschloss, nichts darauf zu sagen. Ich ließ sie dieses Spiel gewinnen. Sie wusste nicht, was von ihr erwartet wurde. Wie sollte sie auch? Sie war gerade noch mit meinem Bruder zusammen. Das war eigentlich ein Gedanke, den ich nicht hätte haben dürfen. Es war der Gedanke, der mir alles verdarb. Jeder Versuch, mich abzulenken. Jetzt war es zu spät. Wieder einmal dachte ich an ihn, nicht an sie. Sie brauchte mich nicht so sehr wie er in diesem Moment. „Du siehst überhaupt nicht gut aus", sagte sie wie aus dem Nichts. „Es tut mir leid. Komm, lass uns essen", sagte ich dann um sie abzulenken, denn ich wollte nicht, dass sie mir weitere Fragen stellte.

Über meine Gefühle wollte ich nicht reden. Gerade jetzt nicht. Ich hoffte, sie würde das verstehen.

Während des Essens schwiegen wir. Sie war in Gedanken versunken. Das war gut für mich. Nachdem wir mit dem Essen fertig waren, wurde die Stille etwas drückend. Keiner von uns hatte noch das Verlangen nach etwas Sinnlichem. Schließlich stand ich einfach auf und nahm die Teller mit in die Küche. Lusie folgte mir.

„Du weißt doch, dass ich nicht nur bei dir wohnen möchte. Ich möchte mich auch nützlich machen“, erklärte sie und ich wusste, dass ich ihr eine Beschäftigung geben musste. „Es tut mir leid. Setze dich bitte wieder. Ich werde etwas für dich finden, aber ich muss mich jetzt irgendwie ablenken“, sagte ich und bemerkte danach erst, wie seltsam das klang. Sie kam auf mich zu und sagte: „Du weißt, dass ich dich liebe. Du kannst mit mir über alles reden. Ich werde immer ein offenes Ohr für dich haben, okay?“ Ich gab ihr einen sanften Kuss. „Schläfst du heute Abend mit in meinem Bett?“, fragte ich sie und sie nickte mit glücklich.

Am nächsten Morgen bereitete ich das Frühstück vor und wartete auf sie. Schließlich weckte Ich sie um acht Uhr. Ich hatte die ganze Nacht nicht richtig geschlafen. Meine Gedanken waren bei meinem Bruder und seinem Brief, den ich bis jetzt nicht gelesen hatte. Dann fuhren wir zu Deen. Es war nur fünfzehn Minuten von der Klinik entfernt. Ich bemerkte ihre Zurückhaltung. Sie war in Gedanken versunken, wirkte besorgt und traurig. Was auch immer es war, wir konnten später darüber reden.

Lusie blieb erst einmal draußen, da ich allein zu ihm wollte. Ich war mir nicht sicher, ob ihre Anwesenheit ihm helfen würde, gesprächiger zu werden. Er lag in seinem Bett. Seine Augen öffneten sich. Es hatte den Anschein, als läge er schon seit langem so dort. „Hey, Bruder", sagte ich, doch er bewegte sich nicht. Ich atmete tief durch. „Wie lange möchtest du dieses Spiel spielen? Ich habe gehört, dass du zumindest etwas gegessen hast?" Mit all meiner Macht probierte ich, ihn zum Reden zu bewegen. Doch als wir weitere fünfzehn Minuten still dasaßen, holte ich schließlich seinen Brief heraus und las laut vor. Es war meine letzte Hoffnung, irgendeine Reaktion von ihm zu bekommen.

„Man könnte meinen, dass dies das Schrecklichste ist, was passieren kann. Ich glaube das nicht. Es mag arrogant erscheinen, aber ich bin mir sicher, dass du mich eines Tages verstehen wirst. Ich ertrage den Gedanken nicht, morgens aufzustehen, zu essen, zu trinken und zu arbeiten.

Du weißt, dass ich es liebe, anderen Menschen zu helfen. Ich liebe meine Arbeit, aber ich kann den Gedanken nicht ertragen, dass ich nichts mehr haben werde, wenn ich nach Hause gehe. Du wirst Lu haben. Du wirst sie hoffentlich jeden Tag sehen. Bitte halte sie fest. Auch wenn es mir schwerfällt: Sie war wirklich etwas Besonderes für mich.

Andererseits, als sie mir sagte, dass sie uns beide will – mich für die Zeit, in der du arbeitest, um dann den Rest mit dir zu verbringen – wurde mir klar, dass ich nicht damit umgehen kann, die zweite Wahl zu sein. Bitte, Nathen, versuche weniger zu arbeiten und für dieses Mädchen da zu sein. Suche nach einem oder zwei weiteren Ärzten. Und suche etwas, was du für sie tun kannst. Sie kann nicht für immer in deiner Wohnung bleiben. Das würde sie zerstören; sie ist keine Sklavin. Außerdem, gib ihr bitte ein Telefon, oder willst du sie vor dem Rest der Welt verstecken? Denkst du wirklich, dass ich es bin, der eifersüchtig ist? Das klingt eher nicht so. Zum Schluss möchte ich dir für alles danken. Du bist der einzige Grund, warum ich dieses Leben nicht früher beendet habe. Nach ihrem Tod fühlte ich mich wie ein Wrack. Nichts funktionierte mehr, weder mein Körper noch mein Gehirn. Du weißt, dass du mich inspiriert hast. Das werde ich dir nie vergessen.

Vielleicht wartet sie im Himmel auf mich, aber ich komme sicherlich nicht dorthin. Vielleicht bekomme ich nun die verdiente Strafe. Vielleicht ist die Hölle besser für mich, wenigstens ist es dort warm. Du weißt, dass ich mit Kälte nicht gut umgehen kann. Deshalb hast du mir auch nicht erzählt, wie es damals wirklich war. Es kommt selten vor, dass ich darüber nachdenke, aber in der Pharmazeutenvilla war es schlimmer als in der Hölle. Wie auch immer, ich hoffe, du vermisst mich nicht. Das wäre Zeitverschwendung. Erzähle es Lu bitte nicht. Sag einfach, dass ich auf der Suche nach einem besseren Leben nach Hawaii gereist bin. Denk dran, ich liebe dich. Verschwende deine Tränen nicht.

Dein Deen"

Als ich seinen Brief zu Ende gelesen hatte, rollte ihm eine Träne aus dem Auge. „Der Fall läuft gut", begann ich. „Das wäre nicht so, wenn du nicht die Tonaufnahmen gemacht hättest. Wenn du nicht dein

Leben riskiert hättest, hätten wir nichts gegen die Pharmazeuten in der Hand", erklärte ich, und endlich sah er mich mit leeren Augen an. „Kannst du Lu sagen, dass sie hereinkommen soll?", fragte er schließlich, mit gebrochener Stimme. Ich nickte. „Ich bin schon unterwegs, sie wird gleich hier sein", und so ging ich aus dem Zimmer.

In der Küche fand ich die Mädchen im Gespräch. Als sie mich sahen, verstummten beide. „Geht es ihm gut?", fragte Lusie nach ein paar Sekunden. „Er will mit dir reden", sagte ich, und sie sah mich entsetzt an. Ich konnte leicht erkennen, dass sie Angst vor diesem Gespräch hatte. In Deens Augen war es ihr Fehler, mich zu wählen, das war ihre Strafe. Was er nicht wusste war, dass sie ohne mein Zutun nie bei ihm gewesen wäre, also ist es meine Schuld.

Darüber hinaus weiß sie nichts darüber, was passiert ist, nur dass ich ihn in psychiatrische Behandlung gebracht habe. Bevor sie hineinging, ging sie zu mir, gab mir einen Kuss auf meine Wange und hielt meine Hand fest, als würde sie ihr die Kraft geben, die sie brauchen würde, um hineinzugehen.

Ich merkte, dass er nervös war und mir nicht alles erzählt hatte. An der Art und Weise, wie er sich gestern weigerte, mich in die Wohnung zu lassen, wusste ich, dass es nicht um mich ging. Glücklicherweise ging es einmal nicht um mich. Seine geistige Abwesenheit machte mich wahnsinnig. Mit ihm zu reden war fast unmöglich, aber das wusste er, und vielleicht hatte er sogar ein schlechtes Gewissen deswegen. So bekam ich die Erlaubnis, in seinem Bett zu schlafen. Der nächste Morgen war nicht besser, eher schlimmer. Beim Frühstück aßen wir nur eine Kleinigkeit gegen den Hunger. Er wollte so schnell wie möglich zu Deen fahren. Das war verständlich und bestätigte mein Gefühl, dass etwas passiert sein könnte.

Während der gesamten Autofahrt fragte ich mich, wie es dort sein würde, wie es wäre, ihn wiederzusehen? Ob er mich überhaupt sehen wollte, oder ob er mich verfluchte und gestern beim Frühstück nicht seine wahren Gefühle gezeigt hatte. Es war keine lange Fahrt und als wir ankamen, erhöhte sich mein Herzschlag. Begrüßt von einer Frau in meinem Alter betraten wir das Haus. Nathaniel ging glücklicherweise zuerst allein hinein. „Willst du einen Kaffee?", fragte die Frau und riss mich aus meinen Gedanken. „Oh nein, danke", hörte ich mich sagen. Sie lächelte freundlich, setzte sich auf einen Barhocker, und deutete auf den Stuhl neben ihr. „Vielleicht möchtest du dich setzen?" Ich sah sie an und bemerkte, wie wunderschön sie war. Blondes langes gewelltes Haar bedeckte ihre Schultern und sie hatte ein Lächeln, das manchen Männern den Atem rauben würde. Schließlich gelang es mir, mich neben sie zu setzen, und ich entspannte mich ein wenig.

„Kennst du ihn gut?", fragte sie. Meine Gedanken gelangten langsam wieder in die Realität. „Deen?", fragte ich, nicht sicher, ob sie ihn oder Nathaniel meinte. „Offensichtlich stehst du seinem Bruder nahe", sagte sie, und ich fragte mich, warum sie sich dessen so sicher war.

„Wir haben einen Monat lang zusammengewohnt, aber davor waren wir gute Freunde. Ich glaube, ich kenne ihn jetzt seit fast einem Jahr", erklärte ich, und sie nickte mit ihrem Lächeln und verständnisvollen Augen. „Und du? Wie lange kennst du seinen Bruder?", fragte ich und sie begann zu lachen. „Sein Bruder, wer mag das sein", bemerkte sie lachend, und ich fragte mich, was sie meinte. „Ich habe die Schwesternschule besucht, während er dort Medizin studierte. Ich war im ersten Jahr und er war in seinem letzten", erklärte sie, und ich fragte, ob sie sich nahegestanden hatten.

„Oh nein, Liebes, nichts dergleichen. Wir sind uns nur ein paar Mal in der Bibliothek begegnet und haben ein wenig geplaudert", versicherte sie mir und ich lächelte. Sie war diese Art Mensch, mit dem man sich leicht unterhalten und lachen konnte. Ich konnte mir gut vorstellen, warum Nathaniel sie ausgewählt hatte und nicht irgendjemand anderen.

„Hattet ihr danach noch Kontakt?", fragte ich, und ihr Lachen wich einem normalen Lächeln. „Weißt du, er ist kein Mensch, mit dem man in Kontakt bleiben kann. Er bekommt, was er will, das ist er inzwischen gewohnt. Warum sollte er sich also die Mühe machen, einem Mädchen zu schreiben, das er einst traf und das ihm bis dahin in keiner Lebenssituation helfen konnte?", sagte sie, ihn schlechter dastehen zu lassen, als er eigentlich war. Kurze Zeit fragte ich mich, ob sie wollte, dass er mit ihr in Kontakt bleibt, aber dann hielt ich mich nicht mehr mit diesem Gedanken auf. Warum sollte sie sich die Mühe machen? Sie war nicht wie ich. Sie war jemand, der überall leicht Freunde finden konnte. Nein, sie hatte sich weiterentwickelt, war vielleicht genauso strebsam wie Nathaniel und hatte einen guten Abschluss gemacht. Warum sonst sollte er den Kontakt aufnehmen und sie fragen, ob sie Deen behandeln kann?

„Denk nicht so viel darüber nach", sagte sie und riss mich wieder aus meinen Gedanken. „Es ist überhaupt nicht gesund", redete sie weitre und ich hob eine Augenbraue. „Das Denken macht einen manchmal einfach verrückt", fuhr sie fort, und ich nickte in Richtung der Tür, durch die Nathaniel vorhin eingetreten war. „Kannst du beschreiben, wie Deen vorher war?", fragte sie, und ich lächelte bei dem Gedanken an den alten Deen.

„Er war ein Mensch, der einen den ganzen Tag zum Lachen bringen konnte, und er half, wo er konnte. Als ich die Krebsdiagnose erhielt, war er es, der seinen Bruder anrief und fragte, ob er sich meinen Befund ansehen könnte. Die Ärzte in dem Krankenhaus gaben mir ein Jahr Zeit, wenn ich 70.000 Dollar für die Behandlung zahlen würde. Aber sie sagten bereits, dass ich nicht länger als ein Jahr leben würde, also war die andere Option, ein normales Leben mit der Behandlung durch einen mysteriösen Arzt zu führen, zwar hart, aber auf der anderen Seite auch einfach", erklärte ich, und sie grinste. „Aber am Ende müsstest du dieses Leben in seiner Klinik verbringen, da er dich nicht mehr gehen lässt", sagte sie, und ich lachte bei dem Gedanken. „Hoffentlich, ja", entgegnete ich, bevor sich die Tür plötzlich öffnete.

Kein Wort mehr. Kein Lachen mehr. Auf einmal war alles angespannt. Unsere Blicke gingen in Richtung Nathaniel, der kein Wort sagte, da die Tür noch offenstand. Nachdem er sie geschlossen hatte, trat er auf uns zu und ich fragte: „Geht es ihm gut?", und brach damit das Schweigen. Er sah mich an, und ich merkte, dass er traurig und angespannt war.

„Er möchte mit dir reden", sagte er schließlich. Es schmerzte mich, ihn so traurig zu sehen. Aber nur weil Deen mit mir reden wollte, hieß das nicht, dass ich mit ihm reden konnte. Ich begriff aber, dass ich mit ihm reden musste.

Bevor ich das Zimmer betrat, ging ich zu Nathaniel. Er war im Moment die einzige Person, der ich vertrauen konnte – die einzige Person, die mich halten würde, wenn ich fiele. Also nahm ich seine Hände in meine und gab ihm einen sanften Kuss auf die Wange, vorsichtig, ein wenig ängstlich, dass er mich wegstoßen würde, doch das tat er nicht. Seine wunderschönen, dunkelbraunen Augen blickten in meine und ich wusste, dass ich jetzt gehen musste. Ich öffnete meine Hände, um ihn loszulassen, und für eine Sekunde schloss er seine, um mich bei sich zu halten. Er gab mir das Gefühl, dass nicht nur ich ihn jetzt brauchte, sondern dass auch er mich brauchte. Am Ende fiel es mir noch schwerer, ihn in einer solchen Situation zurückzulassen. Ich dachte daran, ihm ein verständnisvolles Lächeln zu schenken, bevor ich ins Zimmer ging. Der Raum, der mich dann dazu brachte, meine Meinung über jeden zu ändern, den ich liebte.

Im Inneren herrschte Stille. Angespanntes, trauriges und schmerzhaftes Schweigen. Es dauerte einige Sekunden, bis ich die Kraft hatte, weiter zu ihm zu gehen und mich auf den Stuhl zu setzen, der noch warm von Nathaniel war. Er war nur wenig entfernt von Deens Bett. Als ich mich setzte, drehte er sich langsam um, so dass seine Augen in meine Richtung zeigten. „Hallo", sagte ich, meine Stimme zitterte. „Selber hallo", sagte er mit einer herzzerreißenden Stimme. Traurig, unglaublich traurig und ablehnend. Ich verzichtete auf meinen Versuch, ein normales Gespräch zu führen.

„Küss mich", forderte er, und ich runzelte die Stirn über seinen unerwarteten Wunsch. „Ist es nicht das, was du willst? Direkte Befehle an dich mit so wenigen Worten wie möglich. Hast du das nicht gesagt? Rede ich zu viel?", beschuldigte er mich, und ich musste stark bleiben. Wenn ich jetzt weinen würde, würde ich seine Erklärung bestätigen. Wenn ich jetzt weinen würde, würde er mich für immer hassen. „Warum bist du hier?", fragte ich und sprang damit zu dem Thema, das mich seit gestern Abend beschäftigte. „Warum bin ich hier? Hat dir dein Loverboy nichts gesagt?", fragte er und ich schüttelte den Kopf halb traurig, halb wütend.

„Nein, dein Bruder", korrigierte ich ihn, „hat mich seit gestern Abend nicht mal mehr angeschaut. Was auch immer geschehen ist, es war schmerzhaft, ihn so zu sehen. er hat weder geschlafen noch gesprochen noch gegessen", sagte ich, auch wenn es ein wenig übertrieben war, fühlte es sich am besten an, es ihm so zu sagen. „Es tut mir so leid. Es ist meine Schuld", sagte er ironisch, und nach einem tiefen Atemzug schaute er mir erneut in die Augen. „Was hättest du sonst gemacht? Ihn geküsst, mit ihm geschlafen, oder ist das nicht dein Ding, dann genießt du mehr die härteren Sachen?", fragte er, und ich lachte verwirrt. „Die härteren Sachen, ja", wiederholte ich seine Worte, während sich meine Stimme wegen der Unglaublichkeit seiner Worte überschlug.

„Was auch immer du über mich denkst, ob du mich jemals geliebt hast oder mich nur wolltest, weil du es nicht ertragen konntest, dass dein Bruder mich ‚hat', die einzige Person, mit der ich jemals Sex hatte, bist du, Deen. Komm schon. Merkst du es nicht selbst?" Ich hätte ihn fast verflucht. „Dein Bruder ist nicht der Mensch, für den du ihn manchmal hältst. Er wurde missbraucht, misshandelt und zum Glück von deiner Familie adoptiert, sonst...", brach ich ab, und er schrie: „Ich habe versucht, mich umzubringen", um mich zu stoppen. Mein Mund stand auf, meine Augen weiteten sich, und die Worte, die ich sagen wollte, schienen überflüssig.

Die Lage, in die er mich gebracht hatte, war die schlimmste, in der ich je gewesen war. „Ich bin nicht der, für den du mich hältst", sagte er, aber im Moment dachte ich nicht, dass er irgendetwas sein konnte, für was ich ihn gehalten hatte.

„Ich bin nicht nur ein Arzt, der Bruder, der Freund oder der Junge für eine Nacht. Kannst du dir vorstellen, wie es sich anfühlt, wenn man verzweifelt versucht, nicht nur irgendjemand zu sein, sondern derjenige? Derjenige, zu dem man aufschaut, derjenige, den man vermisst, wenn er nicht da ist, derjenige mit den besten Ideen, oder zumindest derjenige, der geliebt wird?" Er hielt bis zum letzten Wort Augenkontakt mit mir. Das brachte ihn und mich zum Weinen.

Ich stand auf und setzte mich an den Rand seines Bettes, nahm den gebrochenen Mann in meine Arme und flehte ihn mit leisem Flüstern an, das nicht noch einmal zu sagen. „Stimmt es nicht?", fragte er nach einigen Minuten Stille. „Nein, Deen, du wirst von so vielen Menschen geliebt. Du bist der amüsanteste Mensch, den ich kenne. Ich bin so dankbar, dass du mir geholfen hast, nicht nur bei der Aufnahme in die Klinik, sondern auch später mit meiner Mutter. Es war schön, dich an meiner Seite zu haben, und jetzt, da sie von uns gegangen ist, bin ich froh, dass ich mich verabschieden konnte. Ich bin froh, dass ich deinem Rat gefolgt bin", wurde mir klar, auch wenn ich danach nicht mehr so viel an sie gedacht hatte.

„Danke", sagte er flüsternd. Ich war immer noch nahe bei ihm und hielt ihn wieder fest. „Ich möchte, dass du zurückkommst. Ich brauche dich", flehte ich, und ich konnte den Anflug eines Lächelns auf seinen Lippen sehen. „Als Freund?", fragte er, überraschend einfühlsam. „Du wärst mein einziger Freund, und ich bräuchte wirklich einen guten Freund, also kannst du versprechen, weiterzumachen? Bitte tue mir das nicht noch einmal an", flehte ich und er schloss die Augen. Minutenlang fiel kein Wort. Er dachte darüber nach und ich merkte es, aber die Tatsache, dass es ihm so schwerfiel, dieses Versprechen zu geben, ließ mein Herz schmerzen.

„Gib mir Zeit. Ohne einen anderen Lebensgrund wäre es sinnlos, zu versprechen, dass ich wieder in die Hölle des Lebens starten möchte", sagte er plötzlich und gab mir damit einen Grund, mich wieder von ihm zu entfernen.

„Ich möchte sagen, dass es mir leidtut. Ich will es wirklich, Lu, aber du kannst dir nicht vorstellen, wie es ist", erklärte er, und der Schmerz in seinem Gesicht war leicht zu erkennen. Nicht körperliche, sondern seelische Schmerzen, die die Kraft zu haben schienen, ihn zu spalten, in den alten Deen und den anderen Leidenden. Es war schwer zu verstehen, dass er nur eine Person war. Noch schwerer, dass er für immer so sein würde, oder gab es eine Behandlung? Möge er doch der normale Deen sein, nicht wie Nathaniel behauptete, dass es noch schlimmer werden würde, wenn er alles ablehnen würde? Hat er in den schlechten Zeiten überhaupt bemerkt, dass es nur eine Phase war und dass er sich auch auf sein anderes Leben freuen konnte?

„Hey, ich wollte nur fragen, ob es dir gut geht", sagte ich mit gespielt leichter Stimme, als ich merkte, dass Lusie schlecht aussah. Sie wirkte, als hätte sie eine Erkenntnis gewonnen, die ihr das Herz brach.

„Lu denkt nach, worüber wir gesprochen haben", sagte Deen, zunächst ein wenig fürsorglich, aber dann richtete er sich an mich und seine Stimme wurde bitter. Was auch immer er gegen mich hatte, ich würde mein Bestes tun, um ihm zu zeigen, dass ich kein schlechter Mensch war, jemand, vor dem er Angst haben musste. Es erwärmte mir das Herz, ihn lächeln zu sehen, nur einmal jetzt und vielleicht eines Tages wieder öfter. Aber um herauszufinden, wie das möglich wäre, musste ich mit den Leuten sprechen, die ihn gut kannten, oder es selbst aufdecken.

Sie schien froh zu sein, aus dem Zimmer zu kommen. Das war verständlich. Ich war ungefähr eine Stunde dort und es war eine schmerzhafte Zeit. Ich konnte seine schlechte Stimmung nicht ertragen, also versuchte ich so gut es ging, sie aufzuhellen. Eines Tages könnten wir gemeinsam über einfache Witze und Geschichten lachen. Ich war sicher, dass es so enden würde, wie ich es mir wünschte. Es war nie schlecht optimistisch zu sein. Man musste einfach durchhalten so lange wie es eben dauerte. Aber bei ihm hatte ich das Gefühl, dass es sich auch lohnen würde. Als Lusie mir von den Zeiten erzählte, in denen sie zusammen lachten, konnte ich mir gut vorstellen, dass er so war. Er sah bereits besser aus, trotz der tiefblauen Ringe unter seinen Augen. Ein solcher Mann war wichtig für die Gesellschaft, und solange ich helfen konnte, würde ich da sein. Bezahlt oder nicht, ich würde auch mit weniger Geld über die Runden kommen. Auch wenn er großzügig ist, es könnte nur die Hälfte sein und ich hätte immer noch genug zum Leben.

Bevor ich sie fragen konnte, wie sie sich fühlte, sprang ihr Freund auf, um sie selbst zu fragen. Er nickte mir zu und sagte, dass ich mich nicht mehr um sie kümmern müsste. Sie sagte nicht viel, aber ich wusste, dass sie tiefere Gespräche führen würden, wenn die beiden wieder allein wären.

„Wirst du ihn morgen wieder besuchen?", fragte ich und er dachte einige Sekunden darüber nach, bevor er entgegnete: „Ich gebe dir einen Tag mit ihm allein, wenn das in Ordnung ist?", und ich nickte mit einem breiten Lächeln. „Ja, das ist super, pass gut auf dein Mädchen auf. Einen schönen Tag noch", sagte ich begeistert, auch wenn der Gedanke, mit dem Unglücklichen allein zu bleiben, nicht so einfach war.

Er nickte und sie verabschiedete sich herzlich von mir. Dann waren sie weg und ich ging wieder ins Haus. Nun war ich allein mit Deen für viele Stunden. Okay, damit kann ich leben, dachte ich mir, als ich das Gebäude betrat.

Das Haus selbst hatte mehrere Etagen, aber wir benutzten nur eine davon. Draußen war es frisch weiß gestrichen und im skandinavischen Stil gebaut. Innen war es moderner, ebenfalls im nordischen Stil, aber nichts Überflüssiges. Es war leicht zu pflegen. Eine halbe Stunde später, es war kurz vor Mittag, ging ich in sein Zimmer. „Hey, Deenie," sagte ich und begrüßte ihn mit einem Lächeln. Er drehte sich von mir weg, der Wand entgegen. Okay, es war einen Versuch wert, dachte ich. „Möchtest du etwas essen oder trinken?", fragte ich.

Keine Reaktion.

Mein nächster Versuch: „Ich habe gehört, dass es hier in der Nähe ein Restaurant gibt. Wie heißt es doch gleich?" Ich tat so, als wüsste ich es nicht mehr. „Der goldene Schwan, vielleicht?", fragte ich und dachte die Erinnerungen an seine früheren Besuche in Luxus-Restaurants würden ihn etwas aufmuntern. Wieder keine Reaktion. Nach einer halben Minute ging ich ans Bett und prüfte seine Vitalwerte.

„Der Puls ist normal, also fühlst du dich von mir nicht gestresst, das ist gut," sagte ich, aber fragte mich gleichzeitig, was ich davon halten sollte. Wenn er meine Anwesenheit nicht wahrnahm, war es auch nicht sicher, ob er mir überhaupt zuhörte. Er zeigte keinerlei Gefühl und war komplett abwesend. Ich entschied mich, es noch einmal zu versuchen.

„Komm einfach raus und iss mit mir zu Mittag", probierte ich ihn zu motivieren, aber leider reagierte er wieder nicht. Also ging ich hinaus. Vielleicht brauchte er einfach etwas Abstand oder fühlte sich nicht wohl dabei, in seinem momentanen Zustand mit mir zu reden. Während ich mir etwas Essen zubereitete, hoffte ich jedoch, dass er nicht kommen würde. Denn seit einigen Tagen hustete ich und es ging mir nicht gut. Vermutlich bahnte sich eine Grippe an und es wäre wirklich schlimm, wenn er sich bei mir damit auch noch anstecken würde.

Der Rest des Tages verlief schleppend. Er reagierte auf keinen meiner weiteren Versuche. Für diesen Tag gab ich schließlich auf, denn es war schon spät geworden.

Als ich am nächsten Morgen aufwachte, fühlte ich mich schon viel besser. Die Vögel sangen und die Sonne strahlte. Ich liebte den Frühling schon immer. Nachdem ich mich angezogen hatte, rannte ich in Deens Zimmer und zog die Vorhänge zur Seite.

„Hallo, Deenie, steh auf! Heute ist ein wunderschöner Tag", rief ich begeistert. Als ich mich zu ihm umdrehte, sah ich zu meiner Freude, dass die Sonne auf sein Gesicht schien. Es musste einfach auch für ihn ein guter Start in den Tag sein, dachte ich und setzte mich neben ihn. Er atmete tief durch und ich freute mich darauf, seine Stimme zu hören. Doch was er dann sagte, überraschte mich. „Wäre es möglich, deine Begeisterung zu zügeln?", brummelte er und ich konnte darüber nur lachen. Das löste einen Hustenreiz aus. Ich entschuldigte mich dafür und wollte aus seinem Zimmer gehen. Doch er hielt mich zurück: „Du hörst jetzt wirklich auf, um meine Aufmerksamkeit zu betteln, weil du husten musst? Meinst du, das stört mich? Ich bin Arzt. Komm wieder hierher", befahl er mir. Es dauerte ein paar Sekunden, bis ich realisierte, was er mir gerade sagte.

„Ich kann das nicht, was, wenn ich dich anstecke…", erwiderte ich, doch er verdrehte die Augen. „Wenn du mich ansteckst, ist es meine Schuld, nicht deine", sagte er deutlich und hielt mich wieder vom Gehen ab. Der Arzt erwachte in ihm. „Wie lange hast du das schon?", ich zuckte mit den Schultern. „Ich weiß es nicht. Ich habe einige Medikamente genommen, aber sie wirkten nicht. Also habe ich einfach gewartet, bis es wieder weggeht", entgegnete ich. Ich lächelte doch seine Züge verfinsterten sich. „Mach dich locker. Gestern wolltest du noch nicht mal mit mir reden", sagte ich lachend, aber er wirkte immer noch angespannt. Schließlich schüttelte er den Kopf. „Berufskrankheit", sagte er, und wollte sich wieder hinlegen. Ich eilte schnell zu ihm, um ihn davon abzuhalten.

„Nein, nein, nein, nein, nein, du wirst jetzt mit mir frühstücken. Wenn du dich schon durchgerungen hast, mit mir zu reden, dann mach bitte keinen Rückzieher", bat ich lächelnd. Immerhin richtete er sich wieder auf und sagte: „Mach dir keine Sorgen. Ich habe morgens noch keinen Hunger", was mich zum Schmunzeln brachte. „Ich auch nicht, aber ich trinke meinen Kaffee und genieße deine Gesellschaft", bettelte ich und er atmete tief durch.

Schließlich sagte er: „Okay, einen Kaffee und dann lege ich mich wieder hin." Ich nickte. „Vielen Dank. Das freut mich. Du hast übrigens eine wunderschöne Stimme", sagte ich auf dem Weg in die Küche.

„Ist für heute ein Besuch geplant?", fragte er, und ich hoffte, dass er sich nicht nach seinem Bruder sehnte. „Nein, zum Glück haben wir den ganzen Tag für uns. Niemand wird hier sein, nur du und ich." Ich deutete mit einem Lächeln auf jeden von uns, und er hob eine Augenbraue.

„Warum leckst du dir die Lippen?", fragte er schlicht, was ich gar nicht bemerkt hatte. „Weil ich mich auf diesen Tag freue. Er wird bestimmt schön", sagte ich enthusiastisch und versuchte, meine Unsicherheit zu überspielen. Er nahm seinen Kaffee und wandte sich dem Rest des Raumes auf der Suche nach einem Sitzplatz zu. „Komm mit. Draußen gibt es eine schöne kleine Sitzecke", sagte ich und nahm ihn an die Hand.

Die ganze Zeit redete ich über alles, was mir in den Sinn kam: Musik, Natur, Sport und dann versuchte ich ihn am Ende zu entlocken, was er normalerweise tat. Das hätte ich jedoch nicht tun sollen.

„Was ist für dich normal?", entgegnete er zunächst, und ich sagte: „Es muss nichts Normales sein, aber etwas, das dir Spaß macht", sagte ich mit einem Lächeln.

„Ein paar Jahre lang habe ich mit hübschen Mädchen rumgemacht und Spaß gehabt. Dann gab es nur noch ein Mädchen, Lu", sagte er, und ich sah ihm an, wie weh ihm das tat. „Du hast auch ein schönes Auto, hörte ich", sagte ich, doch er zuckte nur mit den Schultern. „Ja, das beeindruckt die meisten Mädchen. Sie denken sofort, ich sei ein reicher Mann. Weißt du, es war einfacher, der reiche Snob zu sein als der arme Schlucker", gab er zu. Ich schaute ihn eine Weile an, ohne zu lächeln, und fragte mich: War er wirklich so ein Typ, oder hat er sich selbst nur etwas vorgetäuscht, um sich von anderen Problemen abzulenken?

Wir saßen schweigend zusammen, schauten Richtung Wald und genossen die Morgensonne. Der Kaffee war längst ausgetrunken. Am Ende war es nicht ich, sondern er, der die Stille unterbrach. „Ich konnte mir nicht vorstellen, dass du auch schweigen kannst. Du kamst mir wie ein Mensch vor, der den ganzen Tag redet", erklärte er und ich lachte leicht auf. „Du weist viele Dinge nicht über mich, Mister Deen Miller", sagte ich, und ein zartes Grinsen umspielte seine trockenen Lippen. „Ich bin auch nicht gut darin, Menschen zu lesen, zumindest nicht so gut wie mein Bruder", gab er zu und begann wieder zu schweigen. Ich konnte nicht sagen, ob er sich Sorgen machte, traurig war und sich schuldig fühlte, oder ob er sich mit seiner vorherigen Situation abgefunden hat. „Wovor hast du Angst?", fragte ich schließlich.

„Was für eine seltsame Frage an jemanden, der versucht hat, sich das Leben zu nehmen", antwortete er grimmig. Aber ich ließ nicht locker. Das lag nicht in meiner Natur. Wenn ich etwas wollte, würde ich es bekommen, selbst wenn es Jahre dauern würde.

„Wovor hast du Angst?", fragte er mich nun. Ich überlegte, ob ich darauf antworten sollte, da er ja meine Frage noch nicht beantwortet hatte. Ich musste ihm zeigen, dass es normal ist, vor etwas Angst zu haben.

„Ehrlich gesagt", begann ich, während ich zu Boden blickte: „ist das Alleinsein nicht mein Ding. Davor habe ich Angst". Dann sah ich in seine Augen und merkte, wie er mich verwundert ansah.

„Warum sollte so ein Mensch wie du allein bleiben?", fragte er unerwartet und fuhr fort: „Du bist eine wunderbare junge Frau. Eine Definition von Lebensfreude", erklärte er, und ich lächelte. „Danke", sagte ich vorsichtig und überdeckte meine Begeisterung über seine Worte. „Aber weißt du, wenn ich allein bin, können es die Stunden in der Nacht sein, die mich depressiv machen. Ich bin so begierig darauf, diese Zeit einfach zu überspringen und das Leben tagsüber fortzusetzen", erklärte ich und er hob eine Augenbraue. „Willst du, dass ich mit dir schlafe, oder was bezweckst du mit deiner Aussage? Wenn du glaubst, dass ich wieder glücklich sein werde, dann kann ich dir gleich sagen, dass es danach noch schlimmer wird und du mich dann auch verlassen wirst“, gab er zu und schockierte mich mit seiner Ehrlichkeit.

„Und deine Angst?“, lenkte ich ab, denn ich wollte auf seine seltsame Frage nicht antworten. Warum sollte ich gehen, wenn ich erst vor drei Tagen hierhergekommen bin?

„Liebe“, sagte er kurz und bündig und ließ mich damit erstaunt zurück. Warum sollte ein so schönes Gefühl für ihn so schmerzhaft sein.

Kapitel 13

Schließlich lag ich wieder in meinem Zimmer. Es war nicht nur ein Kaffeeplausch, es war eher eines der schwierigsten Gespräche gewesen, die ich je geführt hatte. Ich war nicht der Typ für tiefgründige Unterhaltungen. Sie war mir jetzt doch sympathisch. So hatte ich eine Entscheidung getroffen. Hoffentlich würde alles gut ausgehen. Nachdem sie auf meine letzte Frage nicht geantwortet hatte, war ich mir nicht sicher, ob es ihr unangenehm war oder ob sie einfach keine Versprechungen machen wollte, die sie nicht halten konnte. Mein Redebedarf war jedenfalls für den Rest des Tages nahezu gedeckt. Ich brauchte jetzt ein wenig Ruhe. Das Alleinsein war das, was sie nicht mochte. Es war das Einzige, vor dem sie sich fürchtete, und genau das war sie jetzt, allein. Was war ich für ein Gentleman? Schließlich ging ich wieder hinaus. Sie saß immer noch an der gleichen Stelle in derselben Position. Sie schaute zu Boden und wirkte nicht mehr so fröhlich wie vorhin. „Hast du mich vermisst?", fragte ich auf dem Weg zu meinem Stuhl. Sie nickte und richtete sich vorsichtig auf. „Ich hatte auf deine Rückkehr gehofft", gab sie zu und errötete, was mich zum Lächeln brachte.

Sie schien die ganze Zeit so real denkend und glücklich zu wirken. Das beeindruckte mich. Es fühlte sich falsch an, in ihrer Nähe traurig zu sein. Es fühlte sich auch nicht richtig an, sie allein zu lassen, wenn es das war, wovor sie sich ängstigte. Schließlich unterhielten wir uns oder saßen einfach nur schweigend da, bis die Sonne unterging. Auch die Dämmerung war wunderschön. Sie tauchte die Bäume in ein rötliches Licht. „Was willst du essen?" fragte sie mich, als wir hereingingen. „Ich bin weder ein guter Koch noch ein guter Speisenauswähler", gab ich zu und sie grinste. „Ich denke, Schokolade ist immer gut. Ich könnte sie zu jeder Mahlzeit essen", sagte sie, und ich musterte sie von Kopf bis Fuß. „Du siehst definitiv nicht so aus, als würdest du das tun?", bemerkte ich, und sie begann wieder zu lachen.

„Aufgrund meiner Erfahrung in der Krankenpflege und meines Allgemeinwissens ist es wohl so, dass sie nicht genügend Nährstoffe enthält", erklärte sie. Ich zuckte mit den Schultern. „Sie hat genug Kohlenhydrate, einige Mineralien und auch Ballaststoffe", stellte ich fest. Damit gab ich ihr den Anlass, einen Schokoladenkuchen zu backen.

Ich setzte mich und beobachtete sie. Es war offensichtlich, dass sie es gewohnt war, Essen zuzubereiten. So freute ich mich auf den Kuchen. „Ich esse wirklich gern Kuchen und all die anderen Süßigkeiten, die man nicht essen sollte", gab ich zu worauf sie wieder lachte. „Wir haben nur ein Leben. Wenn wir es nicht nach unseren Wünschen gestalten, warum leben wir dann überhaupt? Sei einfach du – Ich bin es immer", entgegnete sie mir. Sie ist das genaue Gegenteil von mir, dachte ich, und ich fuhr fort, ihren hübschen Hintern zu betrachten. Als sie fertig war, ließ sie mich nicht mit dem Essen beginnen, bevor sie eine Kerze in die Mitte des Tisches gestellt hatte. Sie sagte, die sollte für gute Stimmung sorgen, und ich stimmte ihr zu. „Wow", sagte ich, nachdem ich das erste Stück in den Mund genommen hatte. „Du weißt wirklich, wie man die Freude am Leben zurückbringt", fuhr ich fort, und ihr Lachen ließ mich noch mehr entspannen. „Hast du nicht gesagt, dass ich der Genuss des Lebens selbst bin?", fragte sie und ich nickte. Sie hatte recht, wie ich gesagt hatte, und das war auch wahr.

„Ich sollte über meine Depression froh sein, sonst würde ich nicht so einen guten Kuchen bekommen, und die Aussicht wäre auch nicht die gleiche", sagte ich mit einem verspielten Lächeln und sie sah mich schockiert an. „Deen Miller, hast du das zu deinen vielen Mädchen auch gesagt?", fragte sie mit großen Augen. „Nein, sie wollten nicht für mich backen", erklärte ich und sie grinste. „Aber sie taten andere Dinge", vermutete sie, und ich dachte eine Weile nach, bevor ich antwortete: „Nicht wirklich. Sie wackelten mit ihren Hintern, wie du es in vorhin getan hast. Das wars dann aber auch meistens", erklärte ich und sie zog eine Augenbraue hoch.

„Hast du mir wirklich auf meinen Hintern gestarrt?", fragte sie. Ich zuckte mit den Schultern, als ob daran nichts auszusetzen wäre, woraufhin sie meinen Namen nochmals sagte. „Dean Miller." Sie schüttelte den Kopf, doch es war leicht zu erkennen, dass sie eigentlich eher amüsiert darüber war.

„Weißt du, dass wir zwei schon fast einen ganzen Kuchen gegessen haben?", fragte ich schockiert, als nur noch zwei Stücke übrig waren. Sie lächelte und entgegnete herausfordernd: „Dann können wir den Rest auch noch essen", und ich grinste. „Wenn ich einen Zuckerschock bekomme, bist du schuld", bemerkte ich, bevor ich das letzte Stück auf meinen Teller legte und ihres auf den anderen. „Wovor hast du Angst, weil du sterben wolltest?", forderte sie mich heraus. Ich saß schweigend vor ihr und starrte sie an, bis sie lächelte. „Das wäre sehr schlimm für mich", sagte sie, und ich antwortete, ohne Zuneigung erkennen zu lassen. „Weil auch du mich nicht vermissen würdest", was selbst für mich sarkastischer klang, als es eigentlich klingen sollte.

„Du weißt, dass ich nicht gerne allein bin. Ich bewundere dich wirklich dafür, dass du heute wieder herausgekommen bist. Es war der schönste Tag meines Lebens", sagte sie begeistert und ich lächelte. „Ich bin froh, dass ich es mit dir teilen konnte", sagte ich, und sie sah mir in die Augen. „Ich freue mich, dass du am Leben bist und dich entschieden hast zu bleiben. In der Küche hattest du heute jederzeit Zugriff auf ein Messer, doch du hast sie nicht einmal bemerkt", gestand sie. Ich bemerkte jetzt erst, dass sie recht hatte. Sie war leichtsinnig gewesen.

„Du hast deinen Job riskiert", sagte ich, und sie antwortete romantisch: „Wenn ich etwas riskiert habe, dann dich. Es stimmt, wäre das schief gegangen, hätte ich ins Gefängnis kommen können", erklärte sie und ich sah sie erstaunt an. „Und darüber hast du dir keine Sorgen gemacht?", fragte ich, und sie lächelte. „Ich wusste, dass du es nicht tun würdest. Die einzige Sekunde, in der ich etwas zweifelte, war, als du hineingegangen bist, um wieder ins Bett zu gehen", meinte sie und mir wurde klar, dass es mir plötzlich nicht mehr so wichtig war. Das bedeutete also das ich mich bereits entschieden hatte.

„Wann kommen sie morgen?", fragte ich sie und sie war überrascht über meinen Themenwechsel. Das ließ sie sich auch anmerken. Sie dachte wohl, dass sich unser junges vertrautes Verhältnis schnell wieder ändern würde, zu Patient und Pflegerin. „Er sagte am Morgen, also denke ich an zirka neun oder zehn Uhr", antwortete sie. Ich freute mich nun gar nicht darauf. Ich hatte ihr zwar gesagt, dass ich mir das Treffen wünschte. Doch darüber hatte ich in der letzten schlaflosen

Nacht nachgedacht. Jetzt würde es meine Situation nicht gerade bessern.

„Könntest du mit Lu reden, während ich mit meinem Bruder in meinem Zimmer spreche? Ich will nicht mit ihr reden oder sie sehen", gab ich zu, was sie offensichtlich verdutzte. Nach einigen Sekunden des Nachdenkens willigte sie ein: „Ich denke, das können wir irgendwie regeln. Ich werde ihm nachher eine SMS schreiben, damit es morgen keine Missverständnisse gibt", erklärte sie und ich nickte erleichtert.

Den Rest des Abends verbrachten wir mit einem Film und etwas Schokolade. Die Torte hatte noch nicht gereicht. Es war erstaunlich, wie viel sie essen konnte, ohne zuzunehmen. Schließlich gingen wir zu Bett. Ich versprach, dass ich da sein würde, wenn irgendwelche Einbrecher kämen. Sie lachte daraufhin und sagte, dass sie mich wecken würde, wenn sie da sind. Nach meinen letzten schlaflosen Nächten würde es wohl auch so kommen, dachte ich.

„Guten Morgen, Schlafmütze." Eine enthusiastische Stimme begrüßte mich und ließ das Sonnenlicht in mein Zimmer strahlen. Ich war überwältigt, dass ich die ganze Nacht ohne Unterbrechung geschlafen hatte. „Haben wir noch ein wenig Zeit für uns, oder sind sie schon unterwegs?", fragte ich sie und sie grinste. „Wir werden viel Zeit haben, wenn sie weg sind. Aber jetzt stehen sie bereits vor der Tür", sagte sie, was mich sofort wach werden ließ. „An der Tür", wiederholte ich erschrocken und setzte mich auf.

„Psst", machte sie, amüsiert über meine Reaktion. „Wie spät ist es?", fragte ich sie und sie meinte: „Elf Uhr dreißig, Schlafmütze. Ich werde ihn jetzt in dein Zimmer holen". Schon war sie auf dem Weg nach draußen. Hatte ich tatsächlich dreizehn Stunden geschlafen? Ich schaute auf meine Uhr und es war wirklich 11.43 Uhr. Ich richtete mich in meinem Bett auf, da kam er schon herein und ich konnte sehen, dass er geweint hatte. Es tat weh ihn anzusehen. Die Person, die nie irgendwelche Gefühle zeigte, zerbrach wegen meiner Dummheit. Wie konnte ich nur denken, dass mein Suizid etwas besser machen würde?

„Hey, wie geht es dir?", fragte er mich, als er den Raum betreten hatte. Seine Stimme war sanft. Das erinnerte mich daran, wie ich mich das letzte Mal ihm gegenüber verhalten hatte – ganz und gar nicht fair. So ließ ich nicht lange auf meine Antwort warten: „Mir geht es schon viel besser. Danke für das Mädchen. Sie ist wirklich bezaubernd", sagte ich ehrlich und Nathen lächelte ein wenig. „Ich dachte, sie würde dir gefallen. Ich kenne sie von damals, aus meiner Studienzeit", erklärte er, was für mich neu war. Warum hatte sie mir das nicht gesagt?

Danach redeten wir über die Klinik und seine Gerichtsverhandlung. Es tat gut, mit ihm zu sprechen. Er war derjenige, der mich immer noch am besten und auch am längsten kannte. Plötzlich hörte ich Lu's Stimme, die nach meinem Bruder rief und mein ganzer Körper erstarrte sofort.

Kapitel 14

Dann verließen wir das Haus. Ich war begierig darauf, Nathaniel alles zu erzählen. Der Besuch hatte mir mehr Kraft gegeben, als ich für den Besuch bei meiner Mutter vor einem halben Jahr gebraucht hatte. Was er mir gestand, schockierte mich zutiefst. Wie konnte sich ein Mensch so sehr verlieben, selbst wenn er die ganze Zeit geliebt wurde? Warum hatte Nathaniel mir nicht gesagt, dass er versucht hatte, sich das Leben zu nehmen? Es hatte mich so überrascht, dass ich Angst hatte, dass er meine Verletzlichkeit ausnutzen würde, um mich noch schlechter zu fühlen, als ich es jetzt schon tat. Andererseits wäre es sicher nur noch schlimmer geworden, wenn ich ihn später verlassen hätte. Heißt es nicht: eher früher als später?

„Du bist immer noch ganz blass. Bist du sicher, dass es dir gut geht?", fragte Nathaniel zum wiederholten Mal. „Ja, können wir einfach nach Hause fahren?", fragte ich und wir brachen sofort auf. Ohne sich umzusehen, hielt er mir die Autotür auf. Ich flüsterte: „Danke", und stieg ohne Zögern ein. Sobald er ebenfalls eingestiegen war, ließ er den Motor an und fuhr zur Wohnung. Dort war der beste Ort für unser Gespräch, da uns niemand sehen oder hören würde.

Schon im Aufzug begann ich zu schluchzen. Unbeschreibliche Gefühle kamen auf. Ich war wütend, weil er mich nicht gewarnt hatte. Traurigkeit und das ständige Schuldgefühl für das, was passiert war, wie ich mich fühlte und was Nathaniel als Bruder empfinden musste. Und immer wieder die Frage, ob es besser gewesen wäre, bei ihm zu bleiben. Oder wäre es schlimmer geworden? Doch bei allem Grübeln gab es nur eine Gewissheit: es war letztendlich nicht mehr rückgängig zu machen. Das wusste ich. Trotzdem half dieses Wissen nicht, dass ich mich besser fühlte.

Als sich die Türen schlossen, war Nathaniel schon auf dem Weg zu mir. Er zog mich in seine Arme und hielt mich sicher und beschützend fest. „Ihm geht es gut. Alles ist in Ordnung", flüsterte er mir ins Ohr. Es dauerte einige Minuten, bis wir den Aufzug verließen, obwohl die Türen längst offenstanden. Jetzt wurde mir klar, warum er sich einen Tag nur für uns nehmen wollte. Es war dringend nötig. Wie hätte ich es schaffen können, ihn am nächsten Tag wiederzusehen. Ich konnte jetzt schon nicht aufhören zu weinen. Es war doch nicht gut für einen Menschen mit Depressionen, andere auch weinen zu sehen?

In der Wohnung hob er mich hoch, um mich in sein Schlafzimmer zu tragen. Dort zog er meine Schuhe, Socken und Jeans aus und legte mich auf die linke Seite des Bettes. Irgendwie hatte ich Angst, dass er wieder gehen würde. Vielleicht um etwas Essen zuzubereiten. Ich hatte keinen Hunger oder Durst. Ich sehnte mich einfach nach Nathaniel. Ihm nahe zu sein, seine Hände zu spüren, die mich hielten, seinen männlichen Duft zu riechen und seinen gleichmäßigen Atem zu vernehmen – das war es, was ich in diesem Moment wollte. Mehr nicht.

„Er hat dir alles gesagt, nicht wahr?", begann Nathaniel nach einigen Minuten des Schweigens. Bevor ich antwortete, drückte ich mich noch näher an ihn, weil ich ihn so nah wie möglich an meiner Seite spüren wollte. Ich erzählte ihm alles, was Deen mir erzählt hatte: Zunächst seine Verwirrung darüber, was er nicht richtig gemacht hatte, dass er dachte, es ginge um meine sexuellen Wünsche. Anschließend sagte er, dass er versucht hatte, sich umzubringen. Dass er verzweifelt versucht hatte, nicht nur irgendjemand zu sein, sondern derjenige, zu dem man aufschaut, den man vermisst, derjenige der geliebt wird. Während der gesamten Zeit sagte Nathaniel nichts. Abschließend erzählte ich, dass Deen sagte, dass er Zeit brauchte und es für ihn sinnlos wäre, ohne einen besseren Grund weiterzuleben. Das jetzige Leben wäre für ihn die Hölle.

„Es tut mir leid, dass ich dich nicht vorbereitet habe. Aber ich dachte, es wäre unfair ihm gegenüber, wenn ich es zu dir sagen würde", klärte er mich auf. „Es ist nur so, dass ich noch nie Kontakt zu jemandem hatte, der einen Selbstmordversuch unternommen hat. Auch wenn das Alkoholproblem meiner Mutter ein indirekter Weg war", sagte ich, und er nahm mich in den Arm und hob meinen Kopf näher zu seinem Gesicht. Unsere Nasen berührten sich. Wir waren so nahe beieinander, dass ich jeden seiner Atemzüge einatmete und er den meinen auch.

„Was auch immer jetzt passiert...", begann er. „Könntest du mir versprechen, ehrlich zu sein und mir alles zu erzählen, was dir durch den Kopf geht?", fragte er mich und er tat mir leid, so sehr wie er jetzt Angst hatte, dass er auch mich und seinen Bruder verlieren könnte. Ohne dass er selbst als Arzt, jegliche Chance hätte uns am Leben zu halten. „Ich verspreche es", sagte ich und küsste ihn auf seine weichen Lippen. Sofort hellte sich seine harte Miene auf und meine tieftraurige Stimmung änderte sich. Er legte seine Hand in meinen Nacken, um mich näher an sich zu ziehen. Dieses Mal mit noch mehr

Leidenschaft. Wir sahen uns schweigend in die Augen. Es dauerte fast eine Minute, bis wir beide wieder atmeten.

„Weißt du, ohne dich könnte ich kein normales Leben mehr führen", gab er zu, und ich schüttelte den Kopf. „Sag das nicht." Seine Miene änderte sich. „Warum?", fragte er verwundert. Als ich den Blickkontakt mit ihm abbrach, zog er meine Wange in seine Richtung. „Wenn etwas passiert...", begann ich, doch er unterbrach mich. „Es wird nichts passieren." Er schüttelte leicht den Kopf. „Es verlangt mir so viel Verantwortung ab", sagte ich, und er fing an zu lachen. „Du klingst manchmal fast so wie Deen – ängstlich, dein Leben selbst in die Hand zu nehmen. Möchtest du woanders ein neues Leben beginnen?", fragte er verwundert. „Natürlich nicht", sagte ich sofort und rollte mit den Augen. Er fing wieder an zu lachen. „Was ist daran so lustig?", fragte ich unverständlich. „Du bist zu mir zurückgekehrt. Du willst bei mir bleiben, aber trotzdem willst du mich auf Distanz halten", erklärte er.

Meine Augen weiteten sich vor Schreck. „Ich möchte dich auf Distanz halten?" Ich wiederholte seinen Satz skeptisch und versuchte, seinen Standpunkt zu verstehen. „Du kannst doch nicht...", begann ich, aber er wusste bereits, was ich sagen wollte: „Ja, ich konnte nicht, aber das hat nichts mit dir zu tun. Daran arbeite ich, okay, aber ich kann nicht versprechen, dass ich jemals bereit sein werde", redete er über die Zeit, als wir versuchten, körperlich näher zu kommen, die Nacht, in der er mir vorsang, unsere letzte Nacht, bevor ich zu Deen ging. „Es ist nicht wichtig für mich", sagte ich und hatte Mitleid wegen seiner Vergangenheit, die sicherlich der Grund für seine Abneigung war, Sex zu haben. „Sag das nicht, du nimmst mir meine Motivation", sagte er humorvoll.

Ich öffnete den Mund, um zu sagen, dass es sich bei Deen nicht so gut anfühlte, doch notwendig war. Ich schaffte es zum Glück nicht, das auf akzeptable Weise zu sagen, also schwieg ich. „Weißt du, bis dahin habe ich jede Menge Ideen gefunden, was wir ausprobieren können", sagte er verrucht. Ich konnte nicht glauben, dass das über Nathaniels Lippen kam.

Ich schlief bald in seinen Armen ein, noch bevor die Nacht hereinbrach. Die Ereignisse des Tages hatten meine Energie völlig beansprucht. Doch der Schlaf währte nicht lang. Als ich aufwachte, war ich allein. Ich fand einen kleinen Zettel auf dem stand: „Ich werde um zwölf zurück sein". Sicher war er in der Klinik. Also begann ich meinen Tag damit, mir ein Frühstück zuzubereiten, und las anschließend ein Buch von Jane Austen. Ihre Romane lenkten mich von Alltagsproblemen ab und ich las sie am liebsten, wenn ich allein war. Schließlich war es schon fast drei Uhr nachmittags, als er kam. „Es tut mir leid, dass ich so spät dran bin", sagte er atemlos. „Geht es dir gut?", fragte ich, und er kam lächelnd auf mich zu. „Mir geht es immer gut in deiner Gegenwart", sagte er und legte seine Arme auf meine Hüften. „Du hast dich abgelenkt", sagte er und zeigte auf mein Buch. Ich wusste, dass er diese Art von Literatur nicht so mochte.

Später bereitete er das Abendessen zu. Es gab Kabeljau mit Oliveneis und Fenchelpüree. Als wir zu essen begannen, hob er eine Augenbraue und fragte mich, ob mir das Essen schmeckte. „Speziell, aber es schmeckt sehr gut. Ich hatte noch nie von so einer

Zusammensetzung gehört", sagte ich, und stolz aß er weiter. Ich musste darüber schmunzeln.

„Wenn ich deine Fähigkeiten als Arzt loben würde, würdest Du nicht einmal eine Miene verziehen. Wenn ich jedoch sage, dass du ein guter Koch bist, schwillt deine Brust vor Stolz", sagte ich ironisch lächelnd. Das verstand er nicht: Es ist viel schwieriger für mich zu kochen als zu operieren", erklärte er. „Weißt du, ich fing damit an, es zu lernen, als ich dich kennenlernte. Vorher hatte ich mir nicht einmal ein Sandwich zum Frühstück gemacht", erklärte er, und ich brach in Gelächter aus. „Was?", fragte er verständnislos. „Du urteilst über mich, weil ich Liebesromane lese, und dann befolgst du die bekannteste Regel: ‚Der Weg zum Herzen führt durch den Magen'", antwortete ich, aber er korrigierte mich: „Es heißt: ‚Der Weg zum Herzen eines Mannes führt durch seinen Magen.' Also müsstest du mich kulinarisch verwöhnen. Doch eigentlich wollte ich nur, dass wir gesund leben", erklärte er und ich verdrehte die Augen. „Wir leben nicht mehr im neunzehnten Jahrhundert, auch Männer können kochen", argumentierte ich, und er lachte. „Das tue ich auch", sagte er, und damit beendeten wir das Thema.

Bereits eine halbe Stunde später, wurde er angerufen und musste mich wieder verlassen. Einer seiner Patienten hatte Komplikationen. Bevor er zurückkam, war ich eingeschlafen: Jane Austens Buch lag noch in meinen Händen.

＃ Kapitel 15

„Ich bin das glücklichste Geschöpf der Welt. Vielleicht haben das schon andere Leute gesagt, aber noch keiner mit so viel Recht. Ich bin sogar glücklicher als Jane; sie lächelt nur, ich lache", hörte ich Nathaniels Stimme, als ich die Augen öffnete. Er saß neben mir und las in dem Buch, das ich gestern begonnen hatte.

„Und du sagst, dass du mich nicht dafür verurteilst, weil ich Liebesromane lese", sagte ich und wachte dabei langsam auf. „Dir auch einen guten Morgen. Ich fand es nur schön, über ihre ‚Hearts and flowers' zu lesen", sagte er grinsend. „Schön?", fragte ich misstrauisch, und er las weiter: „Du musst mir erlauben, dir zu sagen, wie leidenschaftlich ich dich liebe und bewundere", zitierte er, was Darcy zu Elisabeth sagte. „Du hast das wirklich gelesen, um darüber zu urteilen?", fragte ich und verdrehte die Augen. „Ich war mittendrin, bevor ich..." Jetzt war ich es, die ihn aufhielt. „Ich hatte begonnen. Ja, das ist auch ein Zitat", sagte ich, stand auf und nahm ihm das Buch aus der Hand.

„Meine gute Meinung ist, wenn sie einmal verloren ist, für immer verloren", warnte ich ihn mit einem weiteren Zitat von Darcy, woraufhin er lachte. „Ich habe diese auch schon gelesen, sie sind doch nicht nur zur Zierde geeignet", erklärte er, und ich sah ihn skeptisch an. „Du hattest Zeit, all diese Bücher zu lesen? Ich habe dich nie lesen sehen, seit ich hier bin", stellte ich fest und er nickte. „Stimmt, seit ich in der Klinik arbeite, hatte ich kein einziges Buch mehr in der Hand.

Zumindest kein belletristisches", gab er zu und sah auf das Buch in meinen Händen. „Ich habe vorher zwei in der Woche gelesen, dann habe ich gelernt", erklärte er, und ich sah ihn noch skeptischer an. „Während du studiert hast? Bist du so ein Mensch, der sich alles merkt, nachdem er es einmal gehört hat?", fragte ich. Er lächelte amüsiert: „Genau das, was ich wissen muss", sagte er kurz und ich küsste ihn auf die Lippen. „In den sechzehn Stunden, in denen ich wach war tat ich die Hälfte dieser Zeit nichts anderes als zu lernen.

Da blieb auch Zeit, die ich zum Lesen nutzen konnte", erklärte er. Ich lachte ihn an. „Das würde Darcy zum Beispiel nicht gefallen," sagte er. Ich stand auf und ging Richtung Tür. „Das würde ihm auch nicht gefallen, aber er würde ihr nachlaufen", sagte ich herausfordernd. Er rannte hinter mir her. Ich kicherte und versuchte, schnell genug zu sein, um den Aufzug zu erreichen, bevor er mich einholen konnte. Keine Chance. Ich war gerade in meinem alten Zimmer, da hatte er seine Hände schon um meine Hüften geschlungen und drehte mich zu sich um.

„Wovor bist du jetzt weggelaufen", fragte er direkt, während er mir tief in die Augen sah. Mein Lachen fror ein. „Renne ich weg?", fragte ich, und er sah mich an, als hätte er so eine dumme Frage nicht erwartet. Hilflos blickte ich ihm in die Augen. „Meine Entscheidungen tun mir leid. Ich wollte dich nicht in eine solche Lage bringen", sagte er. Ich sah ihn verständnislos an. „Was meinst du?" fragte ich. Er schwieg eine Weile, bevor er antwortete: „Ich war es, der dich zu Deen gedrängt hat. Denn du hättest bleiben können, wenn ich es dir erlaubt hätte..." Er versuchte weiter zu reden, aber ich nahm meinen Zeigefinger und presste ihn auf seine Lippen, damit er aufhörte.

„Du bist nicht schuldig für alles, wofür du dich schuldig fühlst“, begann ich. „Was in deiner Vergangenheit passiert ist, ist nicht deine Schuld und dass es dich verändert hat, ist keine Frage“, fuhr ich fort, während er aufmerksam zuhörte. „Natürlich akzeptiere ich das, indem ich dir näherkomme, so wie ich es tue. Ich tue es, aber ich will nicht... Ich weiß nicht, wie ich es sagen soll... Ich will nur nicht...“, stammelte ich mit Mühe, die richtigen Worte zu finden. Doch er sprach es aus, als hätte er es schon lange gewusst: „Du denkst, dass es zu schnell geht, als würde man mich ins kalte Wasser stoßen“. Ich nickte. „Ja, ich will dich einfach nicht verlieren und das, was wir haben“, sagte ich. Er lächelte, während er mir einen Kuss auf die Stirn gab: „Lass uns keine Zeit verlieren. Wir haben zu viel zu tun, um alles in die Zukunft zu verschieben.“ Mein Kopf war leer. Was war mit ihm passiert? Hatte er Pläne für unsere Zukunft gemacht?

„Komm, wir müssen essen. Wir werden gleich zu Deen fahren“, erklärte er. Ich verstand, wie unsere Pläne für die Zukunft, die uns bevorstand, aussahen. Während wir zum Frühstück ein Omelett aßen, sah er mich auf einmal an.

„Die Krankenschwester, also, Alice, hat gefragt, ob ihr heute zusammen einen Kaffee trinken könntet. Sie will mit dir reden“, sagte er, und ich runzelte verwundert die Stirn. „Es hörte sich so an, als hätten sie gestern einen besseren Tag gehabt, aber Deen hat gebeten, dass er es vorziehen würde, dich heute nicht zu treffen“, erklärte Nathaniel vorsichtig und versuchte, mich damit nicht zu verletzen. „Okay“, entgegnete ich. Ich fragte mich, ob er jetzt etwas gegen mich hatte. Letztes Mal wollte er nur mit mir reden, jetzt war es umgekehrt.

War es die bipolare Stimmung oder nur ein Sinneswandel, der ihn dazu brachte?

„Keine Sorge, ich werde mit ihm darüber reden." Er versuchte erneut, mich zu beruhigen, aber ich war wie blockiert. „Nein, eigentlich nicht. Das solltest du nicht tun. Wenn er mich nicht sehen will, ist es seine Entscheidung", sagte ich, auch wenn es mich ein wenig störte, nicht zu wissen, warum.

„Hallo", begrüßte uns die Krankenschwester, von der Nathaniel sagte, sie heiße Alice, herzlich. Sie umarmte mich, aber nicht ihn – wahrscheinlich wusste sie bereits, dass er es ablehnen würde. „Möchtest du eine Tasse Kaffee oder einen Tee?", fragte sie und war schon auf dem Weg in die Küche. „Ja, danke, gern einen Tee", sagte ich höflich lächelnd, wobei ich mich immer noch fragte, ob sie nicht wollte, dass ich Deen treffe, oder warum sie mit mir reden wollte. „Willst du...", sie sah Nathaniel an. „Nein, danke. Ich gehe gleich zu ihm", sagte er. Sie ging vor ihm zur Tür und versperrte ihm den Eingang.

„Es tut mir leid, aber er schläft noch", erklärte sie. „Er schläft?", fragte er ungläubig. Stolz lächelte sie: „Ja, seit mehr als zehn Stunden. Ich dachte, es wäre besser, ihn so lange wie möglich schlafen zu lassen", sagte sie und ging wieder in Richtung Küche. „Aber es geht ihm gut?", fragte Nathaniel, was sie zum Lachen brachte: „Ja, er hat den Tag mit mir irgendwie überlebt", sagte sie mit einem glücklichen Lächeln auf den Lippen. Schweigend saßen wir alle um die Kücheninsel. Ich fühlte mich ein wenig unwohl, weil ich es nicht gewohnt war, mit einer anderen Frau, die so hübsch war wie sie, und mit Nathaniel zusammen zu sein. Er schaute die ganze Zeit nur in

Richtung Tür und machte sich nicht die Mühe zu fragen, was sie getan hatten oder warum sie sagte, dass der Tag so gut verlaufen sei.

„Okay, ich werde ihn wecken. Ich sage, dass du gerade angekommen bist, okay?", fragte sie, und Nathaniel nickte langsam, danach sah er zu mir: „Ich werde einige Minuten dort drin sein. Unterhaltet euch einfach. Sie ist wirklich nett, okay?", sagte er. Er redete nicht oft positiv über andere Frauen. Ich war nicht eifersüchtig, aber irgendetwas sagte mir, dass er mehr über sie wusste.

Nachdem er verschwunden war, kam Alice mit einem breiten Lächeln zu mir zurück. „Ich habe mich so darauf gefreut, ein bisschen Zeit mit dir allein zu verbringen", sagte sie, und ich konnte nicht sagen, ob es seltsam war, das von einer Fremden zu hören, oder ob ich es einfach nicht gewohnt war, dass sich jemand auf ein Gespräch mit mir freute. Deshalb lächelte ich sie nur an und sie fuhr fort: „Verstehe Deens Entscheidung nicht falsch. Er will nur etwas Abstand haben, damit er nicht bei diesen Gedanken festhängt, sondern eine Ablenkung finden, die ihm Spaß macht".

Das klang logisch, trotzdem fragte ich mich, welche Ablenkung man in diesem Haus finden könnte. „Das wolltest du mir sagen?", fragte ich, und sie lächelte weiter. „Ja, ich möchte nur nicht, dass du dich unnötig damit beschäftigst", sagte sie, und ich nickte. „Okay", sagte ich und sah mich im Zimmer um, um herauszufinden, ob sich seit meinem letzten Besuch etwas verändert hatte.

„Was habt ihr früher zusammen gemacht? Hat er irgendwelche Hobbys?", fragte sie. Ich sah sie verwundert an. Sie versuchte, ihm zu helfen, aber hätte sie das nicht lieber ihn fragen sollen? „Wir haben außerhalb seiner Wohnung wirklich nicht so viel unternommen", begann ich, und sie hob eine Augenbraue. „Weißt du, wenn du versuchst, etwas zu finden, das ihm gefällt, dann achte nur darauf, dass es nichts ist, was sein Bruder auch mag", sagte ich, und jetzt verstand sie mich offensichtlich nicht.

„Es ist nur so, dass er ihn immer vergöttert hat und versucht hat, ihm hundertprozentig ähnlich zu sein", versuchte ich ihr zu erklären. „Du meinst wirklich, dass er überhaupt keinen Spaß hatte, sondern nur das Leben seines Bruders nachgeahmt hat?", fragte sie, und ich nickte langsam. „In gewisser Weise, ja", sagte ich, und kurz schien es, als würde sie gleich in Tränen ausbrechen, doch dann kehrte der glückliche Ausdruck in ihr Gesicht zurück.

„Okay, Mission angenommen. Wo soll ich anfangen? Was meinst du?", fragte sie und ich lächelte. „Ich weiß es nicht. Ich kann dir etwas über die Hobbys seines Bruders erzählen, wenn du willst", sagte ich, und sie begann lachend nach Luft zu schnappen.

„Alles in Ordnung?", fragte ich. Es sah aus, als hätte sie Schmerzen dabei. „Hast du das oft?", drängte ich auf eine Antwort. Sie konnte nicht sprechen, sie hustete immer noch, aber sie nickte. In meinem Kopf kamen Erinnerungen hoch: Wie ich nicht kapiert hatte, dass es nicht nur eine Grippe war und ich deshalb nicht in dieses Krankenhaus wollte. Dann brachte mich Elisa dorthin. Die Schmerzen, die nur Nathaniels Hände zu heilen vermochten... Als mir das klar wurde, schrie ich nach ihm. Lass sie nicht sterben, dachte ich. Lass nicht zu, dass wieder jemand daran stirbt.

„Erst als mir klar wurde,

wie wichtig die Person war,

die ich wirklich liebte,

musste ich mich für immer von ihr

verabschieden“

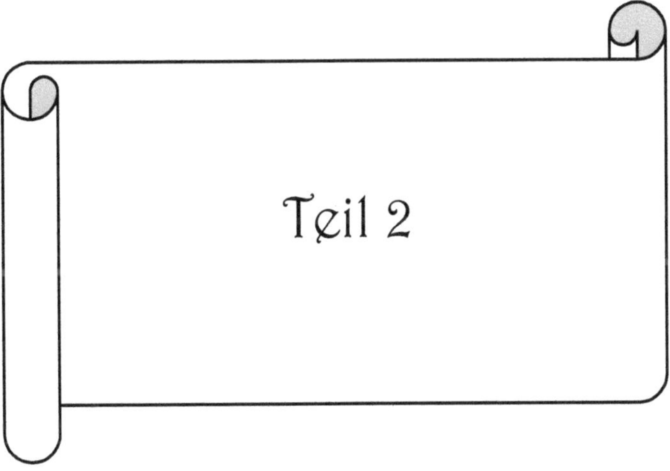

Teil 2

Kapitel 1

Mit Nathaniel an meiner Seite fühlte ich mich stärker. Indem er meine Hand in seine nahm, zeigte er mir, dass ich nicht allein war. Doch ich fühlte mich allein. Sollte nicht ich es sein, der jetzt an seiner Seite steht und seine Hand hält? Warum sollte er so viel stärker sein als ich? Langsam schritten wir zum Grab. Gemeinsam. Wie schon in den letzten Monaten. Er hatte so häufige Stimmungsschwankungen. Wir hatten ihn nicht aufhalten können. War es unsere Schuld? War ein Mensch, der einen anderen nicht daran hinderte, sich das Leben zu nehmen, schuldig? Wir wussten, dass er diese Anwandlungen hatte. Wir wussten, dass er es schon einmal getan hatte. Warum war es trotzdem ein Schock für uns, als wir erfuhren, dass er verstorben war?

Langsam gingen wir an das Grab. Es dämmerte bereits. Raben saßen herum und beobachteten das Geschehen. Nathaniel zeigte keinen Anflug von Traurigkeit. Ich schluchzte, trotz seines letzten Wunsches, seinen Tod zu akzeptieren, ohne eine Träne zu vergeuden. Was für ein dummer Wunsch. Vor allem mit der Begründung, wir hätten unsere Tränen und Zeit nicht an ihn verschwendet, als er noch lebte. Ich liebte ihn auf eine gewisse Art und Weise. Allein meine eigenen Konflikte trennten uns. Meine Fähigkeit, seinen Zustand nach oben zu bringen, doch dann fiel er. Diesmal ging es tief hinunter in das eiskalte Grab. Plötzlich, wie aus dem Nichts hatte ich das Gefühl, zu weit nach vorne getreten zu sein, in das schwarze Loch. Es war Deens Grab, das so tief war, dass man sein Ende nicht sehen konnte. Als mir das klar wurde, begann ich zu schreien, geschockt von dem, was geschehen war. „Lusie", hörte ich Nathaniel laut rufen und automatisch tat es mir leid, ihn verlassen zu haben. Für immer, wie alle anderen, die er liebte. Niemand konnte mir helfen. Nein, niemand konnte uns jetzt helfen. Ich würde das Licht nie wieder sehen.

„Lusie, geht es dir gut?", fragte Nathaniel und umfasste meine Schultern. Hatte ich überlebt, fragte ich mich. Ich spürte meinen Körper noch. Es tat nichts weh. Es war nichts passiert. Als ich langsam die Augen öffnete, wurde mir klar, wie schmerzhaft dieser Augenblick für mich war. Ein Albtraum, nichts weiter, doch am Ende so viel mehr. Was mein Verstand erschaffen hatte, sorgte mich und machte ihn hysterisch. Er hielt meine Schultern auf beiden Seiten fest. Sprachlos starrte ich ihn an. „Was ist passiert? Lusie, geht es dir gut?", fragte er noch einmal und ich schüttelte den Kopf. „Mir geht es gut. Es war nur ein Albtraum." Er entspannte sich ein wenig. „Nur ein Albtraum? Du hast geschrien, als hättest du den Tod vor Augen", sagte er. Ich nickte: „So gesehen hast du völlig recht", sagte ich, und er riss seine Augen auf. „Entspann dich, es war nur ein Traum", sagte ich sofort, denn ich befürchtete, dass er sich nicht beruhigen würde.

Langsam setzte ich mich auf. „Wie spät ist es?", fragte ich. „Sieben Uhr. Sag mir bitte: Wovon hast du geträumt?" Ich drehte mich langsam zu ihm um. „Mach dir keine Sorgen", erklärte ich. Er sah mich immer noch skeptisch an. „Das hörte sich aber anders an", bestand er auf meine Erklärung, die ich ihm jedoch schuldig blieb. „Habe ich dich geweckt?", fragte ich um vom Thema abzulenken. Er lächelte leicht:

„Nein, ich hatte gelesen." – „Hoffentlich nicht in einem Horrorbuch", bemerkte ich und er lachte. „Nicht wirklich. Es handelt von den neuesten Krebsmedikamenten", erklärte er.

„Oh, ich verstehe", antwortete ich und wollte aufstehen, aber er packte mich am Arm und zog mich zurück, so dass mein Kopf in seinen Schoß fiel. „Hey", rief ich erschrocken. „Du hast es mir immer noch nicht gesagt", kam er wieder auf meinen Albtraum zurück. „Ich war nur gestürzt", sagte ich. Er musterte mich skeptisch. „Das bezweifle ich. Man fällt nicht einfach aus dem nichts."

„Also gut, ich war bei dir. Es dämmerte, und wir gingen langsam zusammen, als ich fiel", erklärte ich. Er verdrehte die Augen: „Du bist keine gute Lügnerin", entgegnete er. In meinem Kopf hörte ich Deen genau dasselbe sagen. „Glaubst du, sie wird wieder gesund?", fragte ich ihn, in Gedanken an das, was gestern passiert war.

Endlich verstand ich, was mein Gehirn mir sagen wollte. Wenn sie sterben würde, würde Deen ihr nachgehen. Sie hat ihm mehr geholfen als ich es je getan hatte. Andererseits würde sich sein psychischer Zustand in ihrer Nähe bessern, auch wenn er akzeptieren müsste, dass sie geht?

Kapitel 2

Als Lusie nach Nathaniel rief, schaute er erschrocken und ohne ein weiteres Wort sprang er auf und rannte zur Tür hinaus. Da er sie gleich hinter sich schloss, konnte ich nicht viel von dem hören, was sie sagten. Doch als ich Alice husten hörte, wurde mein Gesicht weiß. Ich hatte sie gestern auch danach gefragt, aber sie hatte sofort das Thema gewechselt. Es klang wirklich nicht gut. Auch wenn es eine Lungeninfektion war, musste sie ausgeheilt werden; warum war ich nicht von selbst darauf gekommen?

„Es tut mir leid, aber du musst sie untersuchen. Es kann alles Mögliche sein, aber es kommt mir so bekannt vor...", hörte ich Lusie hysterisch rufen. Bittere Gedanken schossen in meinen Kopf: ‚Wenn er ihr nicht helfen würde, würde ich ihn umbringen. Nein, das wäre zu einfach. Ich würde mich umbringen. Mit dem einzigen negativen Effekt, dass ich seine Reaktion nicht sehen würde, wenn es ihm überhaupt etwas ausmachen würde.'

Ich blieb verbittert in meinem Zimmer. Warum sollte ich nach draußen gehen? Was sollte ich tun oder sagen? Natürlich war ich auch Arzt, aber Nathen war auf die Behandlung solcher Erkrankungen spezialisiert. Er wusste, was zu tun war, dass musste ich ihm zugestehen. Bevor Lusie nach ihm rief redete er mir gut zu. Er sagte, dass er mich wieder an seiner Seite brauchte. Als Arzt. Als seinen Freund. Als seinen Bruder. Ich hatte einfach zugehört. Was sollte ich tun? Einfach weiter so, als wäre nichts passiert. Bei der

Krankenpflegerin Alice, war alles vergessen. Irgendwie war es anders mit ihr. Er war jedoch einer der Gründe, warum ich in diese Situation geraten war.

Draußen wurde es für einige Minuten still. Als wieder gesprochen wurde, konnte ich durch die Wand kaum etwas verstehen. Wenn ich hinaus ginge, würde das bedeuten, Lusie und Nathen gegenüberzutreten. Das war mehr, als ich an so einem Morgen ertragen konnte.

Wieder hörte ich das Husten. Hatte ich es gestern nicht richtig bemerkt, oder war es wirklich nur einmal passiert? Das war seltsam. Vielleicht war es gar nicht so schlimm, oder gab es eine psychologische Erklärung? Auch das war möglich; ich wusste zu wenig über sie, um das auszuschließen. Husten war wirklich selten ein Symptom für Krebs. Es wäre ungewöhnlich, wenn sie ihn auch hätte. Ich versuchte mich zu beruhigen, auch wenn ich spürte, dass ich immer unruhiger wurde. Wenn nicht bald jemand in mein Zimmer kommen würde, müsste ich rausgehen und mir selbst ein Bild machen, dachte ich.

Langsam verging die Zeit. Als ich auf die Uhr sah, war schon eine halbe Stunde vergangen, seit er rausging. Warum hatten sie nicht einmal versucht, mich aus dem Zimmer zu holen? War ich wirklich so unwichtig – nicht Familie genug, um in einer so wichtigen Situation dabei zu sein? Andererseits sah ich wie ein Wrack aus, das die schockierende Situation nicht ertragen konnte. Es war eine Qual, hier zu warten. Schließlich stand ich auf. Ich ging in meinem Zimmer auf und ab. Es war die einzige Möglichkeit, meine Unruhe zu ertragen. Ich fragte mich, was Lusie über mich gedacht hatte, als sie ihr sagten, dass ich sie heute nicht sehen wollte. Vielleicht war es am Ende doch nicht richtig gewesen. Vielleicht hatte ich sie verloren. Nein, ich sollte aufhören, darüber nachzudenken. Es war nicht meine Schuld. Die war es nie gewesen. Vielleicht würde sie durch mein Handeln erkennen, dass ich nicht der Einzige war, der dieses Spiel spielen konnte. Andererseits war ich vielleicht der Einzige, der es als Spiel ansah. Sicher war sie gerade fertig mit mir. Wie alle anderen auch.

Ich dachte über Alice nach. Sie kannte mich nicht; meine Lebensfreude, die ich jetzt vermisste. Als sie gestern mein Zimmer betrat, schien es, als wären alle meine Sorgen verschwunden. Es klang wirklich egoistisch, wenn ich sagte, dass ich einfach hoffte, dass sie nicht krank war. Ich glaubte, dass diese Freude dann wieder verschwinden würde. Die Person, die ich zuerst ignoriert hatte, aber gestern endlich besser kennengelernte. Ich spürte in dem Moment, dass ich wieder vor einer Klippe stand.

Eine Stunde war mittlerweile vergangen. Was geschah da draußen? Ich hörte sie reden, Schritte, Stille und sich öffnende Türen irgendwo im Gebäude. War es wirklich so leicht, meine Anwesenheit zu vergessen?

Wenn es für Nathen und Lusie so war, war es dann auch so einfach für sie? Ich hoffte inständig nicht, doch andererseits war ich auch nur ihr Patient. Leider wusste ich aus eigener Erfahrung, dass man leicht zu vergessen war, wenn nichts Besonderes aufzuweisen war. Andererseits, selbst wenn sie jetzt mit ihnen gehen würde, würden sie sie nicht täglich an mich erinnern? Letzten Endes konnte jeder meiner Krankheit danken, dass sie überhaupt gerettet werden konnte. War es nicht so? Wie wäre es, völlig vergessen zu werden?

Jeder einzelne Mensch auf dieser Erde war einfach nichts. Ich wusste, dass eines Tages jeder völlig vergessen sein würde. Wie z. B. ein Christoph, der im Mittelalter lebte. Er wurde vergessen. Seine Freunde und Familie waren alle vergessen. Als hätten sie nie existiert. Ich konnte in dieser Sekunde nicht sagen, ob mich der Gedanke beruhigte, für die Gesellschaft überhaupt nicht wichtig zu sein. Auf der anderen Seite, warum versuchten wir überhaupt, bessere Menschen zu werden, wenn letztendlich nur Staub im Wind übrigbleibt? Vergessen, unbekannt, uninteressant, irgendwo unter der Erde.

Dieses Warten machte mich noch verrückter, als ich es in den vergangenen Wochen empfunden hatte. Langsam ging ich zur Tür. Ich schloss die Augen und atmete tief durch, ängstlich, was mich draußen erwartete. Sie stand da. „Du? Deen, ich dachte, du würdest es nicht tun. Ich weiß nicht…", stammelte Lusie. Ich wusste sofort, warum ich mein Zimmer nicht verlassen wollte. Sie tat mir leid. Damit wurde sie an ihre schmerzhaften Tage erinnert, und musste gleichzeitig mit dem Gedanken kämpfen, warum ich sie heute nicht sehen wollte. Also presste ich meine Zähne zusammen und spürte, wie meine müden Muskeln schmerzten.

„Wo ist sie?", fragte ich und versuchte, mich von der Schuld abzulenken, die ich ihr gegenüber empfand. „Sie ist schon im Auto. Wir werden sie in die Klinik bringen und sie untersuchen. Ich hatte gerade noch etwas Kleidung für sie geholt", erklärte sie. Ich sah, dass sie Schwierigkeiten hatte, die vielen Kleidungsstücken zu halten. Ich war kein Gentleman, sagte ich zu mir. Auf der anderen Seite konnte ich ihr zumindest die Türen öffnen. An jeder einzelnen Tür dankte sie mir und war allzu freundlich.

Draußen stand das vollgepackte Auto zur Abfahrt bereit. Was sollte jetzt mit mir werden, fragte ich mich. Hatten sie nicht Angst um mich. „Deen", sagte Nathen, als er mich sah. „Du wirst auch mitkommen", beschloss er und ich hob eine Augenbraue. „Komm schon, mach es nicht noch schwerer. Setz dich einfach neben sie", und er öffnete mir die Autotür.

Ohne zu zögern stieg ich ein und sah Alice auf der rechten Seite sitzen. Ich wollte noch einmal kurz mit ihr reden, bevor die anderen einstiegen. Als ich die Tür geschlossen hatte, fragte ich gleich: „Planänderung?", und sie lächelte leicht. „Ja, es scheint so, aber keine Sorge, sie werden nur ein paar Tests machen, und dann wird alles gut", sagte sie und ich nickte. Hör auf zu denken, sagte ich mir, denn eine innere Stimme warnte mich. Als ihr klar wurde, dass ich nicht reagierte, nahm sie meine Hand. „Zumindest solange du da bist" hauchte sie, und ich nickte und gab ein unbedachtes Versprechen ab.

Ich hörte, dass sie sich unterhielten, bis ich die Tür öffnete, damit Lusie einsteigen konnte. Den ganzen Weg über sagte niemand ein Wort. War es ihm wirklich so unangenehm in Lusies und meiner Gegenwart? Ich konnte mir nicht vorstellen, warum sie plötzlich so vertraut waren?

Es war Mittagszeit und es gab wenig Verkehr. Wir brauchten zehn Minuten, um zur Klinik zu kommen. Ich stieg als erster aus dem Auto und öffnete Alice und Lucie die Türen. Deen stieg zur gleichen Zeit aus wie seine Krankenschwester. Ich hatte bereits ein Zimmer für Alice reserviert. Während sie sich dort einrichtete, ging ich mit Lusie und Deen nach oben. Ich merkte, dass er am liebsten bei ihr geblieben wäre, und musste ihn aufklären, was auf ihn zukommen könnte. Er benahm sich wie ein wütendes Kind. Doch letztendlich würde er mich verstehen und mir folgen. Lusie spürte natürlich, dass etwas nicht stimmte, und ging sofort in ihr altes Zimmer. Ich wusste, dass sie mit mir unter vier Augen sprechen und Deen damit nicht brüskieren wollte.

„Kann ich dir etwas anbieten?", fragte ich Deen, der sich mit verschränkten Armen an den Esstisch setzte. „Nein, lass mich einfach in Ruhe", sagte er, und dem kam ich gern nach. Also ging ich zu Lusie, um mit ihr zu reden. Sicher war die Situation genauso absurd oder sogar noch schlimmer für sie als für mich.

„Hey", sagte ich, als ich ihr Zimmer betrat. „Hey", erwiderte sie und trat auf mich zu. Ich nahm sie in meine Arme. Sie wirkte verloren. Warum benahm er sich ihr gegenüber so? Es war ja nicht so, dass unsere Beziehung daran zerbrechen würde, wenn er sie so behandelte. Ich würde sie nicht wieder gehen lassen. Jetzt gehörte sie mir.

„Danke", sagte sie nach einigen Minuten. Sie lag immer noch in meinen schützenden Armen. „Sag das nicht. Ich bin immer für dich da", sagte ich, denn ich wusste, dass sie nicht wirklich begriffen hatte, worauf sie sich eingelassen hatte. Nicht jetzt, aber so bald wie möglich würde ich ihr meine Welt zeigen, die das genaue Gegenteil von der Deens ist. „Warum ist er plötzlich so?", fragte sie Ich mutmaßte: „Vielleicht ist er sich nicht sicher, wie er die Sache mit dir beenden soll und wie er dich jetzt behandeln soll. Ich kann mir nicht vorstellen, dass er wirklich etwas gegen dich hat." Ich versuchte, sie zu beruhigen, und es funktionierte glücklicherweise. „Glaubst du das?", fragte sie und sah mir in die Augen. Ich nickte nur. Es war nicht unmöglich. Auf der anderen Seite könnte ich mir auch vorstellen, dass er sie hasst, weil sie sich von ihm getrennt hat. Kindisch, aber in seiner Ausgangssituation ist das vielleicht das Einzige, was er tolerieren kann.

„Was soll ich tun?", fragte sie mich. Sie fühlte sich schuldig. Doch das sollte sie nicht, denn er hatte schon immer diese Perioden gehabt. Doch dieses Mal hatte er es mit dem Suizidversuch mehr herausgefordert. Andererseits konnte ich mir jedoch nicht vorstellen, dass er es wirklich durchziehen würde. Ich glaubte, dass die Angst davor größer war.

„Ich weiß nicht, ob man da so viel machen kann", antwortete ich. Dann stellte sie eine ungewöhnliche Bitte: „Kann ich eine Weile bei ihm bleiben, während du Alice untersuchst? Vielleicht könnte ich es herausfinden oder es zumindest versuchen?" Ich zuckte mit den Schultern. „Warum nicht?", sagte ich darauf. Wenn ihr das nichts ausmachte, war es mir ganz recht. Ich wollte ihn nicht allein lassen.

Danach gingen wir aus dem Zimmer. Deen saß in der gleichen Position auf dem Stuhl wie ich ihn verlassen hatte und starrte auf seine Füße. Ich sprach ihn an. „Mhh", war die einzige Antwort, die ich bekam. „Ich werde jetzt nach unten gehen und herausfinden, was Alice hat. Währenddessen wird Lusie dir Gesellschaft leisten", sagte ich ohne jede Gefühlsregung. Er schaute mich mit großen Augen an und schüttelte den Kopf: „Nein, ich möchte mitkommen. Ich werde nicht hier sein mit..., mit...", stotterte er. Ich unterbrach ihn: „Ich brauche deine Hilfe heute nicht. Du musst dir erst über andere Dinge klar werden, bevor du das wieder tun kannst", sagte ich, und duldete keinen Widerspruch. Ich drehte mich um und ging zum Aufzug. Arme Lusie, dachte ich.

„Hallo, wie fühlst du dich?", fragte ich als ich eintrat, und sie schaute mich überrascht an. „Mir geht es wirklich gut", sagte sie und ich hob eine Augenbraue. „Das klang vor einer Stunde nicht so", sagte ich darauf. Sie wich meinem Blick aus: „Wo ist Deen?", Jetzt war ich es, der sie verwundert ansah. „Deen? Er ist oben", antwortete ich. Sie nickte: „Weiß er es?" Ich schüttelte sofort den Kopf. „Niemand weiß es. Niemand wird es je erfahren", sagte ich kühl. „Natürlich", antwortete sie und griff nach ihrem Arm, damit ich mit der Blutabnahme beginnen konnte.

„Wie lange wird es dauern?", fragte sie besorgt. Bevor ich antwortete, schaute ich in ihre tiefgrünen Augen, die auf mich gerichtet waren. Ich versuchte ein vielversprechendes Lächeln aufzusetzen. „Uns bleibt viel Zeit zum Reden. Ich denke, wir werden für heute in zwei oder drei Stunden fertig sein." Sie lächelte mich freundlich an: „Das freut mich." Ihr Lächeln war tatsächlich etwas Besonderes, dachte ich. Ich konnte Deens Faszination verstehen. „Ich hoffe, dass meinst du nicht sarkastisch", entgegnete ich und kurz darauf brachte ich die abgenommenen Proben ins Labor.

Als ich wieder zurückkam, hörte ich, dass sie wieder hustete. Ich reichte ihr einen Smoothie, den ich extra mitbrachte und sie nahm ihn ohne ein weiteres Wort entgegen. „Wie lange?", fragte ich kurz, und sie zuckte unwillig mit den Schultern. „Komm schon, einen Monat, zwei oder drei?", hakte ich nach und sie sah mich an: „Vielleicht sechs oder mehr", sagte sie und ich atmete tief durch. „Du gibst mir zumindest etwas, mit dem ich arbeiten kann", sprach ich und machte mir Sorgen darüber, was ihr Tod für Deen bedeuten würde. Wenn sie wirklich eine Chance hatte, war die Wahrscheinlichkeit, dass sie sich zerstreuen würde, nicht gering.

„Warum hast du mir das nicht gesagt?", fragte ich wütend. Sie wusste, dass ich ein Spezialist war. „Es hat mir nicht so zu schaffen gemacht. Es war, als hätte ich eine Erkältung, die nicht abklingen will. Die Nächte waren schlimm", erwiderte sie. „Albträume, wenn ich denn mal einschlafen konnte, und wenn ich wach wurde, war das Bett total nass", redete sie weiter. Also hatte sie zusätzlich nachts Fieber, schloss ich daraus.

Nach einem tiefen Atemzug begann ich mit dem zweiten Test. Der CBC-Test war der kürzeste. Danach plante ich das MRT. „Es tut mir leid", entschuldigte sie sich plötzlich. „Das muss es nicht. Du bist diejenige, die leidet", sagte ich emotionslos und fügte hinzu, dass ich nicht wollte, dass sie stirbt. „Was willst du dagegen tun?", fragte sie immer noch schuldbewusst. „Wir werden es schaffen", antwortete ich entschieden. „Wie lange wird es dauern? Ich bin noch nicht bereit zu sterben", sagte sie, als hätte sie bereits alle Ergebnisse bekommen. Ich beruhigte sie: „Gleich haben wir alle Untersuchungen geschafft."

Ich dachte wieder an den Prozess. Die Beweise, die Deen gesammelt hatte, zeigten deutlich, dass die Gegenseite am Ende keine Chance hatte, zu gewinnen. Ich war gespannt auf das Endergebnis und wie die Fav.-Pharmazeuten bestraft werden würden. Doch andererseits war sein Einfluss unbedeutend, denn die Pharmaindustrie blieb von den Handlungen eines Einzelnen unberührt. Tausende saßen immer noch auf ihrem Geld und warteten darauf, dass Menschen krank werden, damit sie noch mehr kassieren konnten.

Wir waren bereit für das MRT, als plötzlich Deen und hinter ihm Lusie, eintraten. Ohne eine Entschuldigung ging er zu Alice, während Lusie unbehaglich im Hintergrund stand und mit ihren Lippen „Es tut mir leid" formte. „Deen, was machst du hier?", fragte ich irritiert. Er fragte Alice, ohne sich die Mühe zu machen, mir zu antworten: „Wie geht es dir?" – „Keine Sorge, mir geht es gut", sagte sie mit einem breiten Lächeln. Zum Glück verhielt sie sich so, wie es angebracht war, sonst hätte ich sie nie zum MRT bekommen. „Möchtest du wirklich in diesem Stadium gesehen werden?", fragte ich ihn und ging forsch auf ihn zu. „Ich wollte mich vergewissern, dass es ihr gut geht", entschuldigte er sich sogleich. Es war ihm anzumerken, dass er sein Handeln bereute. „Du gehst mit Lusie nach oben! Hast du verstanden?", wies ich ihn an, begierig darauf, meine Arbeit fortzusetzen. „Kann ich später nochmal wiederkommen, nach dem MRT", fragte er. Ich nickte. Lusie war leider wieder mein letzter Gedanke, bevor sie gingen.

„Warum liegt dir so viel an ihm?", fragte Alice. Ich konnte ihre Verwunderung nachvollziehen, da wir nicht einmal biologisch verwandt waren. „Seine Familie ist der Grund dafür, dass ich habe, was ich habe, und er war mir früher eine große Hilfe", antwortete ich, als wir im Aufzug standen und darauf warteten, dass sich die Türen öffneten. „Weißt du, dass er ohne psychologische Behandlung keine gute Hilfe bei dieser Krankheit sein wird?", fragte sie, und ich verdrehte die Augen. „Wenn ich an die ‚psychologische Behandlung" und ihre Medikamente glauben würde, hätte ich dir nicht diesen Job gegeben oder eine Klinik gegen diese Industrie eröffnet", erklärte ich ihr. Mir war klar, dass Alice schlau war, aber sie hatte ein gutes Herz, so dass sie oft nur die guten Seiten sah.

Wir gingen schweigend hinaus, aber nach einer Weile entschuldigte sie sich: „Es tut mir leid. Du solltest dich nicht mit meiner Ahnungslosigkeit belasten. Du weißt selbst, dass ich nur ein Studium für Krankenschwestern habe, nicht so wie du", sagte sie dann. Also wandte ich mich ihr zu und sah ihr direkt in die smaragdgrünen Augen. „Ich habe auch ‚nur' ein normales Medizinstudium, spezialisiert auf Krebsbehandlung. Was meine Meinung und mein Wissen prägt, sind Informationen, die ich aus Erfahrung und der Suche nach neuen Möglichkeiten gewonnen habe.

Glaube nicht, dass ich irgendwo eine Sonderbehandlung erhalten habe. Für alles, was ich besitze, habe ich hart gearbeitet", erklärte ich. Alice schwieg. Wir betraten den MRT-Raum, in dem Hannah bereits wartete. „Hallo", begrüßte sie Alice herzlich. Ich verließ das Zimmer, denn sie wusste, was zu tun war.

Ich bereitete in meiner Küche derweil das Essen für Lusie und Deen zu. Eine einfache Gemüsesuppe, für mehr hatte ich keine Zeit. Die beiden hatten sich unterhalten, bevor ich eintrat, doch jetzt war waren sie still. Lusie ging auf mich zu. Ich wollte jetzt lieber nicht mit ihr reden, denn das würde es ihr nur schwerer machen, nachher mit Deen wieder ins Gespräch zu kommen, dachte ich, und schenkte ihr nur ein Lächeln. „Danke", flüsterte sie, als ich mit der Mahlzeit fertig war und wieder nach unten verschwand.

Hannah hatte Alice bereits zurück in ihr Zimmer gebracht, als ich ankam. Ich fand sie im Schwesternzimmer und ihr Blick war geschockt und besorgt. Als ich mir die Bilder ansah, konnte ich verstehen, warum. „Wir werden hier einiges zu tun haben", sagte ich prompt, und sie nickte. „Die Operation wird in ihrem Stadium schwer werden", stellte sie fest. Wer war hier der Arzt, fragte ich mich: „Haben Sie je von einem HBO gehört?", erkundigte ich mich und sie schüttelte den Kopf. „Bei den Bluttests sieht man, dass der Sauerstoffgehalt nicht hoch genug ist. So müssen wir ihn erhöhen, da dadurch das Wachstum des Krebses aufgehalten wird oder vielleicht sogar der Tumor zurückgehen wird. Sie wäre auch nicht die Einzige, die durch diese Therapie geheilt werden würde", sagte ich und wunderte mich, dass Hannah darüber nicht Bescheid wusste. Doch ich hatte mich schon auf dem Weg zu Alice von begeben. „Hast du die Ergebnisse schon?", fragte sie erstaunt. „Hast du jemals von HBO gehört, also einer hyperbaren Sauerstofftherapie?", fragte ich auch sie und sie runzelte die Stirn, als sie darüber nachdachte. „Ist das nicht eine Methode zur Wundheilung?" Ich hob eine Augenbraue. Immerhin wusste sie mehr als Hannah, dachte ich. „Ja, aber auch in der Krebsbehandlung. Dein Sauerstoffgehalt ist zu niedrig, was den Krebs wachsen lässt", erklärte ich ihr. Sie nickte.

„Gibt es sonst noch etwas, womit ich dir im Moment helfen kann?" fragte ich dann. „Ja, könntest du bitte meine Mutter anrufen?", bat sie. „Ich kann dir dein Telefon geben, aber ich werde nicht mit deiner Mutter sprechen", sagte ich sofort. „Komm schon, ich weiß nicht, was ich sagen soll", bettelte sie. „Alice, ich werde dir in jeder Hinsicht helfen, aber genau das musst du selbst tun", erwiderte ich.

„Es ist ja nicht so, dass sie jemals etwas gegen dich getan hätte", gab sie nicht nach, und ich fragte mich, warum ich überhaupt meine Zeit mit dieser Diskussion verschwendete. „Sie könnte es aber. Meine Mutter lebt immer noch bei ihm, auch wenn ich keinen Kontakt zu ihr habe, glaube ich nicht, dass deine Mutter das jemals verstehen würde", stellte ich fest. „Sie ist nicht dumm, aber ja, sie hatte eine schwere Vergangenheit wegen ihm, und ja, vielleicht wird es nicht einfach sein, sie zu überzeugen", stimmte sie zu. „Auf der anderen Seite glaube ich nicht, dass sie etwas tun wird, solange ich hier bin. Zumindest für den Rest deiner Behandlung wird sie also nett sein", versuchte Alice mich zu überzeugen.

Plötzlich beunruhigte mich ein anderer Gedanke: „Warum nimmst du deine Diagnose so leicht?", fragte ich sie skeptisch und brachte sie damit sofort in Verlegenheit. „Ich habe es irgendwie geahnt", sagte sie und weichte meinem Blick aus. „Hattest du nicht gesagt, dass du dachtest, es sei nur eine Erkältung?", stellte ich kritisch fest. Was sie darauf erwiderte, bestürzte sogar mich, als jemand, den fast nichts erschüttern konnte: „Es war der Grund, warum ich den Job annahm. Ich hörte von den guten Ergebnissen deiner Klinik und wusste, dass ich in öffentlichen Krankenhäusern keine Chance haben würde, oder zumindest keine gute". Enttäuscht erwiderte ich: „Wie ist es nur möglich, dass du meine Halbschwester bist?" Dann ging ich, um Deen zu sagen, dass ihre Untersuchung beendet war. Ich wollte sie nicht mehr sehen.

Kapitel 4

Als Nathaniel aus dem Zimmer war, wandte sich Deen von mir ab. Er wollte offensichtlich nicht mit mir reden. Eine Weile stand ich einfach nur da und starrte ihn an, um zu überlegen, was ich tun sollte. Doch schließlich wusste ich, dass niemand auf ihn zugehen würde, wenn nicht ich es wäre. Wenn Probleme nicht angesprochen werden, finden sie auch keine Lösung. Ich wusste nicht, worin genau er meine Schuld sah, aber andererseits war er ein erwachsener Mann, was bedeutete, dass er in der Lage sein sollte, sich vorzustellen, dass diese Art von Verleugnung und Ablehnung nicht ewig anhalten würde. Entsetzen ergriff mich bei der Vorstellung, dass dies ewig dauern könnte. Wo war mein alter Deen? Ich hätte ihn so gerne wieder. Wollte mit ihm gemeinsam lachen, anstatt diesen Menschen in Abstinenz zu betrachten, ein Schatten seiner selbst.

„Können wir reden?", fragte ich vorsichtig und setzte mich neben ihm. „Ich glaube nicht, dass es etwas gibt, worüber wir reden könnten", entgegnete er kalt. „Meinst du? Ideen habe ich reichlich." Ich versuchte, ein wenig enthusiastisch zu klingen. Wenigstens sah er mich an, blieb aber in seiner Position, den Oberkörper über die Beine gebeugt, während er sich mit den Ellbogen auf den Beinen abstützte und sein Gesicht in den Händen hielt. „Ich glaube nicht, dass ich mit dir reden will", sagte er, immer noch kalt und angespannt. „Was auch immer der Grund war, dich als Kindermädchen für mich hier zu lassen, ich kann gut auf mich selbst aufpassen", fuhr er fort und nahm den

Blick von mir. „Wenn ich dein Kindermädchen wäre, wäre ich inzwischen arbeitslos", sagte ich und versuchte, seine Aufmerksamkeit nicht zu verlieren. „Du bist arbeitslos", erwiderte er, womit er irgendwie recht hatte. Aber das war im Augenblick zweitrangig.

„Bitte Deen, könntest du wenigstens versuchen, nicht so zu mir zu sein?", flehte ich und er verdrehte die Augen, bevor er mich ansah. „Auf welche Weise? Reicht die Aufmerksamkeit nicht aus, um dir zu gefallen?", fragte er Ironisch. „Eigentlich weißt du, was ich damit sagen will, oder? Also, spiel nicht das dumme Kind", erwiderte ich kalt. „Dummes Kind, ja, das würde ich gerne über ein Kind hören, das genauso behandelt wurde wie du mich behandelt hast", antwortete er, während er mir tief in die Augen sah. „Das klingt, als ob du dich jetzt als Kind bezeichnest. Aber das bist du nicht", sagte ich. Plötzlich lachte er angewidert. Ich hatte nie gedacht, dass seine Abneigung gegen mich so groß war, dachte ich erschaudert.

„Meinst du nicht, dass es eine Provokation ist, dass ich jetzt hier bei dir sein muss? Wenn du dich erinnerst, war es mein klarer Wunsch, heute überhaupt nicht bei dir zu sein. Ich wollte dein Gesicht nicht sehen, diese Stimme nicht hören und auch nicht über meine nicht akzeptierten Wünsche sprechen", sagte er und meine Augen füllten sich mit Tränen.

„Weine jetzt nicht, das wird nicht funktionieren. Wenn du mir eine Freude machen willst, dann geh. Wenn du mich noch mehr verletzen willst, dann bleib. Wenn du deine Aufgabe erfüllen willst, der du offensichtlich nicht gewachsen bist, dann möchte ich, dass du nicht mit mir redest. Ignoriere mich, wie du es getan hättest, wenn nichts passiert wäre", schrie er mich fast an und eine Träne rollte mir über die Wange.

Schweigend stand ich auf und ging ins Bad. Dort musste ich mein Gesicht abtrocknen und mich wieder zusammennehmen. Warum sollte er mir das antun? Empfand er auch so? Auf der anderen Seite hatte ich einen Grund. Wenn das seine Rache sein sollte, dann benahm er sich nicht wie ein Mann von fast 30 Jahren. Vielleicht hatte er einfach keine Kontrolle mehr über seine Gefühle, und das war das Einzige, was er tun konnte, um sich zu schützen, dachte ich, und ging wieder hinaus. „Wohin gehst du?", rief ich, als ich nach draußen kam und ihn auf dem Weg zum Aufzug fand. „Ich hoffe, du bist schlau genug, das selbst herauszufinden", sagte er. Ich rannte zum Aufzug, um ihn einzuholen. Er durfte nicht nach unten zu ihnen gehen.

Ich hatte keine Chance, mit seinem Tempo mitzuhalten, also lief ich ihm so schnell ich konnte hinterher. Schließlich erreichte ich kurz nach ihm das Zimmer. Sofort ging Deen zu Alices' Bett und während meine Augen Nathaniels trafen, formte ich ihm mit meinen Lippen: „Es tut mir leid" zu. Er reagierte gereizt: „Deen, was machst du hier?" Er antwortete ihm nicht, sondern fragte Alice nach ihrem Wohlbefinden. Was bezweckte er mit dieser Aktion? Versuchte er damit, mich zu verletzen? Ich hörte nicht, was sie ihm antwortete. Nathaniel rief: „Willst du wirklich in diesem Stadion gesehen werden?" Deen merkte wohl, dass sein Handeln dumm war und antwortete ihm: „Ich wollte sicherstellen, dass es ihr gut geht". Ich merkte, dass ihm die Reaktion seines Bruders nicht nur unangenehm war, sondern auch ein wenig Angst machte.

Wir gingen schweigend zum Aufzug zurück. Als wir wieder nach oben fuhren, sah er mir in die Augen und sagte: „Ich entschuldige mich." Ich sah ihn staunend an: „Es ist nicht deine Schuld. Ich war es, die dich verlassen hat". – „Wir wären ein unglückliches Paar gewesen. Wir passen nicht zueinander. Das weißt du", gestand er. Es fühlte sich an wie ein Abschied von einer guten alten Zeit. Wir hatten gelacht und gescherzt, aber wir kannten uns nicht gut genug und hatten uns einfach in etwas gestürzt, das nicht gut enden sollte. Warum das passiert war, war mir in dem Moment ein Rätsel.

„Wir könnten darüber reden", bot er an, was mich zum Lächeln brachte. „Deine Stimmungsschwankungen machen mich verrückt", entgegnete ich mit leichter Ironie. Man wusste manchmal wirklich nicht, wie man sich ihm gegenüber verhalten sollte. War er mein Freund oder eine gut bekannte, vertraute Person? Was auch immer damals geschah, ich entschied mich, es geschehen zu lassen. Das erste Mal Sex. Es hatte sich nie wie Liebe angefühlt, zumindest nicht wie die Gefühle, die ich hatte, wenn ich mit Nathaniel zusammen war. Andererseits: Gab es nicht unterschiedliche Varianten der Liebe? Wenn wir alle verschieden sind, können unsere Gefühle dann nicht auch so sein? War es möglich, dass ich sie beide liebte, aber auf unterschiedliche Weise? Und wenn ja, wie sollte ich damit umgehen? Mit Deen fühlte es sich nicht wie eine normale Freundschaft an. Irgendwann hatte ich das Gefühl, als ob wir uns schon ewig kannten, aber auf der anderen Seite fühlte es sich manchmal so an, als wären wir uns nie zuvor begegnet. Vor einer halben Stunde noch sagte er zu mir, dass er mich nicht sehen oder mit mir reden wolle. Es war nicht so, dass ich ihn kennengelernt hatte, weder wie ich wollte, dass er sich mir gegenüber verhält, noch wie er normalerweise war.

Manchmal hatte er einfach diese Phasen – diese Momente, in denen er sich vor etwas schützen wollte, das wohl nie existierte.

„Sei mir jetzt nicht böse", sagte er, als wir die Wohnung betraten. Ich hatte auf seine Frage, ob wir reden könnten, noch nicht geantwortet. Er ging zu demselben Stuhl, auf dem er zuvor gesessen hatte, aber dieses schob er den anderen Stuhl zurecht, damit ich mich ebenfalls hinsetzen konnte. Zunächst stand ich etwas unbehaglich da, bevor ich mich setzte. „Danke", sagte er. Noch vor kurzem war ich die „Sprich-mich-nicht-an-Nanny" und jetzt ein willkommener Gesprächspartner.

„Erkläre es mir", sagte ich daher in der Hoffnung, dass er verstehen würde, was ich meinte. Bevor er begann, atmete Deen tief durch und sah mir dann in die Augen. „Seit ich dich das erste Mal sah und noch schlimmer, nachdem wir nähergekommen waren, als wir zusammen in dieser Villa übernachteten...", begann er, und man merkte ihm an, dass es ihm schwerfiel: „Ich wollte an deiner Seite sein. Ich wollte dir helfen, nicht, weil ich nett bin. Das bin ich nicht. Ich bin ein arroganter Arsch", beschrieb er sich selbst, doch ich schüttelte den Kopf. Bevor ich etwas dagegen sagen konnte, stand er auf, ebenso wie ich. Wir gingen aufeinander zu und umarmten uns fest. Es tat so gut, seinen warmen, lebendigen Körper zu spüren. Das Gegenteil von dem, was ich geträumt hatte. Ich begann zu schluchzen, als ich mich daran erinnerte. Der Traum – Er war tot.

Ich brauchte etwas Zeit, um mich wieder zu fangen. Deen setzte sich wieder, aber ich musste ein wenig gehen, um Abstand zwischen uns zu bekommen. Als ich neben der Kücheninsel stand, öffnete sich plötzlich die Tür. Es war Nathaniel. Er kam schweigend herein und begann Essen zuzubereiten, ohne ein Wort zu sagen. Ich merkte, dass etwas passiert war, was ihm nicht gefiel. Es ging nicht um mich oder Deen, sondern um etwas, vor dem er Angst hatte. Was auch immer es war, ich wollte es herausfinden, aber ich wusste, dass er es mir nicht sagen würde. Trotzdem hat er Geheimnisse vor mir. Trotzdem behandelt er mich mit Samthandschuhen und möchte, dass ich ihm näherkomme. Wie könnte ich das, wenn er immer noch so distanziert ist? Mein geheimnisvoller Arzt.

Wir aßen die Suppe, die Nathaniel zubereitet hatte. Der Mann, der mich zwei Stunden lang ignoriert hatte, war völlig verändert. Er lächelte und versuchte, mich zu entspannen. Ich entspannte mich tatsächlich. Außerdem lachte ich über einige seiner Witze, die er machte und über die er manchmal selbst lachte. Was zum Teufel war mit ihm geschehen? Wie eine 180-Grad-Wende von Eis zu Feuer. Warum? Wie konnte ich damit leben?

„Sei jetzt nicht so still, ich habe das Gefühl, ich rede mit mir selbst", sagte Deen mit einem schiefen Lächeln, und ich lachte. „Ich warne dich, denn es führt nur dazu, dass du wieder unglücklich wirst", erwiderte ich etwas ironisch, denn bei seiner Depression konnte die Situation schnell ins Gegenteil umschlagen. Das verwirrte meinen Einschätzungssinn völlig.

„Was hast du in den letzten Tagen mit Alice gemacht?", fragte ich, und er hob eine Augenbraue. „Alice?", fragte er. „War das nicht ihr Name?" Seine Frage machte mich unsicher, aber er begann zu nicken. „Die Krankenschwester, meinst du? Ich kann mir Namen überhaupt nicht gut merken. Vielleicht wegen Nathen, denn wie du weißt, sollte ich seinen Namen viele Jahre lang zu niemandem sagen", erklärte er, und ich stellte mir den Gedanken so schrecklich vor, damit irgendwie allein zu sein, wie er es vorher war.

Auf der einen Seite ist es nur ein Name, aber auf der anderen Seite steckt so viel mehr dahinter. Als würde man sein ganzes Leben lang seine Identität verbergen.

„Glaubst du, dass er sich nach dem Fall mehr entspannen wird?", fragte ich. Er zuckte mit den Schultern: „Ehrlich gesagt kann ich mir nicht vorstellen, ihn in der Öffentlichkeit mit seinem Vornamen anzusprechen. Ich bin so sehr daran gewöhnt, dass es mir unrealistisch vorkommt", erklärte er für mich völlig verständlich. Schließlich waren wir darauf trainiert, das zu tun, woran wir gewöhnt sind, und wenn er daran gewöhnt war, würde ich es nie sein. Jedes Mal, wenn wir in der Öffentlichkeit waren, musste ich mich darauf konzentrieren, seinen Namen nicht zu sagen. Beim letzten Mal, als ich mich beim Gespräch mit Alice erschrak, hatte ich das einfach vergessen. Es wunderte mich, dass er jetzt noch nichts dagegen sagte, aber ich würde heute Abend sicher noch etwas zu hören bekommen.

„Bist du fertig?", fragte ich ihn, als wir beide aufgehört hatten zu essen. Nachdem er genickt hatte, nahm ich unsere Teller und ging mit ihnen in die Küche. Deen folgte mir und gemeinsam machten wir den Abwasch. Es war ein seltenes Gefühl. Nathaniel würde mir das nie erlauben. Vielleicht würde er es tun, wenn ich ihn anflehen würde, aber so war es nicht. Ich war begierig darauf, die Küche in Ordnung zu bringen. Aber zusammen ging es schneller als sonst, und wir waren in etwa zehn Minuten mit allem fertig. „Gute Teamarbeit", sagte Deen schlussendlich, und er wollte, dass wir abklatschen Das taten wir natürlich, und danach hatten wir gelacht. Es fühlte sich an, als ob wir eine komplizierte Aufgabe gelöst hätten.

Es war selten, dass man darüber nachdachte, ging es doch nur darum, das Geschirr zu reinigen. Wir saßen schon wieder am Tisch und unterhielten uns, als sich die Aufzugstür öffnete. Nathaniel war offensichtlich nicht gut gelaunt. Sein Gesicht war angespannt, und er rannte fast hinein. „Lusie, ist es für dich okay, wenn Deen heute Nacht hier schläft?", fragte er mich, und ich nickte daraufhin. „Natürlich", entgegnete ich und lächelte Deen an, dem die Idee irgendwie nicht behagte. „Okay, dann schläft er in deinem Zimmer", sagte Nathaniel, und ich verstand irgendwie, warum Deen nicht begeistert war. Ich fragte mich, was Nathaniels Grund für diese Entscheidung war. Wollte er ihm Unbehagen bereiten? Vielleicht war es nur ein Missverständnis, aber hätte er Deen nicht wenigstens vorher fragen können? Es war doch seine Entscheidung, wo er schlafen wollte, oder?

„Ist das für dich in Ordnung?", fragte ich Deen aus reiner Höflichkeit anstelle seines Bruders. „Eigentlich nicht", antwortete er sehr deutlich, und ich konnte erkennen, dass er dankbar war, dass ich ihn gefragt hatte. „Ich kann unten im Büro schlafen oder an einem anderen Ort, das ist mir egal", schlug er vor. Ich konnte mir vorstellen, dass es ihm nur darum ging, dass er nicht so nah bei uns sein wollte und uns noch enger zusammenrücken lassen wollte. „Okay, gut", sagte Nathaniel schließlich, aber es war deutlich zu hören, dass er meine Entscheidung, auch ihn zu fragen, ob das in Ordnung sei, nicht zu schätzen wusste.

„Ich möchte jetzt gehen", sagte Deen plötzlich, nachdem wir einige Minuten lang schweigend dagesessen hatten. Es fühlte sich falsch an, etwas zu sagen. Nathaniel war tief in Gedanken versunken, und worüber sollte ich mit Deen reden, wenn wir nicht allein waren? Es war nicht so, dass wir irgendwelche Geheimnisse hatten, aber wir versuchten hauptsächlich herauszufinden, was die Ausgangssituation für uns bedeutete, oder machten einfach nur Witze.

„Gute Nacht", sagte ich, bevor sich die Türen schlossen. Sofort stand Nathaniel auf und ging in die Küche. Ich holte tief Luft, bevor ich ihn fragte: „Bist du sauer?", denn ich hatte wirklich Angst, ihn wütend auf mich zu machen. Das war die Stimmung, in die ich ihn nie bringen wollte. Allein der Gedanke daran ließ mich erschaudern. „Es ist schon in Ordnung, nur nicht nötig, aber vielleicht ganz gut, um hier ein bisschen mehr Freiheit zu haben", sagte er. Ich spürte, wie sich mein ganzer Körper auf einmal entspannte.

„Hattet ihr Spaß zusammen?", fragte er, und ich lächelte. „Wir haben endlich geredet und sein Problem mit mir gelöst, ja", sagte ich und er nickte. „Gut", war seine kurze Antwort, und ich verstand, dass es nicht das war, worüber er eigentlich nachdachte. Irgendetwas hatte ihn beunruhigt. Es machte mir Angst. So hatte er sich noch nie verhalten. „Was hat es mit der Diagnose von Alice auf sich?", fragte ich, und er schaute mir direkt in die Augen. „Willst du das wirklich wissen?", fragte er, und ich nickte unsicher. Am Ende würde ich es sowieso erfahren, also besser früher als später, oder?

„Alice hat eine Chance, aber mit Leukämie, Blutkrebs, wird es nicht so einfach wie wir dachten", erklärte er. Ich setzte mich an die Kücheninsel und beobachtete, wie er die Suppe aufwärmte, die wir zuvor gegessen hatten. „Was bedeutet das für sie? Gibt es eine Chance, sie zu heilen?", fragte ich, und er nickte sofort. „Natürlich, die gibt es immer, aber wir werden es nicht auf die übliche Weise versuchen. Es hat sich schon zu sehr ausgebreitet", antwortete er, und ich nickte verständnisvoll. „Darf ich fragen, was du vorhast?" Ich fragte mich, ob es ein Geheimnis in seiner Klinik war. Würde er es mir sagen? Oder dürfen nur die Mitarbeiter wissen, wie sie die Krebspatienten hier heilen?

„HBO, also hyperbare Sauerstofftherapie", begann er. Ich hatte den Begriff schon einmal gehört „Du willst den Krebs mit dem Sauerstoff töten, den er nicht verträgt?" Ich versuchte sicherzustellen, dass ich das richtig im Kopf hatte. Auf einmal sah er mich überrascht an. „Du kennst das?", staunte er, und ich zuckte mit den Schultern. „Ja, ich hatte es gelesen, als ich einst allein war", erklärte ich, und er lächelte anerkennend. „Ich wusste nicht, dass du dich für Medizin interessierst", sagte er und ich lachte. „Ich möchte dein Interesse und die verschiedenen Konzepte verstehen, damit ich nicht ständig nachfragen muss", erklärte ich. „Aber du hast kein wirkliches Interesse?", fragte er. „Es ist interessant", sagte ich, aber er schien mit meiner Antwort nicht wirklich zufrieden. „Aber?", bat er mich fortzufahren. „Ich bin mir nicht sicher, ob ich so damit umgehen könnte wie du. Ich würde um jeden einzelnen Menschen weinen", sagte ich ein wenig überdreht, weil ich dachte, dass sogar ich mich daran gewöhnen würde.

„Wie viele Todesfälle hast du denn hier gesehen?", fragte er mich. „Ja, du hast Recht. Im vergangenen Jahr ist hier niemand gestorben, aber es kam schon früher vor." Ich versuchte, meine Ansicht verständlich zu machen. „Glaubst du nicht, dass mich das wahnsinnig macht?", gestand er. Ich konnte es nicht wirklich sagen, also zuckte ich nur mit den Schultern. „Es ist meine Klinik, meine Statistiken und jeder Tod ist ein Zeichen meines Versagens", erklärte er. Ich schüttelte den Kopf: „Nicht jeder überlebt eine Krebserkrankung. Das ist nicht möglich und wird es auch nie sein. Das ist nicht deine Schuld. Der Kampf gegen den Krebs ist einer der schlimmsten", sagte ich und Nathaniel lachte.

Laut und aus vollem Herzen lachte er. Was war plötzlich so amüsant? „Du solltest mehr darüber lesen, bevor du mit mir darüber diskutierst", sagte er, doch ich verstand immer noch kein Wort. So, erklärte er: „Der Kampf gegen den Krebs ist der Kampf gegen sich selbst." Er lächelte stolz. „Die Zellen, die sich zu Krebs entwickeln, waren schon immer im Körper", und er fuhr fort: „Letztendlich sind es die Umwelt, der Lebensstil oder die Genetik, die sie dazu bringen, sich zu verändern." Darauf fragte ich: „Also könnten wir technisch gesehen eine krebsfreie Welt haben, wenn wir einen guten Lebensstil führen und in der Natur leben würden."

Für mich klang es ein wenig ironisch, aber er nickte: „Es gibt einige Dinge, die es für jeden unmöglich machen, aber wenn man sich wirklich darauf konzentriert, einen solchen Lebensstil zu führen, leben natürlich viele geheilte Patienten so und achten besonders darauf, was sie essen, und halten sich oft in der Natur auf", erklärte er.

Nachdem er gegessen hatte, gingen wir beide zu Bett. Es war zwar erst zehn Uhr abends, doch wir waren beide müde. Als wir eine Weile schweigend dalagen, hörte ich, wie sich die Aufzugstür öffnete. „Das muss Deen sein, flüsterte mir", Nathaniel zu und ich verstand, dass wir leise sein mussten. Er wusste immer noch nicht, dass ich in den letzten Nächten im selben Bett wie Nathaniel geschlafen hatte. Das Risiko, dass er schlecht reagieren würde, war zu groß, besonders jetzt.

Es war das erste Mal, dass mir klar wurde, worauf ich mich eingelassen hatte. Es ging nicht darum, zwischen ihnen zu stehen oder mich zwischen zwei Männern entscheiden zu müssen, die ich auf meine Weise verehrte. Nein. Es ging nicht mehr um mich. Wenn meine Entscheidung Deen ruinieren würde, könnte sie nicht „nur" mein und Nathaniels Leben ruinieren, sondern auch das Leben vieler anderer Patienten. Wenn ein Arzt nicht voll konzentriert war, beeinträchtigte das die Qualität der Klinik. Es war ein Spiel von Leben und Tod. Ich musste mich ständig für das Richtige entscheiden, sonst würde ich die Stabilität der Konstruktion ruinieren, die alles hielt. Nathaniel.

Kapitel 6

Vielleicht war früher alles besser. Ich hätte mich nicht ändern sollen. Ich hätte nichts von seinem Angebot hören dürfen, in der PVT-Klinik zu arbeiten, und er hatte einen gut bezahlten Job im Krankenhaus. Wo war ich jetzt? Was war ich jetzt? Ein Frack? Ein nutzloser Arzt, der darauf wartete, dass seine Zeit wieder kam? Im Moment fühlte ich mich gut.

Auf der anderen Seite wusste ich bereits, dass dies ein primäres Gefühl war, das sich wieder ändern würde. Das war schon immer so, und das war furchtbar. Das Schlimmste war, dass mein Gehirn in guten Zeiten so viele Endorphine ausschüttete und mich äußerst optimistisch sein ließ, dass ich alles in Angriff nahm und mir vorstellte, dass ich es schaffen konnte. Als ob ich in ein paar Wochen die ganze Welt für mich beanspruchen könnte.

Das war mein Gedanke, als ich mit meinem Bruder allein im Büro war. Warum ich oben nicht schlafen wollte, lag offensichtlich daran, dass ich nichts hören, sehen oder mir vorstellen wollte, was ich nicht in meinem unschuldigen Kopf haben wollte. Was auch immer sie taten, es ging mich nichts an. Zum Glück würde das so sein. Hoffentlich musste ich nie ein Teil davon werden, dachte ich, während ich mir Lu nackt vor Nathen vorstellte, der Tag, an dem alles Schlimmere in meinem Leben wieder begann.

Aber jetzt, auf dem Sofa im Büro, fühlte ich mich eigentlich wieder gut. Als ob diese Zeit vorbei wäre und eine Neue begonnen hätte. Mein Verstand ignorierte die Tatsache, dass es meiner Krankenschwester nicht gut ging. Die Krankenschwester, der ich meine gute Laune zu verdanken hatte. Alice, wie Lusie sie nannte, war die Freude des Lebens, wie ich sie hingegen nennen würde.

Die Nacht verlief ruhig. Am Morgen ging ich sofort nach oben und fand Lu allein in der Küche. „Guten Morgen, wir sind allein. Er ist bereits gegangen", erklärte sie, und ich lächelte glücklich über unsere Privatsphäre. Es war eine weitere Möglichkeit, ohne ihn mit ihr zu reden. Was auch immer der Grund war, wir hatten keine Geheimnisse, aber sie war entspannter. Sie hatte Angst, in seiner Gegenwart etwas Falsches zu tun oder zu sagen.

„Guten Morgen. Hast du etwa bereits das Frühstück vorbereitet?", fragte ich sie, doch sie schüttelte den Kopf. „Nein, das war nicht ich, sondern Nathaniel. Ich bin keine gute Köchin und koche auch nicht sehr gern, also macht er das immer", erklärte sie, und ich nickte schweigend zu der Neuigkeit. Als ob er vor ihr ein guter Koch gewesen wäre oder gerne in der Küche gestanden hätte...

„Was hast du heute vor?", fragte ich sie, da sie kein Gespräch begann. „Es ist wunderbares Wetter. Ich denke, ich werde nach dem Frühstück draußen sein", sagte sie mit einem breiten Lächeln auf ihren Lippen. Ihre Lippen – ich musste mich davon abhalten, darüber nachzudenken, wie sie schmeckten und sich anfühlten.

„Willst du mitkommen?", fragte sie, und nach meinen früheren Gedanken hielt ich das für keine gute Idee. Ich und sie allein draußen in der Natur – nein, ich traute meiner Selbstbeherrschung nicht so sehr.

„Eigentlich wollte ich heute meine Krankenschwester besuchen“, erklärte ich, und sie nickte verständnisvoll. „Alice, ja, ich glaube, er wollte heute früh nach ihr sehen“, korrigierte sie mich und ich verdrehte die Augen. Vornamen sind nicht so wichtig. Sie definieren uns einfach von unserem ersten Tag an. Ohne das könnten wir etwas dagegen tun. Das eine Wort, das uns mit den Schultern zucken lässt, wenn irgendjemand es ruft. Das Wort, das uns mehr definiert, als wir wissen, denn hinter jedem Namen steckt eine Stigmatisierung. Wenn die Person, die wir kennenlernen, einer anderen Person mit demselben Namen bekannt ist, macht sie sich nicht sofort ein eigenes Bild von uns, sondern denkt an die Person X.

Sie verließ anschließend als erstes die Wohnung. Ich wollte erst einmal duschen gehen. Danach zog ich mir meine blaue Jeans und Nathens weißes Poloshirt an. Auf dem Weg nach unten versuchte ich, so zu tun, als hätte ich einen Plan, damit mich niemand ansprach. Es wäre für mich nicht förderlich, etwas zu erklären, was ich nicht vorbereitet hatte. Was auch immer ich sagen würde, ich müsste lügen. Etwas, in dem ich nicht schlecht war, was ich von all meinen One-Night-Stands nur zu gut kannte, aber trotzdem wollte ich es jetzt nicht tun. Ich hatte im Moment nicht die Kapazität in meinem Kopf, die man zum Lügen braucht, denn man muss sich all die verschiedenen Versionen von sich selbst merken.

„Hi“, sagte ich mit vorsichtiger, leiser Stimme, als ich das Zimmer von der Freude des Lebens betrat. „Guten Morgen, wie geht es dir?“, fragte sie mich, auch wenn ich es war, der sie dies hätte fragen sollen.

„Seit ich dich getroffen habe, geht es mir richtig gut", sagte ich mit entzückter Stimme. Sie lachte vorsichtig und ich fragte mich, wie schlecht es ihr ging. Daher wurde ich ernster und setzte mich an die Seite ihres Bettes. Sie sah mich schweigend an und wartete darauf, dass ich meine Frage stellte. Es war offenbar offensichtlich, dass ich fragen würde: „Wie sind die Testergebnisse?" Ich war unsicher, ob das die richtige Frage war, auch wenn ich es als Arzt wissen sollte. Irgendwie war das anders. Es fühlte sich verletzlicher an. Mich beschäftigte das so sehr, auch wenn ich sie erst seit ein paar Tagen kannte. Als ob das alles verändern würde.

„Es ist Leukämie", sagte sie, und ich war überrascht, dass sie nach dieser Diagnose so gut gelaunt war. Vielleicht hat sie den Gedanken doch verdrängt. „Er sagte, dass es mir gut gehen wird", erklärte sie, und ich sah sie skeptisch an: „Und du vertraust ihm?" Sie lächelte breit und wollte antworten, aber hielt sich zurück, um etwas anderes zu sagen.

„Er ist mein Arzt. Natürlich tue ich das", erklärte sie. Ich dachte, dass diese Erklärung, die ich bisher von meinen früheren Patienten gehört hatte, tatsächlich zeigte, wie manche ihr Leben in die Hände derer legten, die nur Geld im Sinn hatten. Mehr nicht, nur ihr eigenes Geschäft. Nicht, dass ein Menschenleben darunter leiden würde. Nein. Das wäre nicht wichtig, solange sie bekommen, was sie wollen.

„Du kannst ihm vertrauen", sagte ich nach ein paar Sekunden und ließ sie sich entspannen. Ich sagte es nicht aus diesem Grund. Nein. Ich wollte nicht mehr so ein Mensch sein. Ich wollte es mit Ehrlichkeit versuchen. Sie konnte ihm wirklich vertrauen. Meinem Bruder.

„Was hast du gestern gemacht?", fragte sie mit einem sanften Lächeln. „Ich habe etwas mit Lu geklärt. Wir reden tatsächlich wieder miteinander", antwortete ich, und sie lachte. „Ich hatte gehofft, dass du das tun würdest und hatte fast Angst, als ich sah, wie du in sie behandelt hattest", erklärte sie dankbar und ich nickte, während ich mich an diesen Moment erinnerte. „Sie hatte es nicht leicht mit mir", gab ich zu. „Ich hatte es leicht mit dir", entgegnete sie, während sie mir zuzwinkerte, als wäre etwas zwischen uns passiert. Das war es tatsächlich, aber das war nicht mehr das, was ich früher meinte. Es war nicht körperlich, sondern eher geistig, dass ich mich ihr so nahe fühlte. Als kannten wir uns schon seit Jahren. „Du hast einfach Glück", war meine Antwort mit einem schmutzigen halben Lächeln, über das sie lachte. „Glück? Ich glaube nicht, dass Emotionen vom Glück abhängen", sagte sie, aber das war nicht richtig. Das taten sie. Auf der anderen Seite war ihr Beispiel schlecht. Wenn man glücklich war, würde man die Menschen um einen herum mehr bewundern, selbst wenn sie sich genauso verhalten wie man selbst. Das war kein guter Tag, sondern eine Depression.

„Hast du irgendwelche Pläne für den Rest des Tages?", fragte ich sie und ihr Gesicht verzog sich. Sie brauchte einige Sekunden, um die Antwort auf meine Frage herauszufinden, aber dann antwortete sie auch, nicht so erfreut wie immer. „Ich werde später heute Besuch bekommen. Ansonsten weiß ich nicht, was der Arzt mit mir vorhat", sagte sie, der letzte Teil war so leise, dass er fast nicht hörbar war. Ich fragte mich, warum – vielleicht nur ein schlechtes Thema? Doch ich starrte sie wohl einige Sekunden zu lang an, denn plötzlich begann sie zu lachen. „Ist dort ein Pickel oder irgendetwas Interessantes?", fragte sie ironisch und ich lächelte. „Interessant ist es, und auch wunderschön“, war meine ehrliche Antwort, die sie mit einem leichten Lächeln quittierte. „Charmeur“, sagte sie zuerst, aber dann fuhr sie fort: „Meine Aussicht wird von Tag zu Tag besser. Ich bin gespannt, wie es am Ende aussehen wird“. Ich lachte. „Da gibt es nichts Besonderes, worauf man sich freuen kann“, sagte ich amüsiert, als wäre ich die Person, die sie normalerweise bewundern würde. Nur ein Arzt. Sonst nichts.

„Das glaube ich nicht“, fuhr sie fort und meine Augen weiteten sich interessierend. „Die Aussicht ist jetzt schon etwas Besonderes. Auf eine gute Art und Weise. Eine sehr gute Art“, erklärte sie. Ich verlor mich in ihren Worten. Niemand hatte jemals so etwas zu mir gesagt. Langsam lehnte ich mich näher an sie heran. Sie hob sich in eine sitzende Position, damit wir uns besser ansehen konnten. Unsere Nasen berührten sich zunächst und sie kicherte. „Was?“, fragte ich leise, darauf bedacht, die Stimmung nicht zu zerstören. „Ich habe mich gefragt, ob du das tun würdest“, sagte sie flüsternd. „Was tun?“, fragte ich, während unsere Nasen sich immer noch berührten.

„Du nimmst es so langsam, doch so intensiv, die Elektrizität zwischen uns“, antwortete sie und ich hob eine Augenbraue. „Der Strom mal wieder, hm?“, sagte ich amüsiert über ihre Aussage. „Natürlich, spürst du sie nicht?“ Jetzt war sie diejenige, die lachte. „Ich spüre dich“, flüsterte ich, und sie beugte sich vor und küsste mich. Das hatte vorher noch niemand getan. Sie begann mich zu küssen, ohne sich von mir küssen zu lassen.

Ihre Lippen schmeckten unvorstellbar gut. Ich wollte ewig so bleiben, aber sie lehnte sich zurück. Zuerst dachte ich, ich hätte etwas falsch gemacht, aber dann bemerkte ich, dass die Tür offenstand. Als ich sah, wer darin stand, sprang ich sofort zurück.

Kapitel 7

Bevor ich in Alices Zimmer ging, sah ich Lusie. Es überraschte mich, denn ich hatte sie schon eine ganze Weile nicht mehr draußen gesehen. Sie schien erfreut zu sein. Deen war nirgends zu sehen. Es dauerte ein paar Sekunden, bevor ich mich entschloss, ihr nachzugehen. Selbst wenn ich die Blutwerte von Alice überprüfen wollte, konnte das eine halbe Stunde dauern. Mein Mädchen hatte meine Zeit auch verdient.

Als ich sie erreichte, war sie zunächst geschockt, dass ihr jemand gefolgt war, aber als sie mich sah, lächelte sie wieder. „Hi", begrüßte sie mich, und ich lächelte ebenfalls. Es war schön, sie wieder glücklich zu sehen. Wirklich glücklich, nicht die Fassade, die sie sonst vor anderen zeigte. Ich merkte, dass sie jetzt echte Emotionen erlebte. „Hallo, wo willst du denn hin?", fragte ich, und sie zeigte auf den Weg, der in den Wald führte. „Unser erster Kuss war dort. Ich würde diese Runde gerne noch einmal gehen", gab sie zu und gestand, dass ihr die Erinnerung daran gefiel. Mein Lächeln verschwand für einen Moment bei der Erinnerung an meinen ersten Kuss, aber es kam sofort zurück, als ich mir vorstellte, wieder mit ihr spazieren zu gehen.

Dieses Mal würde ich ihre Hand in meine nehmen. Sie lachte. „Wie ein Teenagerpaar", erinnerte sie sich. Das sagte ich auch, als sie mich bat, beim Spazierengehen Händchen zu halten. Jetzt nickte ich. „Als Teenager hatten wir beide nie irgendwelche Affären, also müssen wir wie ein Teenagerpaar verliebt sein. Nicht, dass du etwas bereuen würdest", sagte ich ironisch und sie schüttelte den Kopf. „Nein, wenn du es so sagst, müsste ich deine Hand loslassen. Teenager-Romanzen dauern nicht lange", erklärte sie und ich nickte zustimmend. „Wir sind auch keine Teenager", war meine Begründung, warum ich ihre warme Hand in meiner kalten hielt. Die Sonne wärmte uns immer noch, als wir fast den Wald erreichten.

„Was wolltest du als Kind werden?", fragte sie mich plötzlich und ich sah sie verwundert an. „Erinnerst du dich nicht?", bohrte sie weiter, und ich sah sie immer noch skeptisch an, aber jetzt versuchte ich, mich zu erinnern. „Doch, aber es ist kein typischer Kindertraum", erklärte ich. „Onkologe zu werden, nicht wirklich", sagte sie amüsiert. „Bevor sie mich von meiner Mutter wegnahmen, wollte ich Musiker oder Schauspieler werden", gab ich zu. Sie hielt inne, um mich skeptisch anzusehen. „Mit fünf oder sechs Jahren?", fragte sie. Ich nickte. „Ja, es klang so frei. In der Schauspielerei war ich schon gut. Mein Gesicht zeigte nie die Gefühle, die ich hatte. Sonst wäre es nur noch schmerzhafter gewesen", begann ich zu erklären. Ihr Gesicht verzog sich sofort. Deshalb trat ich auf sie zu, nahm ihr Gesicht in meine Hände und sagte: „Es ist lange her", aber sie schüttelte den Kopf. „Du weißt immer noch alles", sagte sie, und ich konnte es nicht abstreiten. Leider hatte mein Verstand die Informationen nicht blockiert. Ich wünschte, es wäre so, aber nein, ich erinnere mich an jeden Schrei, jeden Kunden, jeden Schmerz, jeden Stoß und jeden Schlag. Ein weiterer Grund wach zu bleiben.

„Warum wolltest du Musiker werden?", fragte sie mich schließlich, um mein Schweigen zu brechen. Ich lächelte über meine alten Ideen: „Wenn du jemanden dazu bringen willst, dir zuzuhören, ist es klug, es durch Musik zu tun. Dann hören Sie dir zu, was du zu sagen hast. Jeder hört dann deine Worte, mit einer schönen Melodie, um den Schmerz, den du hineingesteckt hast, bewundernswert zu machen", erklärte ich immer noch mit einem Lächeln, aber Lusie gefiel die Idee nicht. Sie war offensichtlich traurig und es tat ihr leid um meine Vergangenheit. Gegen die ich bald gewann.

„Wusstest du, dass der Fall gut läuft?", fragte ich sie, unsicher, ob ich es ihr gegenüber schon einmal erwähnt hatte. Mit einem leichten Lächeln sah sie mich an und nickte. „Ich hoffe, dass du sie für den Rest ihres Lebens ins Gefängnis bringst", sagte sie und ich runzelte die Stirn. „Was wünschst du dir denn? Was möchtest du, als Opfer, was mit ihnen geschehen soll?", fragte sie mich erstaunt, nachdem ihr klar wurde, dass ich ihrer Idee nicht zustimmte. „Ich bin nur ein Opfer von Tausenden oder gar Millionen. Es ist schwer zu sagen, wie viel Schaden sie angerichtet haben. Sie sind jedoch nur einer von vielen Hunderten", erklärte ich. Sie hörte mir schweigend zu, während wir langsam durch den Wald gingen. „Mein Wunsch ist, dass die Welt es weiß. Jeder. Nicht nur du und ich. Jeder sollte wissen, dass pharma auf Griechisch Gift bedeutet. Es ist nichts anderes; ein süchtig machendes Gift, das uns glauben lässt, dass wir ohne es nicht leben können", erklärte ich. Sie blieb eine Weile sprachlos, während sie die Informationen verarbeitete.

„Verstehst du es nicht?", fragte ich, da sie weitere Minuten lang nichts geantwortet oder gesagt hatte. „Ich verstehe nicht, warum du nicht willst, dass sie leiden. Also, dein..." – „Vater?", half ich ihr, als sie sich abmühte, das richtige Wort zu sagen. „Ich will ihn nicht so nennen, aber er ist es. Na ja. Irgendwie ist er es", gab sie zu und ich verstand, wie sehr sie die Person hasste, mit der ich nie persönlich sprach.

„Wenn sie ihn für den Rest seines Lebens einsperren oder foltern würden, bis nichts mehr übrig ist, würde ich mir selbst schaden. Wer will schon jemandem mit solchen Gedanken sich anvertrauen? Wer versteht schon das Wort Rache? Hattest du schon immer das, was du brauchst? Unmöglich wäre außerdem, dass ich einem Mann, doppelt so alt wie ich, schaden könnte, der mir als Kind indirekt etwas angetan hat? Es ist nicht möglich, ihm lebenslangen Schmerz zuzufügen, so wie er es mir angetan hat", erklärte ich, als wir unseren Spaziergang durch den Wald fast beendet hatten und nun auf die große Wiese zusteuerten, auf der schon die ersten Blumen blühten.

Ich stellte mich vor sie, so dass sie stehen bleiben musste. Somit hatten wir noch einige Sekunden für uns, bevor wir wieder eine Weile getrennt waren. „Es tut mir leid, wenn du mit dem Gedanken davon zu kämpfen hast", entschuldigte ich mich, aber sie schüttelte den Kopf und versuchte, mich zu stoppen. Ich fuhr jedoch fort: „Meine Vergangenheit bin ich selbst, denn sie prägt mich mehr als alles andere. Das wird auch unsere Zukunft werden, indem wir die alten Ängste überwinden und meine Person wachsen lassen".

„Unsere Zukunft wird uns wachsen lassen", korrigierte sie und ich lächelte herzlich. „Mehr als das Universum es tut", setzte ich ihre Vorstellungen fort, und schließlich lächelte sie wieder. „Darauf freue ich mich", war das letzte, was sie sagen konnte, bevor ich mich hinabbeugte, um sie in Verlangen und Lust zu küssen. Sie müsste nie wieder allein sein. Ich würde für immer bei ihr bleiben, was auch immer sie versuchten. Sie gehört mir. Niemand kann sie mir mehr wegnehmen, dachte ich. Dann ließ ich uns endlich wieder atmen.

„Bist du wieder bereit für die Arbeit?". fragte sie, und ich lächelte, und versuchte, wieder normal zu atmen. „Ich hoffe, Alice hat nichts dagegen", antwortete ich. „Sie hat sicherlich selbst gerade Besuch, also macht es ihr natürlich nichts aus. Am Ende bist du nur ein alter Freund oder jetzt eben ein Arzt für sie, nicht wahr?", stellte sie fest, als wäre es offensichtlich, dass es ihr egal wäre, doch sie ließ mich aufhorchen. „Besuch?", fragte ich sofort da ich gezwungen war zu lügen. „Ja, ich glaube Deen wollte nach ihr sehen", sagte sie, unsicher, ob das die richtige Antwort war. „Wir sehen uns später", war mein letzter Satz, bevor ich in Richtung Klinik eilte.

Ich öffnete die Tür mit einem Ruck. Trotzdem bemerkte mich niemand. Sie waren eng beieinander und küssten sich innig. Es hörte erst auf, als ich etwas hereintrat. Es war Alice, die sich sofort nach hinten lehnte. Sie sah mich. Deen schaute ein wenig verwirrt, warum sie das tat, bevor auch er sich meiner Anwesenheit bewusst wurde.

„Hallo Alice. Hallo Deen. Ich bin wegen der zweiten Blutuntersuchung da", erklärte ich höflich und Deen sah unbehaglich zwischen mir und ihr hin und her. „Wenn es dir nichts ausmacht, Deen, wäre ich dafür lieber allein mit ihr", sagte ich, und bat ihn damit, während er sich entschuldigte, aus dem Zimmer. „Ist es nicht erlaubt, deinen Bruder zu küssen Nathaniel?" Sie sagte meinen Namen und versuchte, mich mit ihrer albernen Frage zu provozieren. Als hätte ich jemals die Kontrolle über ihn gehabt. „Seine Entscheidung", sagte ich kurz, ohne ihr die Genugtuung von Eifersucht oder Wut zu geben. Warum sollte ich auch? Schließlich war er derjenige, der am meisten darunter leiden würde, wenn etwas nicht so lief wie erwartet, nicht ich. Andererseits wusste er genau wie ich, dass sie, wenn sie dabliebe, mit großer Wahrscheinlichkeit wieder gesund werden würde. Junge Menschen hatten die Kraft dazu. Sie hatten noch so viele Träume, die sie nicht aufgeben wollten. Ältere Patienten gehorchten meinen Anweisungen manchmal nicht so einfach, sie waren mitunter zu schwach, um alles durchzustehen. Es war zwar schwerer, aber auch für sie möglich. Am Ende überlebten die meisten von ihnen hier in meiner Klinik. Öffentliche Pharma-Krankenhäuser gaben ihre Patienten ab einem bestimmten Alter auf. Dann war es an der Zeit, nur noch Geld von den Krankenkassen zu bekommen.

„Können wir reden?", fragte sie plötzlich, als ich das Blut abgenommen hatte und bereit war zu gehen. „Du hattest Zeit zum Reden", antwortete ich, da ich nicht unnötig länger hier bleiben wollte. „Du warst so tief in Gedanken versunken, ich wollte dich nicht stören", erklärte sie gedämpft. Ich atmete tief durch, schüttelte den Kopf und ging zu einem Stuhl, der neben dem Bett stand, während ich mich fragte, was sie jetzt sagen würde, das so wichtig war, dass sie es nicht später aufgreifen konnte. „Es tut mir leid" begann sie und ich hob eine Augenbraue. „Für was?", fragte ich sofort, und ihr Gesichtsausdruck fiel in sich zusammen.

„Komm schon, erzähl jetzt. Ich bin kein großer Fan von Überraschungen", versuchte ich, sie zum Reden zu bringen. Sie wich jetzt meinem Blick aus. „Sie kommt mich besuchen", sagte sie vorsichtig und ich wusste genau, wen sie meinte. Ich hoffte immer noch, dass sie es nicht sein würde. „Wer kommt dich besuchen?", fragte ich erneut. Jetzt war meine Stimme von Wut erfüllt, und das war selten. „Meine Mutter, Gloria Devenson", sagte sie fast schluchzend und die Tür öffnete sich hinter mir.

Kapitel 8

Ich hatte die nächsten Tage damit verbracht, genau zur gleichen Zeit spazieren zu gehen, in der Hoffnung, dass er mich wieder begleiten würde. Was auch immer passiert war, ich hatte ihn nicht oft gesehen. Manchmal kurz durch die Klinik gehend oder abends zu Hause. Aber er sprach nicht, er lächelte nicht und er sagte mir nicht, was ihn störte. Ich fühlte mich wie ein alter Freund, der ihm fremd geworden war. Jemand, den man jeden Tag zu sehen akzeptiert, aber zu dem man nicht mehr als nötig Kontakt haben wollte. Wie als wäre unsere gemeinsame Zeit vorbei.

Außerdem war Deen wieder in seine Wohnung gezogen, so dass ich auch nicht mit ihm reden konnte. Es war der letzte Monat vor Schließung der Klinik, bevor wir etwas zusammen unternehmen konnten. Seine Zurückhaltung machte mich unsicher. Ob er das alles noch wollte? Vielleicht wurde ihm bewusst, was es bedeuten würde, ganze Tage miteinander zu verbringen und nicht nur die Abende. Möglicherweise war es ihm zu viel. Auch wenn ich es nie wollte, sagten so viele Leute, dass ich mich selbst versorgen könnte. „Es macht mir nichts aus und du magst es nicht", hatte er das letzte Mal gesagt. Er hatte Recht. Ich mochte es nicht, aber ich schätzte es auch nicht, ihn den ganzen Tag arbeiten zu sehen, um dann nach Hause zu kommen, das Essen zu machen und anschließend ins Bett zu gehen. Jeden einzelnen Tag. Wie eine Maschine. Wie ein Roboter.

Heute würde ich meinen Spaziergang noch einmal machen. Es war nicht sonnig, eher regnerisch, also hatte ich mich entsprechend angezogen. „Hallo", sagte ich, als er mich begrüßte. Sein Gesichtsausdruck war unlesbar, aber ich merkte, dass er angespannt war. Irgendwie beunruhigt, irgendwie wütend, aber auch hilflos. Ein Gefühl, das ich noch nie an ihm gesehen hatte. „Du willst deinen täglichen Spaziergang auch bei Regen durchziehen?", fragte er skeptisch. „Ich denke schon, ja", sagte ich etwas unsicher. Wie ich bemerkte, regnete es sehr viel mehr als ich gedacht hatte. „Bist du sicher?", fragte er noch einmal und zog eine Augenbraue hoch. „Könnte ich noch etwas tun? Dir hier oder oben helfen?", fragte ich, als mir klar wurde, dass ich zwar für schlechtes Wetter, aber nicht für diesen strömenden Regen gekleidet war.

„Was genau möchtest du tun?", entgegnete er, nicht auf meine Frage vorbereitet. „Dir irgendwie helfen", sagte ich, bevor ich mich zurückhalten konnte. Ihm behilflich sein? Es könnte natürlich in der Klinik sein, aber die Art und Weise, wie ich es sagte, klang so persönlich, dass es offensichtlich war, was ich wirklich meinte. Wir schwiegen eine halbe Minute und sahen uns nur an. Ich hörte nicht auf, in seine schönen, dunklen Augen zu schauen. Gefährlich, aber auch herzlich. Er überlegte, was er mit mir machen sollte.

„Du kannst Deen besuchen. Das würde ich wirklich zu schätzen wissen", sagte er schließlich und ging, bevor ich ihn fragen konnte, wie ich zu Deens Wohnung komme. Ich hatte keinen Führerschein. Wir hatten nie genug Geld dafür. So war ich es gewohnt, den Bus oder die Bahn zu nehmen. Wie sollte ich es anstellen? Die Verbindung zu ihm wusste ich nicht. Da fiel mir ein, dass im Appartement ein Computer war. Vielleicht könnte ich dort etwas herausfinden. Nach einer halben Stunde, die ich brauchte, um herauszufinden, wie ich mit Google etwas finden konnte, beschloss ich, lieber die alte Methode zu nehmen. Beim zweiten Klingeln antwortete er glücklicherweise: „Hallo?", meldete er sich, und ich reagierte sofort begeistert: „Hi Deen, hast du einen Plan für den Rest des Tages?" Das kurze Schweigen bedeutete, dass er einige Sekunden brauchte, um darüber nachzudenken. „Was willst du denn unternehmen?", fragte er schließlich zum Glück, und ich sagte ihm, dass es für mich egal sei, solange es nur drinnen sei. Daraufhin lachte er und sagte, dass er mich in einer Viertelstunde holen würde. Ich zog eine einfache blaue Jeans und einen schwarzen Pullover an, die hoffentlich zu dem passen würden, was wir schlussendlich tun würden.

Ich begrüßte ihn mit einer Umarmung, die er zunächst erwiderte, doch dann kam eine weitere Böe und er brachte mich schnell ins Auto. Wie Nathaniel es immer getan hatte, öffnete er mir auch die Autotür. Eine nette Geste, eine alte Tradition die ich sehr schätzte. Als wir schließlich zusammen im Auto saßen, waren unsere Haare schon tropfnass. Glücklicherweise war es im Auto warm und auch die Musik passte. „Ich bin froh, dass du angerufen hast", gab er zu, und ich sah ihn an und bemerkte erst jetzt, dass sein Gesicht leichenblass war. „Was ist passiert? Bist du krank?", fragte ich sofort. „Er hat es dir nicht gesagt?", erkundigte er sich, und ich schüttelte den Kopf. „Nein, er hat in den letzten Tagen, seit du wieder weg bist, nicht viel mit mir gesprochen", erklärte ich und er nickte, als würde er verstehen, warum Nathaniel so reagiert hatte. „Alice ist im öffentlichen Krankenhaus", erläuterte er. Ich konnte nicht verstehen warum. „Ihre Mutter hat sie abgeholt. Sie hält nichts vom Naturheilverfahren.

Vielmehr möchte sie, dass die Pharmazeuten sich um sie kümmern", sagte er angewidert, und so, wie er das erklärte, verstand ich, dass ihre Chancen nicht groß waren. „Warum hat er sie nicht aufgehalten?", fragte ich sofort, da ich nicht verstand, wie das passieren konnte. „Wie hätte er sie aufhalten können? Sie ging mit ihrer Mutter gehorsam mit", erklärte er.

Ich verstand es immer noch nicht. „Warum sollte sie das tun?" Ich sah ihn mit großen Augen fragend an, und er blickte mich an. „Sie hat Vertrauen ins Leben. Glaubt, dass sich alles zum Guten wenden wird. Sie ist blind für die Tatsache, dass der Reichtum ihrer Mutter ihr nicht gegen den Krebs helfen wird", erklärte er. Ich wusste nicht, dass ihre Mutter reich war.

Er fuhr ziellos durch die Gegend. „Ihre Mutter heißt Gloria Devenson. Sie ist eine absolute Selfmade-Geschäftsfrau. Ich glaube nicht viel älter als Mitte oder Ende dreißig, aber mit einem Imperium, das sie allein aufgebaut hat", klärte er mich auf. „Woher weißt du das alles?", fragte ich verwundert, und er antwortete ironisch, nachdem er einen kurzen Blick auf mich geworfen hatte: „Frau Altmodisch, heute haben wir das Internet, mit dem wir herausfinden können, was wir wollen." Ich schüttelte den Kopf und lehnte offensichtlich die Tatsache ab, dieses unverständliche System aus zwei Ziffern zu verwenden, das unsere gesamte Gesellschaft beherrschte. Er lachte über meine Naivität und sagte: „Nathen erzählte mir das meiste davon. Ich wusste nicht, dass ihre Mutter reich ist. Schließlich hatte sie einen völlig normalen Job und trug normale Kleidung. Sie fuhr sogar ein gewöhnliches Auto", sagte er ungläubig, weil er nicht verstand, dass man seine Klasse nicht an Äußerlichkeiten festmachen muss.

„Auf der anderen Seite sagte sie manchmal, dass ich nicht an Geld denken sollte und dass sie auch umsonst für mich sorgen würde", fuhr er fort und ich sah ihn mit hochgezogenen Augenbrauen an. „Nein, nicht was du gerade denkst", korrigierte er sich sofort. „Es geht um die Arbeit", erklärte er weiter und wir lachten beide.

„Also, kommt sie auch nicht zurück?", fragte ich schließlich und er schüttelte den Kopf. „Wahrscheinlich nicht", sagte er traurig und er tat mir so leid. Sie waren gut zueinander gewesen, denke ich. Zumindest schien er sie zu mögen. Er schien seine Depression überwunden zu haben, wenn man bedenkt, dass Nathaniel ihn allein in seine Wohnung gehen ließ. Angesichts dieses Ereignisses hatte er immer noch keine Angst, dass er sich erneut etwas antun würde.

„Hast du dir überlegt, was du in einem Monat tun möchtest? Dann ist die Klinik geschlossen", fragte Deen, während wir immer noch durch den Regen fuhren. „Ich weiß es nicht. Er hat nichts gesagt, aber er redete auch nicht viel mit mir", antwortete ich. Er atmete tief durch: „Was sollen wir manchmal mit diesem Kerl machen?", stöhnte er, und die Art, wie er das tat, brachte mich zum Lachen.

„Was?", fragte er, lachte aber mit mir. „Ich glaube nicht, dass er verändert werden sollte, doch andererseits: Würdest du das wirklich wollen?", fragte ich und er lächelte amüsiert. „Ein bisschen ja. Er sollte manchmal lustiger und entspannter sein. Außerdem würde ich mir wünschen, dass er weniger perfekt ist und manches Mal auch Fehler macht“, sinnierte er und ich lachte. „Das tut er sicher irgendwie“, beschützte ich Nathaniel.

Er schüttelte den Kopf: „Du kennst ihn nicht so lange wie ich, aber ich kann dir sagen, dass er in all den Jahren nie einen gemacht hat“, erklärte er. „Außer bei einem Mann, der in seiner Klinik fast gestorben wäre. Du hättest ihn damals sehen sollen“, erinnerte er sich und hätte fast gelacht. „Als hätte er die schlechteste Arbeit aller Zeiten geleistet. Selbst wenn der Mann einfach an einem Herzinfarkt gestorben wäre, wie es bei Menschen in diesem Alter der Fall ist“, erklärte er lachend den Grund. Ich hingegen lächelte höflich. Wäre ich am Ende nicht ohne seinen Perfektionismus gestorben?

„In zehn Minuten sind wir wieder zu Hause“, sagte Deen nach einiger Zeit Stille. „Möchtest du mit hereinkommen?“, flehte ich ihn fast an, denn ich wollte nicht allein sein. „Ein anderes Mal. Du solltest erstmal allein mit ihm reden“, erklärte er und ich atmete tief durch. „Wenn er überhaupt mit mir reden wird“, sagte ich pessimistisch. Er versicherte mir: „Er braucht vielleicht etwas Zeit, aber du hast nichts falsch gemacht. Alles wird gut“. So wie er es sagte, war es auch. Als ich nach Hause kam, wartete Nathaniel bereits auf mich. Er hatte Fisch gekocht und war bereit zu reden. Wir wollten die letzten Tage vergessen und wie er mir mitteilte, hatte er bereits einige Ideen und Pläne im Kopf.

„Küss mich", sagte er, und das Verlangen, das seine Stimme erfüllte, machte es verwegen. Ich küsste ihn in der Lust auf mehr, wollte alles von ihm. Zu dem besonderen Schritt waren wir immer noch nicht gekommen. Nathaniel sah mich auf andere Weise. Eine andere Art des Zusammenlebens. Zumindest könnten wir das in zwei Wochen zu einem Teil unseres Lebensstils machen. Seit dieser Zeit waren wir uns auch körperlich näher gekommen. Er hatte keine Angst, und ich auch nicht mehr. Seine Muskeln und den Rest des Körpers zu berühren, wenn ich die Erlaubnis dazu hatte, schien kein Geheimnis mehr zu sein.

Er hatte mir vor drei Tagen Regeln gegeben, die ich befolgen musste, damit es besser zwischen uns besser funktioniert. Was ich wollte, aber auch er wollte es. Das war das, was ich wollte, aber er wollte es auch. Auf der anderen Seite war es für ihn nicht so leicht wie für mich. Für mich war es zwar neu, aber für ihn war es wegen seiner Vergangenheit schwerer. Etwas, das wir zu ändern versuchten, indem wir ihm die Zügel in die Hand gaben. Ich würde auf seine Wünsche hören, warten, bis er den nächsten Schritt angehen würde oder akzeptieren, wenn es für heute reichte. Am Tag bevor er mir die Regeln gab, hatte ich große Angst, dass er Schluss machen oder um Abstand bitten würde. Doch nein, er hatte die Lösung gefunden, die wir brauchten. Für mich war es verständlich zu hören, was er wollte und wie er es sich wünschte, aber für Fremde würde es sich sicher seltsam anhören. Ich gab die Kontrolle vollständig ab, auch wenn ich mir vornahm, den Überblick nicht zu verlieren. Ich wollte keine Fehler machen. Ich wollte ihm gehören, ganz und gar.

Seine dunklen Augen, erfüllt von Verlangen, scannten meinen nackten Körper. Etwas, was er sonst nicht getan hatte. Er ignorierte mich die ganze Zeit. Das hatte mich mehr gestört als sein scharfer Blick jetzt. „Du siehst heute gut aus", sagte er, nachdem er mich mehrmals umkreist hatte. „Was hältst du davon?", fragte er mich, und ich blickte vorsichtig auf, als er direkt vor mir stand und mir direkt in die Augen schaute. „Ich sehe gut aus", antwortete ich unsicher, weil ich wusste, dass er mich für das schönste Geschöpf halten wollte, das es gab. So sagte er es zumindest manchmal. Auch wenn ich wusste, dass ich es nicht war. Ideal wollte ich auch nicht sein. Warum sich den ganzen Tag über Schönheit Gedanken machen? Ist unser Geist nicht schön genug, um ihn mehr zu schulen, statt die Vergänglichkeit des Aussehens?

„Ich habe heute etwas Besonderes für dich", sagte er und weckte damit mein Interesse. Ich schaute in seine tiefen, dunklen Augen und wartete auf meine Antwort. Er trat auf mich zu und hob mein Kinn an, so dass ich ihm in die Augen sehen musste. Bei dieser Geste leckte ich mir vor Verlangen die Lippen, woraufhin er lächelte. „Willst du es sehen?", fragte er, und nachdem ich eine Sekunde darüber nachgedacht hatte, nickte ich. Meine Gedanken wurden so schmutzig, wie sie es mit meinem begrenzten Wissen über die Möglichkeiten nur sein konnten. „Hier", sagte er und reichte mir einen kleinen Gegenstand, der vorne konisch geformt und genauso lang war wie mein kleiner Finger. „Was ist das?", fragte ich, während ich den mysteriösen Gegenstand lange musterte, bevor ich wieder zu ihm aufsah. „Man nennt es einen Butt-Plug", erklärte er. Eine Sekunde lang weiteten sich meine Augen, aber ich wollte nicht so aussehen, als hätte ich Angst. „Butt wie...?" „Ja, Hintern wie dein kleiner Hintern", sagte er, und ich nickte schweigend. Ich versuchte immer noch herauszufinden, warum ihn das glücklich machen würde. „Überleg es dir. Ich werde heute Abend um sechs Uhr wiederkommen, wenn alles so läuft, wie erwartet", meinte er, und ich lächelte ihn begehrend an. „Hab' einen guten Tag, Sir", sagte ich, bevor er mir einen Kuss auf die Stirn gab und ging.

Nackt ging ich in mein altes Zimmer, wo ich noch meine Kleidung und die Papiere hatte, die er mir gestern gegeben hatte. Ich setzte mich auf das Bett und musterte den kleinen Gegenstand. Den lila Glitzerstein auf der anderen Seite, der größer war, hatte ich nicht erkannt. Wie ein Stopp, dass es in gewisser Weise nicht zu tief gehen könnte. Es war ein merkwürdiger Gedanke, das in mir zu haben. Andererseits hatte ich die Papiere mit den Informationen und die drei Regeln, die er mir für den Anfang gegeben hatte. Diese lauteten:

1. Ich werde derjenige sein, der dich führt. Ich werde dir befehlen, was ich will. Außerdem darfst du, wenn ich nicht darum bitte, während der vereinbarten Zeit nichts sagen oder tun.

Es war das Erste, was er zu mir gesagt hatte, und worüber wir viel gesprochen hatten. Die vereinbarte Zeit lag immer zwischen dem Start, der ein Kuss auf den Mund war, nachdem er darum gebeten hatte. Das Ende war ein Kuss auf die Stirn. Zwischen dieser Zeit würde er entscheiden. Er wollte es zu etwas Besonderem machen, aber nichts, zumindest am Anfang, wovor man Angst haben sollte. Daher konnte es nicht nur für eine lange Zeit, sondern auch, wie jetzt, für eine kurze Zeit sein. Nur damit ich mich damit wohler fühlte.

2. Du wirst mich mit Respekt behandeln und alles akzeptieren, was ich will. Gehorsam, ohne jegliche Bedenken. Immer. Es steht dir auch frei, eigene Ideen zu entwickeln.

Es war mir, auch wenn es härter klang, mehr bekannt. Warum sollte ich nicht gehorchen? Er hatte sich nie falsch entschieden. Ich war nie seinen Wünschen abgeneigt, würde es aber natürlich sagen, wenn ich etwas für falsch halten würde oder eine bessere Idee hätte. Während der gesamten Zeit, die ich hier verbrachte, war dies eine unausgesprochene, aber bekannte Regel zwischen mir und meinem mysteriösen Arzt.

3. Wenn du willst, dass ich aufhöre, musst du ein Safe-Wort verwenden. Du wirst zwei haben: das erste, wenn Du möchtest, dass ich ganz aufhöre, und das zweite, wenn Du nahe am Limit bist.

Das war für mich völlig neu, aber auf der anderen Seite gab es mir während unserer gesamten Zeit auch Rechte. Daher hatten wir nicht mehr darüber gesprochen, als die beiden Wörter herauszufinden, die ich wollte. Die einzige Regel, an die ich mich dabei halten musste, war, dass sie kurz sein sollten und in der Situation, in der wir uns befanden, nicht gewöhnlich.

Es fiel mir schwer, so einfache Entscheidungen zu treffen, selbst wenn er sagte, dass ich es jederzeit ändern könnte, solange ich ihn daran erinnerte. Das erste Wort, das ich mir ausgesucht hatte, um ganz aufzuhören, war „Feuer". Es war etwas, das für mich Gefahr symbolisierte, und nichts, was ich vergessen würde. Das andere Wort, das ihn dazu brachte, langsamer zu werden, war „Lantana". Es war die Lieblingsblume meiner Mutter gewesen. Eine giftige Blume. Symbolisierend, einen Schritt zurückzutreten. Gefahr.

Am Ende ging es bei allem um vier Wörter. Eine Szene, von der ich noch nie gehört hatte, aber Nathaniel hatte sich dafür interessiert. Die vier Buchstaben waren BDSM. Jeder von ihnen stand für ein oder zwei Konzepte. B für Bondage, bei der der Ergebene festgebunden wird. D für Disziplin und Dominanz, was mehr sein Part war als meiner. Disziplin war auf beiden Seiten gefragt. Damit er die Entscheidungen treffen und ich ihnen folgen konnte, brauchte jede dieser Rollen sie. Ansonsten würde es nicht gut ausgehen, da somit auch der Respekt ein wenig sinken würde. S für Unterwerfung und Sadismus, meine Rolle als Unterwürfige, wie er es nannte. Sadismus war die Form der Lust, die durch Schmerz entstand. Etwas, das interessant klang, weil es so ein Kontrast zu sich selbst war. Am Ende stand M für Masochismus, das wäre ich, wenn ich aus dem Schmerz, Lust schöpfen würde, so wie ich ihn verstanden hatte.

Ich kleidete mich an, um nach unten zu gehen und meinen üblichen Spaziergang zu machen. Es war für mich zur Tradition geworden, weil es leicht zu befolgen und entspannend war. Außerdem hatte ich trotz des Lesens nicht so viel in der Wohnung zu tun? Nathaniel kam aus einem Zimmer im ersten Stock, als ich aus dem Aufzug stieg. Sobald er mich sah, ging er auf mich zu. Sein Blick war entspannt, immer noch mit seiner Fassade, aber nicht mehr so angespannt wie zuvor. Dann stand er endlich neben mir und kam mir näher als sonst. Ich hatte fast Angst, dass er mich jetzt küssen würde, mit unseren Regeln hier vor den Augen der Öffentlichkeit. Er fing an, meinen Rücken zu berühren, als ich versuchte, einen Schritt zurückzutreten.

„Hey, entspann dich", sagte er und blickte mit einem leichten Lächeln auf den Lippen auf mich herab. „Mir geht es gut. Ich bin mir nur so unsicher. Alles..." sagte ich und deutete zwischen uns hin und her, so dass nur er es sehen konnte. Er lächelte halb: „Nicht in der Öffentlichkeit. Normale Beziehungssituationen wie reden oder dass ich dich berühre", er sprach das Wort „Ich" länger aus, so dass ich leicht erkennen konnte, dass ich ihn nicht vor anderen berühren sollte.

„Wir können später darüber reden, okay?" sagte er, fuhr aber fort, bevor ich antworten konnte. „Wie wäre es mit einem Restaurantbesuch?", bot er an und ich lächelte. Wir waren schon lange nirgendwo mehr gewesen. Deshalb fühlte es sich besonders an, etwas außerhalb der Klinikmauern wieder gemeinsam zu unternehmen. „Hast du etwas im Sinn?", fragte er höflich.

Ich lächelte etwas ironisch bei seiner Frage nach seinem Entscheidungskonzept. „Ich möchte, dass Du aussuchst, wo und was wir essen werden. Sogar das, was ich tragen werde, wäre entzückend, wenn du es wählst", sagte ich und versuchte, es verdeckt begehrenswert klingen zu lassen. Er hatte nur die Erlaubnis, es zu verstehen. Ich wollte nicht, dass noch jemand anderes von uns erfährt. Was wir getan hatten, was uns gefallen hatte, es sollte nur zwischen uns beiden sein.

„Doktor", rief jemanden und ich sah, dass es eine der Krankenschwestern war. „Bald wird jemand die Klinik betreten. Eine

Frau. Sie fährt gerade in den Klinikbereich", erklärte sie. Ich konnte sein Gesicht nicht sehen, also konnte ich nicht erkennen, ob es so besonders war. Die Krankenschwester behandelte das Ganze so, dass meine inneren Alarmglocken läuteten. Normalerweise würde keiner von ihnen ein unnötiges Fehlverhalten begehen. Es war nichts, was Nathaniel sich wünschte.

Nach ihrer Aussage ging sie zum Empfang der Klinik in der Mitte des Gebäudes. Bereit, den Besucher oder Patienten willkommen zu heißen. Als sich die Tür öffnete, stand ich dicht neben Nathaniel. Es war eine förmlich gekleidete Frau, die hinein eilte. Seine Augen weiteten sich sofort vor Schreck, als er sie sah.

Kapitel 10

Jetzt war alles so, wie ich es mir gewünscht hatte. Sowohl die Klinik als auch meine Beziehung zu Lusie funktionierten sehr gut. Sogar Deen ging es jetzt besser. Ich hatte das Gefühl, dass ich wieder die Kontrolle über alles hatte. Außerdem hatten wir nur noch diesen einen Monat vor der Schließung, so dass ich mehr Zeit mit Lusie verbringen konnte. Allen schien es gut zu gehen. Es waren nur noch sechs Patienten da, und vier von ihnen würden diese Woche entlassen, wenn alles so gut läuft wie erwartet. In zwei Wochen würde die Klinik geschlossen werden. Es war das erste Mal, seit ich sie eröffnet hatte, dass ich nicht für meine Patienten da sein musste. Das erste Mal, dass niemand hier war. Hoffentlich ging das gut.

Wir würden eineinhalb oder zwei Monate frei haben. Ideen für diese Zeit hatte ich reichlich, aber das würde eine Überraschung für sie sein. Sie hatte auch nicht gefragt. Seit wir unsere Regelbasis geschaffen hatten, war sie zufriedener, aber auch nicht mehr so gesprächig. Vielleicht sollte ich ihr noch einmal erklären, dass es ihr frei stünde, ganz sie selbst zu sein. Wenn es nicht passen würde, müssten wir es auch nicht tun. Auf der anderen Seite fiel es mir leichter, ihr näher zu kommen, und dann wüsste ich, dass sie sich nicht zu schnell nähert. Dann könnte ich entscheiden, wann ich die volle Kontrolle und Wahl darüber hatte, wie nahe wir an diesem Tag sein würden. Letztendlich waren die Regeln also nur die schriftliche Grundlage dessen, was wir immer versucht hatten. Etwas, um es ihr klarer zu machen. Ich gab ihr die Beschreibung der Abkürzung „BDSM", damit sie selbst recherchieren konnte. Da ich der dominierende Teil sein würde, würde ich eine Vorreiterrolle übernehmen. Auf der anderen Seite könnte es für sie einfacher sein, wenn sie wüsste, was unsere Möglichkeiten waren. Außerdem würde sie sehen, dass andere das Gleiche tun, so dass es ihr nicht so unnormal erscheinen würde.

Vielleicht könnten wir auch andere Clubs mit der gleichen Sexualität besuchen. Ich kannte einige, die ich zwar nie selbst aufsuchte, aber ich hörte, dass sie gut waren. Vielleicht wäre es eine Inspiration und eine Idee für das, was wir wahrscheinlich versuchen würden. Schließlich wusste ich, dass sie keine Internetheldin ist und in ihrer Freizeit nicht so viel recherchieren würde, wie ich es mir wünschte. Natürlich könnte ich ihr das befehlen, aber ich mochte sie nicht ändern. Wenn sie sich nicht wohl fühlt oder soziale Medien oder das Internet im Allgemeinen nutzen möchte, weil sie es noch nie genutzt hatte, warum sollte ich sie dann dazu drängen? War das nicht etwas, das jeder für sich selbst wählen sollte?

Nachdem ich eine Patientin untersucht hatte, ging ich zu Lusie, die vor dem Gebäude stand. Sie wartete darauf, dass ich zu ihr kam, als wir uns erkannten. Ihr Lächeln war breit, als sie mir gegenüberstand. Nachdem wir ein wenig über die öffentlichen Regeln für uns gesprochen hatten, weil sie sehr unsicher war und natürlich in der Klinik nichts unternehmen wollte, kam uns eine Krankenschwester entgegengeeilt. Es war Isabele, die die Kameras überprüfte, als jemand Unbekanntes auf den Parkplatz fuhr. Seit den Problemen mit dem Pharmazeuten ging es uns umso mehr darum, ständig das

Äußere nach Fremden zu überprüfen. Die Gefahr eines Angriffs, war zu groß. Herein kam Gloria Devenson in einem Business-Kleid. Ich atmete tief durch, wohl wissend, dass Ihr Besuch bedeuten würde, dass etwas passiert war. Würde Sie sich sonst nicht wieder an jemanden wie mich wenden? Jemand, an dessen Fähigkeiten sie nicht glaubte, anders als bei meinem Vater.

Die Ironie war, dass sie stattdessen das öffentliche Krankenhaus aufsuchte. Was glaubte sie, wofür die arbeiten? Sicherlich erhielten sie bis jetzt die Medikamente von Fav. Pharmazeutik. Es wäre jedoch genau dasselbe, wenn sie sie oder ein anderes Pharma-Gewerbe bezahlen würde: Der einzige Unterschied bestand in der Verbindung zu ihm in ihrer Vergangenheit. Oder waren Sie alle gleich? Lügner. Ihn ging es allen nur ums Geld.

„Du", sagte sie mit einem warnenden Unterton und ging auf mich zu. Sie warf einen kurzen Blick auf Lusie neben mich, ignorierte sie danach aber wieder. „Wir müssen reden", beschloss sie, und ich nickte, wohl wissend, dass eine Diskussion mit ihr nicht hilfreich sein würde. „Würde es Dir etwas ausmachen, nach oben zu gehen?", fragte Ich Lusie und sie nickte glücklicherweise und machte keinen Anstalten, etwas zu sagen. Danach ging ich mit Gloria nach unten ins Büro. Wir brauchten Ruhe und vor allem Zeit. Was auch immer passiert war: Es musste schlimmer sein, weil sie zurückgekommen war.

Wir sagten kein Wort, bis wir uns jeder auf einen Stuhl gesetzt hatten. „So", begann sie: „Ich hoffe, du betrachtest mein Wiedererscheinen nicht als Sieg oder Ähnliches." Sie überspielte ihre Unsicherheit offensichtlich, und ich hob eine Augenbraue, nickte dann aber langsam, damit sie fortfuhr. „Allerdings ist der Zustand meiner Tochter nicht besser", erklärte sie, wobei sie den Blickkontakt verlor, sodass ich erkennen konnte, dass es viel schlimmer war. „Wie geht es ihr genau?", hakte ich nach, um konkretere Informationen zu erhalten und ihr helfen zu können.

Sie ließ sich Zeit, atmete tief durch und schluckte, bevor sie weiterredete. „Sie gaben sie vor zwei Tagen auf", gab sie zu, und ich versuchte, sie zum Weiterreden zu bewegen. „Sie hat fast die Hälfte ihres Gewichts verloren, keine Haare mehr und sieht aus wie ein Geist", beschrieb sie ihren Zustand, der sich schneller verschlechterte, als ich erwartet hatte. Also fragte ich mich, was sie unternommen hatten. „Du willst also, um genau zu sein, dass ich sie jetzt heile in dem derzeitigen Stadium?", vergewisserte ich mich und achtete darauf, dass ich sie richtig verstand. Sie nickte: „Genau. Sag mir für welchen Preis, die Höhe ist mir egal. Ich werde alles bezahlen. Es wird kein Problem sein. Sie muss nur gesund werden", erklärte sie, und ich wollte fast über das Geldangebot lachen. Als ob das helfen würde. Ich bin auch nicht in der Lage, einen Totgeweihten am Leben zu erhalten.

„Komm schon. Sie ist deine Halbschwester. Du musst es tun", drängte sie mich, nachdem ich schweigend überlegt hatte, was ich tun könnte, um ihr zu helfen. „Wir müssen sofort beginnen. Heute", sagte ich schließlich, und sie nickte hilflos. „Okay, ich werde sie holen", bot sie an, aber ich schüttelte den Kopf. „In ihrem Zustand ist es besser, wenn wir einen Krankentransport nehmen", sagte ich und sie stimmte zu.

„Okay, das kann ich machen. Sag einfach, wie viel du willst. Ich werde dir mein ganzes Geld geben." Sie wurde hektisch und ich schüttelte den Kopf. „Behalte dein Geld. Solange Sie meine Klinik nicht als Pharmaindustrie bezeichnen, bin ich sicher, dass uns etwas einfallen wird", sagte ich abweisend.

„Nein, ich möchte mich nicht wieder von einem Pharmazeuten wie dir abhängig machen. Du wirst das Geld bekommen und wir werden nie wieder darüber reden", sagte sie und ich sah sie ruhig an. Wut würde jetzt nicht viel helfen. „So wie ich es verstehe, brauchst du meine Hilfe. Sie ist meine Halbschwester, also wenn ich kein Geld für meine Arbeit will, musst du es mir auch nicht geben. Ich möchte jedoch jetzt mit meiner Arbeit beginnen. Wir brauchen jede Sekunde, die wir bekommen können. Ich kann dir sagen, dass wir nicht viel Zeit haben, wenn sie sich bereits in diesem Stadium befindet", erklärte ich, und zum Glück stimmte sie schließlich zu. Sie nickte hastig und stand mit mir auf, um ihre Tochter in meine Klinik zu holen.

Draußen nahm ich den großen Bus und fuhr mit ihr und der Krankenschwester Hannah als Beifahrerin zum Krankenhaus. Es würde nicht einfach sein, sie von dort wegzubringen. Am Ende bekamen sie noch Geld dafür, weil sie sie am Leben gehalten hatten. „Herr Favouner", begrüßte mich einer von Deens früheren Kollegen. „Kann ich Ihnen helfen?", fragte er und ich nickte. „Alice Devenson. Wo ist sie? Sie wird in meine Klinik verlegt", sagte ich entschlossen, und er nickte hilflos. „Sie...ehm... Natürlich...aber haben Sie?" Er stammelte vor sich hin, und ich hob eine Augenbraue, damit er endlich begann, uns ohne unnötige Zeitverschwendung zu ihr zu führen.

„Natürlich, folgen Sie mir", sagte er schließlich und machte sich auf den Weg zur Intensivstation. Es war immer ein kleiner Schock, wie schnell die Krebserkrankten in den normalen Krankenhäusern dem Tod entgegengingen. Auf der anderen Seite: mit dieser Nahrung und dieser Behandlungsart, was erwartete man da?

„Hier" zeigte er nervös auf ihr Zimmer. „Sie haben das doch mit ihr abgesprochen", gestikulierte er wieder nervös in Richtung ihres Zimmers, aber ich verdrehte nur die Augen und sagte ihm, dass alles entschieden sei. Zum Glück rief ihm in diesem Moment ein Assistent und er ging weg. Er drehte sich auf seinem Weg mehrmals unsicher zu uns um. Schließlich gingen wir zu dritt ins Zimmer. Ihr Zustand war wie erwartet sehr schlecht. „Okay, Hannah, tauschen Sie die Medizin sofort mit der unseren aus", ordnete ich an, und sie tat es umgehend. „Wir werden sie erst sauber bekommen, wenn wir auf stabilem Boden stehen", sagte ich und meinte damit, dass wir so schnell wie möglich diese Klinik verlassen müssten.

„Frau Devenson, könnten Sie bitte für eine Sekunde zurücktreten?", bat ich sie höflich, als sie immer noch die Hand ihrer Tochter hielt, während wir Alice auf das fahrbare Bett heben wollten. „Ja, natürlich", sagte sie und ging auf die andere Seite, wo sie sofort die andere Hand nahm. Weiter sagte ich nichts. Sie stand unter Schock über die schnelle Veränderung ihres Zustands. Was auch immer Alices Grund war, mit ihr ins Krankenhaus zu gehen, am Ende kam sie allein zurecht, auch wenn ihre Mutter drohte, ihr kein Geld zu geben. Das hatte sicher ihre Moral verletzt. Auf der anderen Seite riskierte sie jetzt ihr Leben. Ich würde alles tun, um sie in einen besseren Zustand zu bringen. Allerdings war ihr Körper durch die Therapien und Medikamente so geschwächt, dass es nicht sicher war, ob meine Behandlung ansprechen würde. Es konnte sein, dass sie diese

Medikamente bereits benötigte. In dem Fall gab es nichts, was ich für sie tun konnte. Hoffentlich, das war nicht der Fall.

Als wir zurück in die Klinik kamen, fuhren wir sie in unsere Notaufnahme. Dort hatten wir auch die Medikamente und die gesamte Ausrüstung, die wir brauchen würden. „Nehmen Sie die Dosis langsam herunter. Ich denke, wir können sie alle halbe Stunde um fünf Prozent reduzieren", ordnete ich an. So würden wir sehen, ob ihr Körper schlecht auf die Giftdosis reagierte. Die Medikamente, die sie dort bekommen hatte, waren nichts anderes als das. Das schwierigste war, die Immunantwort vollständig herunterzufahren. „Achten Sie darauf, dass wir keine Keime in sie hineinbringen. Benutzen Sie Anti-Affektion für alles, was in ihr steckt. Halten Sie sie steril", sagte ich, bevor ich eilig mit Gloria hinausging. Sie durfte ihnen jetzt nicht ständig im Weg stehen. Sie musste verstehen, wie wir hier arbeiteten und was mein Plan für ihre Tochter war. Etwas, das die Pharmakrankenhäuser immer unter komplizierten Worten verstecken, die niemand verstand. Nein, das würden wir ihr nicht antun. Am Ende war auch sie ein Opfer von ihnen. Wir mussten zusammenarbeiten, nicht gegeneinander.

Kapitel 11

Nach einer vierstündigen Fahrt erreichte ich endlich die Klinik. Sie war gut versteckt, sah sehr modern und luxuriös aus. Natürlich hatten die Pharmazeuten das Geld, um zumindest das Gebäude komfortabel und reich aussehen zu lassen. Es schien, als könnte man dort jede Krankheit loswerden und sich nach einem langen Tag besser fühlen. Es wirkte fast so luxuriös wie Nathaniels Haus. Dies war jedoch sein Sohn. Was auch immer Alice sich dabei dachte, ob sie mich nur provozieren wollte oder ob sie den Job aus Versehen angenommen hatte. Das fragte ich mich, aber es schien mir eine Ausnahme zu sein, diesen Job vor tausend anderen übernehmen. Sich diesem Ort wieder anzunähern, vor zwanzig Jahren hätte mich das entsetzt. Jetzt hatte ich die Fähigkeit, stark genug zu sein, um die Ereignisse zu akzeptieren und in die Zukunft zu blicken. Und die ist weit weg von diesem Ort!

Als ich in der Mitte des Foyers ankam, sah ich ein winziges Haus, das wie eine Strandbar aussah und anscheinend die Rezeption war. „Kann ich Ihnen helfen?", fragte die Krankenschwester dahinter höflich. „Wo ist das Zimmer von Alice Devenson?", fragte ich kühl, da ich meine Zeit nicht mit einem Geschwätz verschwenden wollte. „Gleich da drüben", zeigte sie auf eine Tür und die war nicht weit entfernt. Ich nickte, ging direkt zum Zimmer und öffnete die Tür abrupt, ohne anzuklopfen. War sie es am Ende, die sagte, dass sie hier sei? Was würde sie erwarten? Dass ich auf dem Sofa auf sie warte?

Sie kannte mich besser. Drinnen sah ich sie – sie sah besser aus als erwartet - und einen Arzt. Der Arzt. Wie sehr ich sie im Allgemeinen hasste, aber diesen hier noch mehr. Er hatte jetzt ein Verfahren gegen die Pharmaindustrie, auch wenn er selbst einer von ihnen war.

„Gloria Devenson", sagte er höflich und streckte seine Hand aus, die ich natürlich nicht nahm. Ich sah angewidert darauf hinunter und dann wieder hinauf zu ihm. „Meine Tochter rief mich an. Ich glaube nicht, dass ich sonst in ihre Klinik gekommen wäre", sagte ich, seine Institution herabwürdigend. „Ich freue mich, Sie zu sehen. Möchten Sie ihre Diagnose wissen oder zumindest, wie wir sie behandeln?", bot er an, immer noch höflich. Darin war er zumindest besser als Nathaniel früher. „Ich möchte mit ihr reden. Allein", sagte ich kalt und er nickte kurz bevor er den Raum verließ.

„Was machst du hier?", fragte ich sie wütend und ging auf ihr Bett zu. „Er hat mir eine kostenlose Behandlung angeboten, das konnte ich nicht ablehnen. Hast du von der Beliebtheit seiner alternativen Heilmethoden gehört?", fragte sie gutherzig und naiv. Ich verdrehte die Augen: „Du willst wirklich hierbleiben? Das würde weder Geld noch sonstige Unterstützung von mir bedeuten. Verstehst du das, Alice? Du kommst jetzt mit mir. Und zwar sofort. Du willst doch nicht hier sterben, oder?", sagte ich leicht aggressiv. „Mama, es geht mir gut", versicherte sie mir, und ich stand auf, als würde ich gehen, um sie noch schneller zur Zustimmung zu drängen. „Okay, es ist in Ordnung. Ich glaube dir. Ich komme mit", gehorchte sie und ich nickte zufrieden.

Die nächsten Tage schlief ich auf einem Stuhl. Es war lange her, dass ich das tun musste. Normalerweise hatte ich jetzt ein bequemes

Seidenbett, das ich mir hart erarbeitet hatte. Wie alles andere auch. Nachdem ich dem widerlichen Pharmazeuten entwischt war, musste ich ein neues Leben beginnen. Ich wählte nicht den einfachen Weg. Ich hatte die ersten Jahre als Haushälterin, Putzfrau und nachts als Barkeeperin gearbeitet. Das dauerte zwei lange Jahre. Mit zwanzig Jahren begann ich, Betriebswirtschaft zu studieren und brachte während all dieser Zeit mir selbst das Programmieren bei. Seit genau fünfzehn Jahren hatte ich ein Cyber-Sicherheitsunternehmen. Das alles war das Ergebnis harter Arbeit. Ich hatte nie eine Sonderbehandlung wegen meiner Vergangenheit bekommen, von der sowieso niemand wusste. Nur Alice kannte einige nicht so abschreckende Dinge. Sie wusste von der Beziehung mit dem Privatarzt. Vielleicht auch mehr als das. Das wusste ich nicht, er hatte ein Verfahren gegen sie. Möglicherweise sammelte er so viele Informationen wie er konnte. Nun musste ich jedoch meine Tochter wieder gesund bekommen. Hier, in einem normalen Krankenhaus, schien das wahrscheinlicher zu sein als in diesem Pharma-Depot.

Die Tage vergingen ohne Besserung. Glücklicherweise konnte ich arbeiten, um die Zeit zu überbrücken, sonst hätte ich es nicht ausgehalten. Die Behandlung schwächte sie, aber sie waren zuversichtlich, dass es gut werden würde. Zumindest für die ersten paar Tage. Bereits nach einer Woche war sie weiß wie Schnee. Sie verlor sehr viel Gewicht und auch ihre Haare. Trotzdem lächelte sie und versprach mir, dass es ihr gut ginge. Dass bald alles wieder in Ordnung sein würde.

Sie sagte, dass wir in ein paar Wochen zu Hause sein würden. Bis zum neunten Tag. Von da an schlief sie die meiste Zeit und wurde erst wach, wenn sie eine Behandlung bekam. Ich hatte nie gefragt, was sie taten und es auch nicht verstanden, als sie es mir erklärten. Schließlich sollten sie doch wissen, wie man ein Leben rettet, oder? Dann kam es: „Es tut uns leid, aber der Tumor ist nicht zu stoppen. Die Behandlung begann zu spät, aber wir können ihr einige Chemotherapien als Schmerzlinderung bieten." Sie entschuldigten sich dafür, dass sie nicht mehr zu retten war. Meine Tochter. Wie konnte ich so blind sein, ihnen sie anzuvertrauen?

Schließlich ging ich wieder in die Privatklinik und bekam zum Glück seine Hilfe. Jetzt hat sie vielleicht noch eine Chance. Ich hoffte es und hielt ihre Hand, als sie in ein anderes Zimmer gebracht wurde. Es sah eher wie ein Klinikzimmer aus, nicht wie das letzte, in dem sie gelegen hatte. Nachdem wir sie hineingebracht hatten, wollte er, dass ich von nun an mit ihm über die Behandlung spreche. Ich stimmte zu. Ich war an dem Punkt angelangt, an dem ich alles tun würde. Ich wollte nur, dass sie überlebt. Mein Kind war zu jung, um so früh zu sterben.

„Frau Devenson", begann er. „Nur Gloria", sagte ich im Gegenzug und wollte höflicher sein als ich früher ihm gegenüber war. Er nickte und fuhr fort: „Das Problem, das wir jetzt haben, ist, dass ihr Körper kein gutes Immunsystem hat. Sie ist sehr krank", erklärte er, und ich nickte nur hilflos. „Wir werden die Medikamente vorsichtig und nicht abrupt absetzen, um zu sehen, ob ihr Körper wieder anfängt, sich selbst zu regenerieren", fuhr er fort, aber er hätte mir alles erzählen können. In meiner Situation hätte ich zugestimmt.

Ich als Mutter hatte meine Tochter in ein öffentliches Krankenhaus gebracht statt sie in der Privatklinik zu lassen? Es tat so weh, daran zu denken, dass ich dafür verantwortlich wäre, wenn sie sterben würde.

Nein, sie durfte nicht sterben, das würde ich nicht überleben. Es war nicht das erste Mal, dass ich diesen Gedanken hatte. Ich kam mit elf Jahren aus Polen in Nathaniels Klinik. Sie brachten mir bei, wie man sich bewegt, wie man sich verhält, wie man sich schminkt, wie man mit ihnen spricht. Meine Arbeit begann bereits zwei Monate nach meiner Ankunft. Ich dachte jeden Tag, dass ich sterben würde. Jeden einzelnen Tag.

„Gloria?", versuchte er mich wieder in die Realität zu holen. „Ja, mir geht es gut. Es ist einfach... es ist nur so viel passiert", sagte ich und kämpfte gegen meine Gefühle an. „Sie können im Zimmer neben ihr schlafen", bot er mir etwas Ruhe an, aber wie konnte ich mich jetzt ausruhen, wenn sie jede Sekunde sterben könnte?

„Mir geht es gut. Ich muss bei ihr sein. Ich muss ihre Hand halten. Ich werde sie nicht wieder allein lassen", sagte ich hastig und schüttelte den Kopf. „Sie ist im Moment stabil. Natürlich sind Komplikationen immer möglich, aber ich denke, sie würden mir in einem ausgeruhten Zustand mehr helfen", sagte er und zeigte freundlich mit dem Kopf auf das Zimmer, das er mir zugewiesen hatte. Schließlich nickte ich und ging hilflos mit ihm in das Zimmer.

„Das Bad ist hier. Wenn Sie etwas brauchen, können Sie die Krankenschwestern anrufen", sagte er und zeigte auf das Telefon neben dem Bett. „Oder ganz allgemein, wenn Sie weitere Informationen über den Zustand Ihrer Tochter wünschen", bot er an, und ich nickte dankbar. „Danke", sagte ich mit einer Träne im Auge. Er lächelte höflich und überließ mich mir selbst.

Ich schlief sofort ein, obwohl ich es hasste zu schlafen. Ständig plagten mich Albträume. Dort wurde ich in jeder Hinsicht misshandelt, geschlagen und als Hure, Sex-Puppe oder Schlampe betitelt. Nach einer Weile bemerkte ich, dass sie es zu jedem sagten, und ich akzeptierte es als das Harmloseste, was sie taten. Ich hörte, wie sie über ihre Geschäfte redeten, während ich ihnen alkoholische Getränke servierte, was sie noch mehr die Kontrolle verlieren ließ. Welche Wahl hatte ich denn?

Dann misshandelten sie mich, bis ich bewusstlos war. Doch sie zwangen mich, mit speziellen Drogen, wieder zu mir zukommen. Diese abgründige Medizin, die sie manchmal an uns testeten. Für sie waren wir nichts wert. Sie konnten froh sein, dass das niemand von uns in der Lage war, ihr Treiben öffentlich zu machen. Damit lebten wir: mit den Albträumen und Ereignissen, die in unseren Köpfen blieben, ohne die Kraft zu haben, sie laut auszusprechen.

Schlussendlich war ich mit achtzehn Jahren weggelaufen. Dann hatte ich endlich das Alter, um in der normalen Welt über mich selbst zu entscheiden. Dann konnte ich mich frei fühlen. Ich konnte so hart arbeiten wie immer, aber mit dem Unterschied der Bezahlung und der Entscheidung, was ich tun wollte.

Die Leute hielten mich für ein Naturtalent, doch ich hatte einfach nur schnell gelernt und Vollzeit gearbeitet. Jetzt hatte ich das Leben, das ich mir gewünscht hatte, und alles, was ich besaß, gehörte auch mir. Ich hatte es mir erarbeitet und konnte sagen, dass ich es verdient hatte. Ich ging nicht den einfachen Weg, wie es die Pharmazeutiker taten. Diese Feiglinge wurden dafür bezahlt, Menschen sterben zu lassen. Wie konnte ich meine Tochter ihnen anvertrauen?

Ich hätte wissen müssen, dass sie mir nicht helfen würden. Ich hätte wissen müssen, dass sie nur auf das Geld aus waren und ihnen ihr Tod egal war. Nein, sie war am Leben. Bis jetzt war sie noch am Leben. Sie musste am Leben bleiben. Auch wenn sie es war, die mich an meinen täglichen Missbrauch erinnerte, war sie auch der Grund, warum ich fliehen konnte. Wer will schon eine Mutter als Sexpüppchen? Glücklicherweise war es mir gelungen, zu entkommen, denn ich konnte mir nicht ausmalen, was sie wohl mit einem Neugeborenen gemacht hätten. Es war schon schlimm genug, was sie mir angetan hatten. Immer noch unvorstellbar war für mich, dass ein Mensch so etwas ohne Freude tat. Wie konnten sie mit dem leben, was andere für ihr tägliches Vergnügen erlitten? Gab ihnen die Tatsache, dass viele Menschen wegen ihnen starben, das Recht, uns Mädchen „nur" zu schaden, uns aber leben zu lassen? Wussten sie, dass sie uns nicht „nur" in diesen Stunden schadeten, sondern auch für den Rest unseres einsamen Lebens?

Kapitel 12

Wer auch immer sie war, ich hatte sie schon einmal gesehen. Irgendwo, aber ich konnte mich nicht erinnern, wo. Schweigend ging ich in die Wohnung und schaute vom Fenster in die Klinik hinunter. Nichts. Ich konnte niemanden sehen. Daher ging ich zum Sofa und setzte mein Buch fort. Mein Gedanke war, dass Nathaniel nach dem Gespräch mit ihr nach oben kommen würde. Doch als fast zwei Stunden vergangen waren wurde ich unruhig. Redeten sie noch miteinander? Wollte er nicht doch noch kommen und mit mir essen gehen? Was war geschehen, das alles ändern würde? Ich wunderte mich und setzte mich vor das Fenster, um auf die Klinik hinunterzuschauen.

Ich blieb fast eine halbe Stunde lang in dieser Position. Nachdem nichts passiert war, ging ich in mein altes Zimmer, um aufzuräumen. Es dauerte nicht länger als dreißig Minuten, und als ich fertig war und er immer noch nicht da war, machte ich mir Sorgen, dass etwas passiert sein könnte. Es war fast vier Uhr nachmittags, und ich bekam Hunger, da ich seit dem Frühstück nicht mehr gegessen hatte. Wenn ich wenigstens ein Telefon benutzen könnte, um ihm zu schreiben oder anzurufen, würde mir das sehr helfen. Zumindest würde ich dadurch zur Ruhe kommen. Wenn etwas passiert war... Nein, ihm ging es gut. Ihm musste es gut gehen. Sonst... Nein, ich wollte nicht darüber nachdenken. Ohne ihn wäre ich verloren. Doch am Ende würde alles gut werden.

Als ich schließlich gerade nach unten gehen wollte und fragen, was passiert sei, öffnete sich die Aufzugstür. Nathaniel kam hastig herein. Sein Gesicht war versteinert und ich konnte erkennen, dass etwas passiert war. Etwas, das er nicht kontrollieren oder vorhersehen konnte.

„Geht es dir gut?", fragte ich sofort und ging auf ihn zu. Die Sorge stand mir sicher ins Gesicht geschrieben, das er in seine großen Hände nahm und mir einen Kuss gab. Ich fragte mich, was los war. War das ein normaler Kuss? Wollte er jetzt irgendwas anfangen? Meine Augen weiteten sich, da mich viele Fragen quälten, aber zum Glück lächelte er leicht. „Mir geht es gut. Entschuldigung, dass ich nicht nach oben kommen konnte. Wir haben ein Problem", erklärte er, und ich stand sprachlos vor ihm. „Was ist passiert?", fragte ich und er lächelte bitterlich. „Alice ist zurück, aber sie ist in keiner guten Verfassung", sagte er mit trauriger und machtloser Stimme. „Wird sie…?", versuchte ich zu fragen, aber meine Stimme versagte. „Das hoffe ich nicht. Ich werde mein Bestes tun", versicherte er mir. Er würde nie aufgeben, bis sie gesund war, das wusste ich.

„Kann ich irgendwie helfen?", fragte ich. Er nahm sich kurz Zeit, um zu antworten. „Vielleicht sollten wir Deen Bescheid geben", sagte er. Es war leicht zu erkennen, dass er mit dieser Idee haderte. Von uns allen mochte Deen sie am meisten. Sie gab ihm ihre Lebensfreude, damit er aus seiner Depression herauskam. Ich nickte zustimmend. „Ich werde bald wieder nach unten müssen. Wirst du das hinkriegen?", fragte er. „Natürlich", versicherte ich. Er reichte mir einen Zettel auf dem Deens Telefonnummer stand und verließ er mich wieder. Ich rief sofort an, aber er antwortete beim ersten Versuch nicht. Ich wartete eine Minute, bevor ich es noch einmal versuchte. Keine Antwort. „Komm schon, Deen, bitte", flehte ich und rief ihn nach drei Minuten erneut an. „Hallo?", antwortete er schließlich. „Deen, kannst du bitte kommen?", bat ich und er merkte sofort, dass etwas passiert war. „Geht es dir gut, Lu?", fragte er und ich versicherte ihm, dass es mir gut ging. „Okay, ich bin unterwegs" sagte er und legte auf.

Es dauerte nicht länger als fünfzehn Minuten, bis sich die Fahrstuhltür öffnete und Deen hereinkam. „Dir geht es wirklich gut?", fragte er noch einmal und ich nickte. „Mach dir keine Sorgen um mich", versicherte ich ihm erneut. „Bitte setz dich erstmal." Ich bot ihm einen Platz an, und er runzelte verwundert die Stirn, tat aber, worum ich ihn gebeten hatten. Ich nahm auf der anderen Seite des Tisches Platz. Als ich tief durchatmete, wurde mir klar, dass dies schwieriger werden würde als erwartet. Wo sollte ich anfangen? Wäre es besser, es direkt auf einmal zu sagen oder zu versuchen, dass es nicht so hart rüberkam?

„Alice ist zurück in der Klinik und es geht ihr nicht gut", wählte ich den direktesten Weg. Sein Mund klappte auf und sein Blick wurde verängstigt und traurig. „Wird sie sterben?", fragte er. „Dazu solltest du Nathaniel genauer fragen. Er erklärte mir, dass er alles tun würde, damit es nicht passiert, aber ich bin kein Arzt", beschrieb ich traurig und er sah zu mir auf.

„Sollten wir vielleicht nach unten gehen? Ich würde sie jedenfalls gerne sehen", sagte er mit einem traurigen Lächeln und ich nickte. „Ich gehe mit dir nach unten, aber ich glaube nicht, dass wir uns so nahestehen wie ihr beide. Ich werde nicht mit reingehen, okay?", fragte ich unsicher, ob er nicht lieber allein hineingehen wollte. „Natürlich", sagte er und nahm meine Hand in und wir gingen nach unten.

Wir kamen zu ihrem Zimmer und die Krankenschwester erklärte, als Nathaniel und die Frau es verließen. „Das ist mein Freund und Adoptivbruder, Deen Miller", stellte Nathaniel Deen der Frau sofort vor. Sie streckte ihre Hand aus und sagte, „Schön, Sie kennenzulernen, Deen. Ich habe gehört, dass Sie ein Freund von Alice sind", sagte sie, aber bevor Deen antwortete, warf er einen kurzen Blick auf Nathaniel, der zustimmend nickte. Deshalb sagte er: „Ja, dürfte ich sie besuchen?", fragte er höflich, und die Frau stimmte zu. Während er hineinging, setzte ich mich auf den Boden, mit etwas Abstand zu der Frau. Nathaniel war bereits zu anderen Patienten unterwegs, so waren wir allein.

Unruhig ging sie hin und her, offensichtlich fühlte sie sich nicht wohl. Schließlich kam sie zu mir und setzte sich neben mich. „Sind Sie seine Freundin?", fragte sie mich und ich wusste nicht, was ich darauf sagen sollte. Wer war sie? Warum interessierte es sie, wer ich war?

„Oh, tut mir leid, mein Name ist Gloria Devenson. Ich bin Alices Mutter," erklärte sie aufrichtig und las wohl meine Gedanken genauso wie Nathaniel. „Mein Name ist Lusie", stellte ich mich vor, ohne auf ihre Frage zu antworten. Schweigend nickte sie und lächelte leicht. „Ich bin ihr nie eine gute Mutter gewesen", gab sie aus dem Nichts heraus zu, und ich verstand, dass sie reden musste.

„Sie ist sehr freundlich und gutherzig", versuchte ich, sie zu beruhigen und sie von solchen Gedanken abzubringen. „Sie ist blauäugig und kann nicht gut mit Geld umgehen. Das ist meine Schuld Ich habe ihr immer alles gegeben, was sie brauchte, außer die Zeit mit mir", fuhr sie traurig fort. „Darf ich fragen, was Sie stattdessen getan haben?", erlaubte ich mir zu fragen. Dabei dachte ich an meine Mutter. „Ich hatte eine Firma gegründet, als sie sechs Jahre alt war. Davor hatte ich nachts gearbeitet, während sie schlief, und tagsüber war sie im Kindergarten", erklärte sie und ich entspannte mich sofort. Sie war ganz und gar nicht wie meine Mutter.

„Ich denke, Sie sind eine gute Mutter. Sie hatten alles dafür getan, dass sie eine tolle Kindheit hatte", bemerkte ich lächelnd, was ich darüber dachte, was sie auch kurz lächeln ließ. „Danke, aber ich glaube nicht, dass man das von außen beurteilen kann", sagte sie höflich, und ich nickte verständnisvoll.

Plötzlich öffnete sich die Tür und Deen kam heraus: „Ich möchte gerne helfen. Ist es okay für dich, wenn ich dich ab jetzt allein lasse", fragte er und ich nickte sofort. „Tu, was du kannst", konnte ich noch sagen, bevor er schon wieder weg war. Ich wollte noch weiter mit Gloria reden, um sie abzulenken und wusste, dass wir zu dem Zeitpunkt nichts ausrichten konnten.

„Kannten Sie diese Klinik, bevor Sie heute mit Alice kamen?" fragte ich, unsicher, ob das eine gute Frage war, aber sie nickte. „Ich wusste davon, weil ich den Besitzer kenne", erklärte sie und ich fragte, ohne weiter darüber nachzudenken, woher sie ihn kannte. „Der Fall, den er gerade hatte, ist auch für mich irgendwie wichtig", gab sie zu. Ich verstand nicht, warum das für sie wichtig sein sollte. Auf der anderen Seite würde ich mich nicht mehr damit befassen. Wenn sie Beziehungen zu ihnen hatte, dann vielleicht nicht auf eine gute Art und Weise. Das war nichts, womit ich im Moment zu tun haben wollte. „Wissen Sie etwas über die Fav. Pharmazeutika?", fragte sie mich plötzlich und ich merkte, dass dies ein wichtiges und relevantes Thema für sie war. Sie versuchte emotionslos zu sein, aber ich merkte, dass es ihr weh tat.

„Deen und ich waren es, die die Informationen erhielten, die sie in dem Fall verwendeten", gab ich ehrlich zu. Sie sah zuerst überrascht aus, aber dann lächelte sie und sagte: „Gute Arbeit." Sie lobte mich. „Dann wissen Sie sicher, wie die Bedingungen dort sind," fuhr sie fort, und ich nickte und versuchte die Bilder zu verscheuchen, die mir in den Sinn kamen. „Es ist kein Ort, an dem man sich wohlfühlt", sagte ich, was eine Untertreibung war. Sie lachte, wohl wissend, was ich meinte. Trotzdem fragte ich mich, warum sie davon wusste, und traute mich nicht nachzuhaken. Sie fragte zwar mich, aber das gab mir nicht das Recht, sie damit einzuschüchtern.

„Wollen Sie mit mir in das Zimmer kommen?", fragte sie. Ich sah sie verwundert an. „Der Arzt bot es mir an, damit ich mich dort ausruhen kann. Ich denke, es ist besser, als hier im Gang zu sitzen", erklärte sie logisch und ich folgte ihr. Als wir eintraten, veränderte sich ihr freundliches Gesicht. Sie schaute mich direkt an und fragte: „Wer sind Sie, warum dürfen Sie in dieser Klinik sein und was wissen Sie über meine Tochter?" Ihr Blick strahlte Gefahr aus. Ich stand sprachlos und verängstigt vor ihr und begann die Kontrolle über meinen Körper zu verlieren.

Kapitel 13

Ich kam gerade aus der Dusche, als ich mein Telefon klingeln hörte. Es war Lu, und sie war so darauf bedacht, nichts Falsches zu sagen, dass ich mir sofort Sorgen um sie machte. Das letzte Mal hatte sie diesen Tonfall, als Nathaniel sie auf die Probe stellte. Sie war damals wirklich verängstigt. Jetzt kam mir der Gedanke, dass sie nur wollte, dass ich zu ihr komme. Nichts anderes. Nachdem ich aufgelegt hatte, rannte ich jedoch sofort zu meinem Auto, um herauszufinden, was los war. Die Klinik sah aus wie immer, aber das störte mich nicht weiter. Ich eilte sofort nach oben. Hoffentlich war das kein Trick, um mich an einen bestimmten Ort zu bringen, dachte ich. Wenn dem so wäre, hätte ich alles getan, was ich konnte.

Zum Glück nicht. Als ich sie sah, entspannte sich mein Körper sofort ein wenig und ich fragte sie, ob es ihr gut gehe. Wieder versicherte sie mir, dass dem so ist, aber es gab noch etwas anderes. Etwas, mit dem sie selbst so sehr zu kämpfen hatte, dass sie wollte, dass ich mich setzte, bevor sie es mir sagte. Ich zögerte nicht.

Schließlich wollte ich wissen, wo das Problem lag. Sie brauchte ein paar Sekunden, bis sie es sagen konnte. In diesem Moment spannte sich mein Körper erneut an. Was auch immer ich gedacht hatte, es schien viel schlimmer zu sein. Wo war Nathaniel? Hoffentlich bei seinen Patienten. Wenn ihm etwas passieren zustoßen würde... Ich wollte nicht daran denken. Am Ende wäre es mir nicht möglich, alles am Leben zu erhalten, was er hat. Die Klinik wäre zumindest nicht dieselbe, weil sie für mich nicht so wichtig ist.

„Alice ist zurück in der Klinik und es geht ihr nicht gut", begann sie schließlich und ich sah sie einen Moment schockiert an. Ich musste meine Gedanken sortieren: War das besser, als ich erwartet hatte? War das vielleicht sogar noch schlimmer für einen inneren Teil von mir? Ich mochte sie wirklich. Es war schrecklich, als sie wegging. Auf der anderen Seite dachte ich damals, dass ich sie nie wieder sehen würde. Dass sie sterben möge. Sterben. Der schockierende Gedanke kam mir in den Sinn. „Wird sie sterben?", fragte ich, unsicher, ob Lu es vielleicht nicht sagen könnte. Sie meinte darauf, dass ich das besser Nathaniel fragen sollte, und diese Antwort hatte eine gute und eine schlechte Seite: gut könnte bedeuten, dass sie überleben würde, damit ich ihr helfen konnte. Andererseits könnte es auch sein, dass sie kurz vor dem Tod stand und ich mich endgültig von ihr verabschieden müsste. Dieser Gedanke gefiel mir ganz und gar nicht.

Ich versuchte, meine schlimmsten Vorstellungen auszuschließen. Der unsichere und unbekannte Ausdruck, den sie dabei machte, ließ mich erschaudern. „Nathaniel erklärte mir, dass er alles tun würde, damit das nicht passiert, aber ich bin keine Ärztin", sagte sie, und mir wurde klar, dass ich Arzt war und ihr helfen konnte. Da es schon länger her war, dass ich als solcher gearbeitet hatte, kam mir diese Tatsache wie eine Neuigkeit vor. Ich hatte völlig vergessen, was ich in meinem früheren Leben so sehr geliebt hatte. Andere vor Krankheit und Tod zu bewahren und glückliche Familien zu sehen.

Letztendlich beschlossen wir jedoch, nach unten zu gehen. Ich wollte sie sehen und mir selbst ein Bild von der Situation machen.

Bevor wir hineingingen, traf ich auf ihre Mutter, die sie mir wegnahm. Gloria Devenson. Es war schwer, meine Gefühle ihr gegenüber zu beschreiben. Weil ich auf der einen Seite extrem wütend war, dass sie nicht an Nathaniel glaubte, nahm sie ihre Tochter aus der Klinik. Auf der anderen Seite hatte ich ihre Dokumente gelesen. Ich wusste, was in ihrer Vergangenheit geschehen war, und deshalb war das Gefühl der Wut gegen sie gar nicht einfach. Es war ein Rätsel, dass sie noch lebte. Glücklicherweise war es so, und auch wenn es für sie schwer sein könnte, konnte sie uns immer noch im Kampf gegen sie helfen.

Im Zimmer wechselten meine Überlegungen von tausend Gedanken, die im Stress aufkamen, zu einem einzigen. Alice. Mit bleicher Haut, die die Knochen durchschienen ließen, lag sie vor mir. Von ihr war fast nichts mehr übrig. „Das kann nicht nur von den Chemotherapien sein", sagte ich sofort und trat auf sie zu. Nathaniel ging hinter mir her und nickte. „Das glaube ich auch nicht, aber ihre Mutter hat das gesagt", erklärte er. „Hast du einen Blick auf das MRT geworfen?", fragte ich. Er schüttelte den Kopf und sagte: „Die Ergebnisse sind eben erst gekommen". Er griff nach den Bildern und wir schauten sie uns gemeinsam an. „Es hat zugenommen, aber nicht so sehr, wie ich dachte", sagte er und runzelte die Stirn. „Sie muss noch etwas anderes haben. Sonst kann ich mir ihren schnellen Verfall nicht erklären", stellte er fest, und wir studierten die Bilder noch eine Weile.

Nachdem ich die Befunde eine Weile ohne Ergebnis analysiert hatte, entschuldigte ich mich kurz. Ich ging hinaus, um Lu zu fragen, ob es in Ordnung wäre, wenn ich noch eine Weile bliebe, was sie sofort akzeptierte. Danach ging ich nach unten und zog mir meinen Arztkittel an. Meine Gedanken kämpften weiter.

Schließlich ging ich wieder nach oben. Er saß immer noch in der gleichen Position da. „Bist du weitergekommen?", fragte ich, als er mich mit meinem Kittel musterte. „Nicht wirklich. Es ist lange her, dass ich dich so gesehen habe", erklärte er seinen Gesichtsausdruck und ich lächelte bitter. „Ich bin jetzt wieder da", sagte ich mit einem leichten Lächeln. „Ich habe dich vermisst", war seine ehrliche Antwort. Dafür hatten wir jetzt allerdings keine Zeit. Wir mussten herausfinden, was mit ihr los war. Sie musste erwachen. Ich brauchte die Lebensfreude, die sie hatte.

Plötzlich begannen die Maschinen zu piepen und wir sprangen beide sofort auf. „Erhöhe die Dosis noch einmal", rief Nathaniel mit Angst im Blick. Ich hatte es bereits getan, bevor er das sagte, im Bewusstsein, dass sie jede halbe Stunde die Dosis verringert hatten, um zu prüfen, ob es anschlug. „Wir sind nur bei zehn Prozent weniger", sagte er schockiert. „Was passiert, wenn sie das nicht verträgt?" Eine offene Frage, die niemand beantworten konnte.

„Was werden wir tun?" fragte ich ihn, und er antwortete sofort: „Wir müssen sie von den Medikamenten wegbringen. Es schwächt ihr Immunsystem. Vielleicht braucht sie einfach mehr Zeit", sagte er und ich nickte: „Dann jede Stunde", verdoppelte ich die Zeit. „Okay, wir müssen die nächsten Tage hier sein, rund um die Uhr", beschloss er. „Ich kann jetzt hierbleiben, gehe du etwas schlafen", bot ich an, doch er schüttelte den Kopf. „Ich bin viel zu gestresst, um das zu tun. Wir können zusammen weitermachen, wenn auch du keine Pause einlegen willst", bot er an. Ich stimmte zu. „Hast du das schon einmal gemacht?", fragte ich, unsicher, was auf uns zukommen könnte. In der Vergangenheit hatte ich immer Behandlungen mit oder ohne Medikamente gehabt, nie von einem zum anderen.

Er dauerte eine Weile, bis er antwortete. Er sah mir direkt in die Augen und sagte: „Wir geben sie nicht auf, okay?" Mir wurde klar, dass er sich auch nicht sicher war, warum ihr Körper ohne das Medikament nicht arbeiten konnte. Traurig nickte ich, die instabile Situation passte mir nicht. „Was machen wir, wenn es in einer Stunde nicht funktioniert?", fragte ich ihn, und er schluckte tief, bevor er sagte: „Dann warten wir noch eine Stunde." Glücklicherweise reduzierten wir das Medikament nach einer Stunde um 5 Prozent und es funktionierte. Ihr Herzschlag blieb weiterhin stabil und es passierte nichts weiter. Wir lachten vor Glück. „Gut, ich gehe mal kurz raus. Ich bin bald wieder da", sagte Nathaniel. Er überprüfte die Werte einige Sekunden, bevor er schließlich hinausging.

Als er gegangen war, ging ich sofort zu ihr ans Bett. Ich wollte ihr näher sein, seit ich das erste Mal ins Zimmer kam. Seine Anwesenheit hatte mich aufgehalten. Natürlich hätte ich so tun können, als würde ich nach ihr sehen. Ich wollte einfach nur in ihrer Nähe sein. Diese Schönheit betrachten, ohne aus Schüchternheit wegschauen zu müssen, was auch immer er denken würde. Ihren gleichmäßigen Atem, durch die Maschine gesteuert, würde ich nicht auf meinen Wangen spüren. Am wichtigsten war es für mich ihren süßen Duft zu riechen. Das herzerwärmende Aroma von Glück und Unschuld. Bittersüß, denn es war nicht mehr so, wie es immer gewesen war. Wie konnte es sein? Seit gestern war sie sicher nicht mehr in diesem Zustand. Unglückliches Mädchen, dachte ich, während mir eine Träne in die Augen trat. Warum konnte sie nicht einfach jetzt aufwachen und mich so sehen? Was würde sie davon abhalten, mich noch einmal zu küssen? Alles, außer mir.

In der Stille erzeugten meine bittersüßen Erinnerungen an sie einen einfachen Text. Ein kurzes Lied, das sie hören sollte. Vielleicht würde sie es nie hören, aber zumindest würde ich es jetzt versuchen, da ich hier allein war. Bald würde Nathaniel zurückkommen, und wer weiß, wie viel Zeit wir noch allein hatten? Es könnte immer enden. Wir denken nur nicht daran, wir schieben solche Gedanken weg. Also begann ich zu singen, was mir in den Sinn kam, während ich auf meinen schlafenden, wunderschönen Sonnenschein herabblickte:

„Wir trafen uns an trüben Tagen.
Du kamst wie ein Sonnenschein.
um meine Wolken wegzutragen,
während ich noch im Dunkeln und im Regen war allein,
erkannte ich dein Licht,
das mich aus meiner dunklen Seite befreite,
es zauberte wieder Lächeln in mein Gesicht.
Es schien, als würden wir uns schon ewig kennen,
wie Seelenverwandte, die sich endlich gefunden.
Aber nur wenige Tage später wieder voneinander gerissen.
Du musstest gehen, deine tiefen Wunden sollten heilen.

Was hat die Welt gegen uns zwei?
Warum will sie nicht, dass wir zusammen sind?
Könnte sie dein Leid nicht beenden und du wärest frei.
Eine bessere Seele als die mein.

Warum holen sie jetzt deine Seele,
als ich dich gerade erst fand,
Als meine Freude am Leben lange fehlte.

Vielleicht hätten wir geheiratet in einem Jahr,
wären in zehn wieder getrennt.
Was auch immer uns geschehen wäre als Paar,
für traumhaftes Experiment.
Nun öffne einfach deine schönen Augen,
um mich hier zu sehen, wartend auf meine Freude am Leben
Oh, bitte öffne diese schönen Augen
Um mich hier zu sehen, wartend auf meine Freude dess Lebens"

Unter Tränen beendete ich die wenigen Zeilen, die mir in den Sinn gekommen waren. Doch ich hielt in dem Moment inne, als ich plötzlich etwas hinter mir hörte.

Kapitel 14

Ich war erstaunt und erfreut zu sehen, wie schnell Deen die Arztkleidung anzog, sobald er gebraucht wurde. Ich hatte zu ihm gesagt, dass er sich so viel Zeit nehmen könne, wie er brauchte. Als er nun sah, dass die Situation ihn brauchte, kam er sofort. Während der gesamten Zeit, in der wir ihr Stadium analysierten, sah ich, dass er wirklich völlig aus seinen dunklen Gedanken gerissen war.

Er würde alles tun wollen, um ihr zu helfen. Auf der anderen Seite war ich mir nicht sicher, ob wir ihr noch helfen konnten. Nicht ihr Krebsstadium ließ mich darüber nachdenken, es war eigentlich besser als erwartet, aber ein anderes Problem, das ich neben ihm nicht laut aussprechen wollte. Schließlich sah er es selbst nicht und wann immer es passieren würde, würde es ein Schock für ihn sein.

Zum Glück war es möglich, dass sie alles überlebte und ein normales Leben führen könnte. Daher würde ich nicht aufhören, es zu versuchen. Ich würde nie aufhören, ein Menschenleben zu retten. Aufgeben war für mich nie eine Option gewesen. Allerdings wollte ich mich eine Weile um Lusie kümmern, und der Gedanke, dass sie allein oder mit Gloria zusammen war, war mir nicht angenehm. Ich entschuldigte mich und sagte, dass ich so schnell wie möglich zurückkommen würde.

Dann verließ ich das Zimmer. Weder Lusie noch Gloria waren zu sehen. Ich ging zunächst in die Wohnung, aber auch dort war niemand. War es vielleicht möglich, dass sie in dem Zimmer, dass ich Gloria überließ, miteinander reden? Sie wirkte nicht wie eine Person, die sinnlose Gespräche führte, und ich verstand nicht, warum sie daran interessiert sein sollte, mit Lusie zu sprechen. Schließlich kannten sie sich nicht und hatten keine Gemeinsamkeiten, über die sie reden konnten. Außerdem glaubte ich nicht, dass mein Mädchen ihr so sehr vertrauen würde, dass sie ihr alles erzählen würde, was sie über die Klinik oder den Fall wissen wollte. Ich hatte ihr auch nicht viel erzählt, was sie nicht zu einer guten Gesprächspartnerin machen würde. Allerdings musste ich es überprüfen, auch wenn es mir nicht logisch erschien. Vielleicht würde wenigstens Gloria dort sein, damit ich ihr von den Neuigkeiten über die Behandlung berichten konnte.

Ich hörte es sofort, als ich begann, die Tür zu öffnen. Die sündige Stimme rief: „Wer sind Sie?" Sofort ging ich zwischen die beiden und rettete mein Mädchen vor Gloria. „Die Behandlung wird sofort abgebrochen, wenn ich so etwas wieder in meiner Klinik sehe", drohte ich: „Wenn Sie sie noch einmal anfassen, werden Sie die Konsequenzen spüren", fuhr ich fort.

Dann löste etwas in ihrem verlorenen und ohnmächtigen Gesichtsausdruck ein Gefühl der Macht in mir aus, das ich schon lange nicht mehr gespürt hatte. Als ich meine Gefühle schnell sortieren konnte, wurde mir klar, dass sie keine Kontrolle mehr über sich selbst mehr hatte. Sie bettelte bereits um Verzeihung und erklärte mir, wie leid es ihr tat. Es machte mir nichts aus. Jeder sollte seine Gefühle unter Kontrolle haben. Immer. Niemand hatte das Recht, andere zu verletzen, auch wenn man nur kurz die Macht über sich selbst verliert.

„Geht es dir gut?", fragte ich Lusie, die ihre Hand vorsichtig rieb, welche Gloria zuvor festgehalten hatte. Sie sagte kein Wort, sondern nickte nur schweigend und war nicht einmal in der Lage, mich anzusehen. Ich wandte mich ein letztes Mal an Gloria und sagte: „Keine Gewalt oder solche Worte mehr in meiner Klinik. Haben Sie mich verstanden?", fragte ich, und sie nickte, während sie sich bemühte, ihre Tränen zurückzuhalten. Ich musste sie jetzt allein lassen, damit sie sich sammeln konnte. Letztendlich war es verständlich, dass eine Mutter in ihrer Situation nicht ganz bei sich war. Das sollte jedoch keine Entschuldigung sein, sondern eher eine Erklärung für ihr Handeln.

Ich ging hastig mit Lusie im Arm nach oben. Sie sagte kein Wort und zeigte auch sonst nichts, was mich hätte verstehen lassen können, was sie dachte. Was war dort geschehen? Warum hatte sich die Situation zwischen ihnen so plötzlich zugespitzt? Hatte sie etwas gesagt, was sie vielleicht nicht hätte sagen sollen? „Geht es dir gut?", fragte ich als erstes, als wir allein in der Wohnung waren. Ich hatte sie zu mir gedreht, so dass sie mir in die Augen sah. „Es ist alles in Ordnung. Sie hat sich nur gerade nicht unter Kontrolle", sagte sie. Tränen stiegen ihr in die Augen. „Sie hat sich nicht unter Kontrolle?", wiederholte ich ihren Satz, damit sie die Ironie darin hören konnte. „Lass mich deinen Arm ansehen", sagte ich, bevor ich versuchte, ihren Pullover-Ärmel hochzuziehen. Doch sie zog mir ihren Arm weg.

„Mir geht es wirklich gut. Wie geht es Alice? Braucht sie dich nicht gerade?", fragte sie stattdessen, und gab damit zu verstehen, dass sie wollte, dass ich ging. „Das tut sie, aber ich möchte lieber wissen, was mit dir ist, bevor ich wieder zu ihr gehe", erklärte ich. Sie wandte sich von mir ab: „Mit mir ist alles in Ordnung. Ich habe keinen Krebs mehr. Hilf ihr. Sie braucht dich jetzt", sagte sie und versuchte offensichtlich, mich für diesen Moment loszuwerden.

Ich stand da, schaute sie an und sie nickte bestätigend. Schließlich entschied ich, dass sie Recht hatte. Wenn sie nicht wollte, dass ich ihr half, musste ich zurück zu Alice, die gerade wirklich jede medizinische Erfahrung brauchte, die wir bekommen konnten. Also ging ich zu meiner Patientin. Ich fand Deen neben ihrem Bett sitzend, weinend und still schluchzend. Er bemerkte mich nicht, aber ich konnte erkennen, dass er mit ihr gesprochen hatte, bevor ich eintrat. Da ich nichts vom Lauschen hielt, schloss ich die Tür geräuschvoll, damit er mich mitbekam.

„Du bist zurück", wurde ihm traurig klar. „Bist du mit der Analyse weitergekommen?", fragte ich ihn. Ich glaubte nicht, dass er verstanden hatte, dass sie wahrscheinlich nicht heilbar war. Andererseits war sie wohl schon immer krank gewesen und es wurde einfach nicht erkannt. Vielleicht war es ein Auslöser für ihre Beschwerden gewesen. Möglich war alles.

„Deen, ich weiß nicht, ob ich dich so hier haben will", sagte ich ruhig und versuchte ihm verständlich zu machen, dass Emotionen hier nicht am richtigen Platz sind. Er nickte zumindest, aber ich merkte, dass es ihm nicht gefiel. „Du kannst später wiederkommen, aber ich möchte, dass du für mich nach Lusie siehst", erklärte ich, und sein Gesichtsausdruck änderte sich sofort in Verwunderung: „Hast du das nicht gerade getan?", fragte er mich und ich nickte. „Sie hatte eine Auseinandersetzung mit Gloria Devenson, und ich glaube, dass sie sich den rechten Arm verletzt hat, aber Lusie wollte es mir nicht zeigen", erklärte ich. Er runzelte die Stirn und verstand es nicht. „Warum wollte sie nicht, dass du es dir ansiehst?", fragte er erstaunt. „Ich glaube, sie wollte, dass ich Alice helfe, anstatt ihre im Vergleich kleineren Wunden zu versorgen", erklärte ich, und er nickte, immer noch verwirrt, aber zumindest weigerte er sich nicht, sie zu untersuchen.

Hier hatte sich nichts geändert. Die Werte waren immer noch ungefähr die gleichen. Nichts war kritisch. Plötzlich kam Hannah herein und fragte, ob ich kurz nach draußen kommen könnte. Ich wandte mich den Maschinen zu, die ein stabiles Geräusch von sich gaben, und beschloss, mir anzusehen, was passiert war und so schnell wie möglich zurückzukehren. Schließlich dauerte es noch eine halbe Stunde bis zur nächsten Gabe der Medikamente, und bis dahin war es ohnehin unwahrscheinlich, dass etwas geschehen würde. Daher folgte ich Hannah aus dem Zimmer, die mich zum Empfang führte. „Herr Favouner", begrüßte mich der Oberarzt der öffentlichen Klinik. „Herr Loather", begrüßte ich ihn ebenfalls und gab ihm einen höflichen, kalten Händedruck.

Selbst für einen Außenstehenden war es offensichtlich, dass wir alles andere als Freunde waren. „Wie ich sehe, läuft Ihre Kräuterklinik gut", versuchte er zu provozieren. „Ja, seit dem Tag, an dem ich sie eröffnet habe", stimmte ich mit einem leicht stolzen Lächeln auf den

Lippen zu. Er nickte. Dagegen konnte er nicht viel sagen. Meine Statistiken waren perfekt im Vergleich zu seinen. „Ich glaube, ich habe schon einmal erwähnt, dass meine Klienten bleiben, wo sie sind", teilte er mir mit, warum er eigentlich hier war, und ich holte tief Luft, bevor ich meinen Monolog begann, den ich ihm sicher schon tausendmal erklärt hatte.

„Ich ziehe es vor, meine Klienten zunächst einmal als Patienten zu bezeichnen. Zweitens steht es jedem von uns frei zu entscheiden, wo er sich behandeln lässt, und wenn das keine Klinik mit pharmazeutischem Einfluss ist, ist das seine Entscheidung. Wenn ein Patient aufgrund Ihrer Behandlungen nicht in der Lage dazu ist, kann eine verantwortliche Person versuchen, bessere Wege zu finden. Drittens wäre es vielleicht besser, für Ihre eigenen Patienten oder Klienten, wie Sie sie nennen, da zu sein, anstatt zu versuchen, meine Patienten zu Ihnen zu bringen, nur weil Sie einige tausend Dollar mehr haben wollen. Meinen Sie nicht auch?", sagte ich zum Schluss etwas provozierend und ich konnte sehen, dass sich sein Gesicht mit jedem Wort, das ich sprach, anspannte. „Ich betrachte Ihr Schweigen als Zustimmung und würde es vorziehen, für die Patienten da zu sein, die mich brauchen, anstatt diese sinnlose Diskussion zu führen. Wenn Sie mich entschuldigen würden", sagte ich und klang etwas unhöflicher, als ich wollte.

„Herr Favouner, wir sind noch nicht fertig", begann er wieder, da ich mich bereits abgewendet hatte und auf dem Weg zu Alices Zimmer war. Unwillkürlich drehte ich mich um, um wieder auf ihn zuzugehen. Ich sagte kein Wort, als ich vor ihm stand und wartete darauf, dass er anfing, aber er sah mir einfach nur tief in die Augen.

„Was haben Sie vor?", fragte ich, da er schon länger nichts mehr gesagt hatte. „Stellen Sie einfach sicher, dass Ihre Katze drinnen bleibt. Wir wollen sie doch nicht von einem Baum herabhängen sehen, oder?", sagte er und grinste böse über seinen drohenden Satz aus Edgar Allan Poes Erzählungen „Die schwarze Katze." Für mich war offensichtlich, dass dies eine Drohung gegen meine Nächsten war. Natürlich wusste er über den Fall Bescheid und dachte nicht gut darüber. Was er nicht wusste, war, warum ich damit angefangen hatte. Er könnte also denken, dass mein Ziel darin bestand, die gesamte Pharmaindustrie auszulöschen. Ein Traum vielleicht, tief in meinem Innersten, doch ich war ein Realist.

„Ich werde darüber nachdenken. Ich danke ihnen für die hilfreiche Idee, Mr. Loather", sagte ich mit einem förmlichen Lächeln und er machte ein langes Gesicht. Sicherlich wusste er, was es bedeutete und dass dies ein Anfang und ein Ende für uns beide sein könnte. Warum er mich für so dumm hielt, allein den Kampf gegen Tausende von Pharmazeuten zu beginnen, wie es so viele versuchten, aber alle scheiterten, amüsierte mich. Nach und nach baut der Vogel sein Nest.

Es dauerte trotzdem viel zu lange, bis er ging. Ich wollte gerade eine Krankenschwester schicken, um nachzusehen, ob es Alice gut ging, als ich Deen die Treppe hinunterkommen sah. Zum Glück, dachte ich, und war mit einem Mal etwas entspannter. „Es würde mich freuen, wenn ich meine Arbeit fortsetzen könnte. Denn einige von uns bekommen ihr Geld nicht dafür, sich für die Pharmaindustrie einzusetzen". Ich wollte ihn unbedingt loshaben. Zum Glück hatte er dieses Mal nichts weiter mitzuteilen und verließ meine Klinik.

Als ich zurückging, kehrten auch alle Krankenschwestern auf ihre Plätze zurück. Ich sah, dass auch zwei Patienten die Szene beobachtet hatten, aber es machte mir nichts aus. Wenn sie mich nicht unterstützen würden, wären sie am Ende nicht mehr hier. Und selbst wenn nicht, warum sollten sie nicht hören, was wir übereinander dachten? War es nicht klar, dass die Ärzte für Naturheilverfahren keine Anhänger von Pharmazeuten waren? Sie sind in jeder Hinsicht ein Gegensatz zueinander, dachte ich und ging zur Tür.

Als ich sie öffnete, erkannte ich, dass ich nur ein Geräusch hören konnte. Das Geräusch, das mich so oft wach gehalten hatte. Das Geräusch eines langen Piepens. Der Ton, der mir sagte, dass ich zu spät war.

„Die Zeit ließ mich erkennen, dass mein Herz mehr als nur einen Platz bot.

Dass Liebe nicht Liebe und Erotik nicht Erotik bedeutete.

Ich war verwirrt, bevor ich die Schönheit daran erkannte - solange es so wahren würde...“

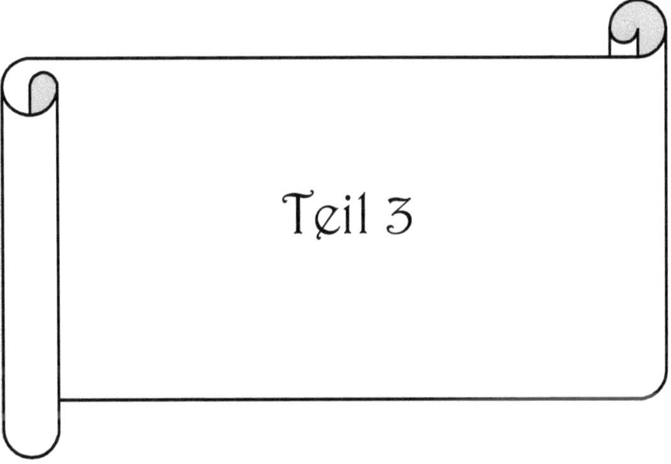
Teil 3

Kapitel 1

Wir saßen schweigend da, aber Worte waren nicht nötig, um die Gefühle des anderen zu verstehen. Die Stille fühlte sich richtig an. Sie war so leer, wie wir alle waren, aber auch voller Emotionen. Wenn man uns beobachtet hätte, hätte man denken können, dass wir überall auf der Welt sein könnten, getrennt, und es würde keine Rolle spielen. Es spielte jedoch eine Rolle. Das Gefühl, damit nicht allein zu sein und in diesen Stunden das gleiche Problem zu teilen, hatte uns allen gut getan. Auch wenn unsere Kämpfe unterschiedlich waren, waren die Nachwirkungen für manche von uns viel schlimmer als zum Beispiel für mich, die das Ganze einfach nur hasste. Auf der anderen Seite spürte ich das Leiden von Nathaniel und gerade auch von Deen so intensiv, dass es sich anfühlte, als wäre sie auch meine Freundin oder Patientin gewesen, die ich vermisste. Als ob unsere Emotionen in einer Einheit schwebten.

Deen verlor seine Krankenschwester, die ihn aus der Depression herausholte, und danach eine enge Freundin wurde. Natürlich kannten wir sie alle nicht lange, vor allem ich nicht. Aber es fühlte sich trotzdem an, als wäre etwas Großes passiert. Etwas, das so viel schlimmer war als der Tod, der selbst unerträglich war. Nathaniel hatte eine junge Patientin verloren. Auch wenn sie es nur ein paar wenige Stunden gewesen war, starb sie in seiner Klinik. Was die Ursache des Todes war, spielte keine Rolle. Es könnte dem Ruf seiner Klinik schaden und, was viel schlimmer war, seinen Gegnern in der

Pharmaindustrie etwas liefern, was sie gegen sie verwenden konnten. In diesem Fall wäre es sicherlich egal, dass sie jedes Jahr Tausende von Todesfällen hatten. Es war das einzige Mal, dass hier etwas passiert war, aber bei der geringen Anzahl an Patienten würde es eine größere Wirkung haben, als wenn man fünfzig Patienten pro Tag hat.

„Ich muss eine Runde drehen, um die anderen Patienten zu untersuchen", sagte Nathaniel und brach damit das Schweigen. „Ich komme mit. Wir werden zusammen schneller sein, und früher oder später zurück sein", bot Deen an. Nathaniel lächelte, erfreut darüber, dass das Ereignis ihn nicht wieder in die Depression zog, unter der er gelitten hatte.

„Das würde mir gefallen. Wir haben nicht viele Patienten zu untersuchen, aber du hast Recht, dass wir schneller zurückkommen, wenn wir zusammenarbeiten", stimmte er zu, und gemeinsam standen sie auf und gingen zum Aufzug. Dort wandten sie sich nochmal zu mir um. „Möchtest du auch mit uns kommen?", boten beide an, was mich zum Schmunzeln brachte. Als ob ich irgendeine medizinische Erfahrung hätte, die von Nutzen wäre. „Du kannst einfach mit den Patienten reden, um sie etwas abzulenken. Besonders diejenigen, die oft allein sind, werden das sehr zu schätzen wissen", erklärte Nathaniel, als er erkannte, dass ich keinen Sinn darin gesehen hatte, bei ihnen zu sein. Schließlich verließen wir zu dritt die Wohnung und machten einen Kontrollgang durch die Klinik.

Bevor wir in das erste Zimmer gingen, erklärte Nathaniel, „Hier liegt Martha. Sie hatte Nierenkrebs, wird aber wahrscheinlich in ein paar Tagen entlassen. Leider hatte ihr Mann nicht genug Zeit, sie oft zu besuchen. Also wird sie sich sehr freuen, jemanden zum Reden zu haben", sagte er und ich wusste, dass er mich meinte, also nickte ich zustimmend. „Hallo", begrüßte er sie, als wir eintraten. „Ich habe ein wenig Verstärkung mitgebracht. Sie kennen Deen", fragte er und legte seine Hand auf Deens Schulter, bis sie lächelnd nickte. „Ja, natürlich. Lange ist es her, seit Sie da waren", sagte sie erfreut und herzlich. „Das ist Lusie", sagte er und legte dann seine Hand auf meine Schulter. Die alte Frau lächelte herzlich, sagte aber nichts. „Sie wird Sie heute unterhalten und Ihnen alle Wünsche erfüllen", sagte er, und ich musste meine ganze Selbstbeherrschung aufbringen, um nicht mit großen Augen vor Schock dazustehen. Alle ihre Wünsche. Was könnte das sein? Martha lachte über seine Aussage: „Sie wissen, mein lieber Doktor, dass ich nur eines will, seit ich hier bin. Jemanden, mit dem ich plaudern kann. Ich habe mich mit vielen anderen Patienten unterhalten, aber da die meisten von ihnen bereits gegangen sind, habe ich diese Woche hauptsächlich allein verbracht", erklärte sie mit einem breiten Lächeln auf den Lippen, und ich verstand, warum er das so gesagt hatte. Natürlich konnte er nicht sagen, dass ich hier war, um mit ihr zu reden. Es hätte sich allzu professionell angehört, sodass sie sich vielleicht nicht entspannt hätte. Bei seinem lockeren Ton beruhigte sie sich sofort. Das hieße, dass sie ihre Tests machen könnten, während ich mit ihr über alles reden könnte, worüber sie sich unterhalten wollte.

Nach einer halben Stunde verließen wir das Zimmer. Sie ließ keinen von uns gerne gehen und war wirklich gesprächig gewesen. Ihre Geschichte war sehr privat und ich verstand, warum Nathaniel seine Arbeit so gut gefiel. Sie erklärte, dass sie mit ihrem Mann eine Wohnungsbaugesellschaft gegründet hatte. Sie hatten alles gemeinsam getan, um sie aufzubauen, und nun, da keines ihrer

Kinder sie übernehmen wollte, wollten sie sie bis zu ihrem Tod führen. Martha war bereits in den Achtzigern, als sie die Diagnose bekam, und gemeinsam suchten sie nach der besten Klinik, die sie finden konnten. Der Preis spielte keine Rolle. Das Einzige, was ihnen Angst machte, war ihre Trennung. Das war auch eine harte Zeit gewesen, die längste die sie ohne einander verbracht hatten, seit sie sich kennen, erklärte sie mit einer Träne im Auge. Allein könnten weder sie noch er sich vorstellen, das Unternehmen zu führen oder ihr Leben zu leben.

Wieder hielten wir gemeinsam vor der nächsten Tür. Nathaniel erklärte die Details des Patienten, die für uns wichtig waren. „Andy ist gerade mal fünfzig Jahre alt und hat lange Zeit hier mit Bauchspeicheldrüsenkrebs verbracht. Wir kennen ihn jetzt alle gut. Versuche nicht, über seine Familie zu sprechen. Seine Frau verließ ihn, als er die Diagnose erhielt, da sie ihn nicht sterben sehen wollte, und sein Sohn lebt tausend Meilen entfernt als Hippie, glaube ich. Allerdings ist er nicht stolz auf ihn und dass er ihn seit der Diagnose kein einziges Mal besucht hat", erklärte er, und wir nickten beide.

„Deen, mein alter Freund", sagte Andy sofort, als wir den Raum betraten. „Wie geht es dir? Ich habe unsere Gespräche vermisst" sagte er, und Deen lächelte, geschmeichelt von seiner Aussage. „Du bist bald hier rauß. Unvorstellbar", sagte Deen lächelnd, als er ihm auf die Schulter klopfte. Andy nickte nur dankbar. „Und du? Ich habe dich schon öfter in der Klinik gesehen. Zu wem gehörst du denn?", fragte er mit einem halben Lächeln und zeigte auf jeden der Brüder. „Mein Name ist Lusie. Ich hatte auch Krebs und habe beschlossen, heute hier auszuhelfen", versuchte ich, seiner Frage auszuweichen, da ich niemanden beleidigen wollte. Außerdem war ich mir nicht sicher, was ich hätte sagen sollen. Er lachte: „Entspann dich. Willst du auch Arzt werden?", fragte er, und ich zuckte mit den Schultern. Man weiß nie, was die Zeit bringt", sagte ich leichthin und er lächelte. „Nein, die Zeit kann ein Ungeheuer und ein Held sein", stimmte er zu. Dann schwieg er kurz, bis er wieder begann, mit Deen zu reden. Ich versuchte derweil Nathaniel zu helfen, indem ich als seine Assistentin fungierte. Denn Andy wollte eher mit Deen und nicht mit mir zu sprechen.

Der letzte Patient, zu dem wir gingen, war auf der anderen Seite der Klinik. Jetzt, da so viele Zimmer leer waren, erkannte man die wirkliche Größe des Gebäudes. „Die nächste Patientin heißt Randy. Sie ist Ende vierzig und hatte Brustkrebs in einem frühen Stadium, als sie kam. Ihr Mann besuchte sie sehr regelmäßig, mehrmals pro Woche. Manchmal, waren auch ein oder zwei Kinder dabei", erklärte er kurz bevor wir eintraten. Ich sah das Kreuz und Zitate aus der Bibel, bevor ich sie ansah. Ich hatte sie schon einmal gesehen. Ich hatte sogar schon einmal mit ihr gesprochen. Es war lange her, aber ich erinnerte mich an sie. „Mrs. Hardstyle?", sagte ich erstaunt, als eintrat. Die Brüder holten tief Luft und sahen mich an. Sicherlich fragten sie sich, woher ich sie kannte. „Lu, richtig?", fragte sie, und ich nickte. „Ja, ich wusste nicht, dass Sie hier sind", erklärte ich und sie lächelte herzlich. „Ich werde bald nach Hause können, aber bis jetzt bin ich noch hier", sagte sie und sah immer noch nur mich an. „Okay, wenn du sie schon kennst, dann muss ich euch auch nicht vorstellen. Deen, du kennst sie schon, oder?", fragte er, aber Deen schüttelte den Kopf. „Nein, ich glaube nicht, dass ich das Vergnügen hatte, sie kennenzulernen, auch wenn mir der Nachname bekannt vorkommt", erklärte er erstaunt. „Hardstyle ist auch ein Musikgenre, mein Lieber.

Das muss nichts heißen. Ihr könnt mich alle Randy nennen", stellte sie sich vor.

Irgendwie wirkte er nicht so locker, wie er es gegenüber Andy oder Martha gewesen war. Im Gegenteil, er schien angespannt und in Gedanken versunken zu sein. Ich ergriff die Initiative und setzte mich auf die andere Seite des Bettes, damit ich den Ärzten nicht im Weg war, während ich mit ihr sprach Sie hatte sich nicht verändert; sie wollte über die Liebe und das Leben sprechen, worüber ich leider nicht viel sagen konnte. Randy begann daher, über ihren Sohn zu sprechen, der ein Mädchen kennengelernt hatte, das er wirklich verehrte und das er heiraten wollte. Sie lachte, als sie das sagte. „Er ist wie ich, als ich seinen Vater kennenlernte. ich habe mir keine Gedanken darüber gemacht, was er beruflich oder allgemein war. Ich habe mich einfach so sehr in ihn verliebt, dass ich das Gefühl hatte, nichts würde uns jemals trennen", erklärte sie mit einem Lächeln auf den Lippen, während sie sich an die Zeit zurückerinnerte. Ich nickte nur; sie würde sowieso nichts anderes hören wollen. Sie war so eine Art von Person, die nur mit jemandem reden wollte.

Im Anschluss ging es gemeinsam wieder zurück in die Wohnung. In der Klinik war jetzt niemand mehr weiter. Nur die drei Patienten, die wir besucht hatten, einige Krankenschwestern und wir drei. Die anderen waren bereits nach Hause gegangen, ebenso wie Gloria. Nachdem sie vom Tod ihrer Tochter erfahren hatte, bestand sie darauf, sofort abzureisen. Nathaniel teilte ihr mit, dass er nichts von der Beerdigung oder irgendeinem ihrer Pläne wissen wollte. Sicherlich wusste er mehr über sie als. Selbst wenn sie sich nicht bewusst war, was sie getan hatte, wollte ich sie nicht wiedersehen.

Meine Arme taten immer noch weh. Die Narben von ihren Fingernägeln waren tiefer als erwartet. Zum Glück hatte Nathaniel sie bis jetzt noch nicht gesehen.

Kapitel 2

Gestern Abend war es spät geworden, also flehten wir Deen an, zu bleiben. Zum Glück war es nicht so schwer wie erwartet, und er nahm ohne großes Zögern mein altes Zimmer. In dieser Nacht bestand ich darauf, meinen Pullover wegen der Kälte anzulassen. Zumindest sagte ich das zu Nathaniel, da ich nicht wollte, dass er meine Narben sah. Ich dachte daran zurück, wie er sie kritisierte, und ich wollte ihn heute wirklich nicht mehr wütend sehen. Es war traurig genug gewesen und brachte reichlich negative Emotionen für die nächsten Jahre. Ich hatte genug von Leere und Stille und war jetzt wieder bereit für Positives. Hoffentlich würden sie diesen Gedanken teilen. Schließlich war ich diejenige gewesen, die sie am wenigsten kannte und daher nicht durch ihren Tod so geschädigt wie Nathaniel und Deen. Allerdings schien es ihnen schon besser zu gehen, während sie mit den Patienten sprachen, oder war das nur etwas, was sie ablenkte?

Am nächsten Morgen wachte ich nicht vor zehn auf. Die Brüder hatten mich schlafen lassen, obwohl ich immer sagte, ich wollte, dass sie mich weckten. Schläfrig wie ich noch war, ging ich aus dem Zimmer, ohne an etwas anderes als Frühstück zu denken. Ich öffnete hungrig die Tür und hob die Hand, um meine schläfrigen Augen zu reiben. „Guten Morgen", sagte ich, aber ich bekam nur eine Antwort von Deen. Nathaniel stand auf und ging sofort auf mich zu. „Wie sehen deine Arme aus?", fragte er, und dann fiel es mir wieder ein. Hilflos schaute ich sie mir an und sie waren im Vergleich zu gestern wirklich rot. „Ohoh", sagte Deen mit einem Lächeln auf den Lippen und simulierte damit die Gefahr, die auf mich zukam. „Halt die Klappe, Deen. Schaue dir ihre Arme an. Sie sind blau und rot wie Feuer", erklärte er, und ich sah Deen im Hintergrund, fast lachend. „Nimm das Pflaster ab und es wird sicherlich besser aussehen", sagte er und vorsichtig zog Nathaniel es runter.

„Ist das ein schlechter Witz, oder was?", fragte er, immer noch verärgert: „Hast du ihr das gegeben?". Jetzt lachte Deen: „Du wolltest, dass ich ihr helfe, und das war das einzige, das ich dabei hatte", erklärte er. Es war nichts anderes gewesen als ein Bild darauf, das so echt aussah, dass es sogar meine Sinne manipulierte. Darunter befand sich nur die normale Drucknarbe und an jedem Arm waren fünf Abdrücke der Fingernägel, die sie in meine Arme gedrückt hatte. Allerdings tat es nicht mehr so weh, so dass ich endlich auch darüber lachen konnte.

Nathaniel verdrehte die Augen. „Sehr amüsant", sagte er, aber ich konnte auch den Hauch eines Lächelns auf seinem Gesicht erkennen. So etwas hatte er sicher nicht erwartet. „Komm schon, jetzt, wo Lusie wach ist, können wir auch anfangen zu frühstücken", sagte er und ich sah sie erstaunt an. „Ihr habt auf mich gewartet? Warum habt ihr mich nicht geweckt?", fragte ich und hatte ein schlechtes Gewissen, weil ich so lange geschlafen hatte. „Wir machten unseren Rundgang zu den Patienten und unterhielten uns viel. Es war nicht so, dass wir hier saßen und auf die Uhr gestarrt hatten, wartend darauf, dass du aufwachst", sagte Deen.

„Es war Deens Idee, auf dich zu warten", sagte Nathaniel, als er mit frischen Brötchen zum Tisch kam. Ich lächelte Deen dankbar an, und er nickte, als wäre es nichts Besonderes. Doch für mich war es das. Man sollte sich nie daran gewöhnen. Jedes Mal, wenn es passiert, dass jemand an dich denkt, und sei es mit einer einfachen Geste wie dieser, sollst du dich freuen, dachte ich und ging zum Tisch.

„Habt ihr noch andere Pläne für heute?", fragte ich sogleich, als ich mich zu ihnen setzte. Deen schüttelte den Kopf und sah Nathaniel an. Schließlich war er es, der die besten Ideen hatte. „Wie wäre es, mit der Urlaubsplanung zu beginnen?", schlug er vor. Ich sah zu Deen und wir nickten über diese Idee. „Wie viele Wochen sind es?", fragte Deen, um sich zu vergewissern, auch wenn Nathaniel es schon einmal gesagt hatte. „Es kommt darauf an, aber ich denke, sechs bis acht Wochen sind realistisch", erklärte er. Ich konnte das breite Lächeln sehen, das sich auf Deens Lippen zeigte: „Genug Zeit, um ein paar Runden um die Welt zu drehen", schlug er vor, was mich zum Lachen brachte. „Ist es nicht schöner, einige Orte genauer kennenzulernen, anstatt alles oberflächlich zu sehen?", fragte ich, und er zuckte mit den Schultern. „Vielleicht ist es eher etwas für mich", sagte er und es schien, als hätte er seine Idee nicht richtig durchdacht.

„Wie wäre es eine Liste zu erstellen?", schlug Nathaniel vor und wir sahen ihn erstaunt an. „Kommt schon, das ist doch keine schlechte Idee", sagte er und rollte angesichts unserer Verwunderung mit den Augen. „Wir schreiben jeweils unsere Wünsche auf, mindestens fünf, und dann versuchen wir herauszufinden, was wir gemeinsam oder getrennt voneinander tun können. Am Ende werden wir sehen, was sich jeder wünscht", erklärte er wie immer logisch, und sowohl Deen als auch ich nickten zu seinem Vorschlag.

Also nahmen wir nach dem Frühstück jeder ein leeres Blatt Papier und einen Stift und setzten uns an verschiedene Orte. Das hatte seinen Grund. Keiner sollte sehen, was die Wünsche der anderen waren und ob diese vielleicht mit den eigenen zusammenpassten. Ich saß an der Kücheninsel, Deen auf dem Sofa und Nathaniel am Esstisch. Alle schwiegen, während wir versuchten herauszufinden, was wir sehen wollten und wo wir sein wollten.

Es war schwieriger als erwartet, diese Liste zu schreiben, die mindestens fünf Ziele enthalten sollte. Ich wusste nicht viel über den Rest der Welt, denn die sozialen Medien waren nie mein Freund gewesen. Ich war auch distanziert von dem, was in verschiedenen Ländern geschah. Mein erstes Ziel war es jedoch, einen Strand zu besuchen und in der warmen Sonne zu liegen, egal wo. Das war leicht zu schreiben, da ich nicht beschreiben musste, wo ich sein wollte. Auf der anderen Seite gab es viele schöne Landstriche mit herrlicher Natur und allem, was man sehen, riechen, hören und schmecken möchte.

Mit dem zweiten hatte ich allerdings schon zu kämpfen Was könnte ich tun, sehen oder erleben wollen? Wo war der Ort, der mich glücklicher machte, als ich hier war? Es schien mir ein Rätsel zu sein, dass es einen solchen Ort überhaupt geben konnte. Andererseits war ich nicht weiter gereist als von zu Hause zu Elizas Haus und danach zu unserer jetzigen Wohnung. Der komfortabelste Ort, an dem ich je gewesen war, war die Klinik. Aber wie wäre es, das Land zu bereisen, das am meisten über natürliche Heilmethoden wusste? Es würde uns drei sicherlich interessieren. Darüber hinaus würden Deen und Nathaniel weitere Inspirationen für ihre Arbeit bekommen. Meine zweite Idee war es also, ein Land zu besuchen, das für seine traditionellen Kräuter und Heilpflanzen bekannt war. Vielleicht konnte man auch die bekannteste Klinik des Landes kennenlernen? Ich hatte das mit einem Fragezeichen gekennzeichnet, weil ich mir nicht sicher war, ob man sie in etwas wie das Beste oder das Schlechteste einteilen konnte.

Mein dritter Wunsch sollte eine Attraktion sein. Ich dachte nach und fragte mich, ob das, was ich gehört hatte, mir auch gefallen würde. Vielleicht Paris, bekannt für den Eiffelturm und die Stadt der Liebe? Mehr wusste ich allerdings nicht darüber. Das zweite Land, das mir in den Sinn kam, war Italien wegen der Geschichte des Römischen Reiches. Schließlich schrieb ich beide auf mit der Bemerkung: „Das Land, in dem es das beste Essen gibt, soll es sein".

Immerhin war ich jetzt über die Hälfte hinaus. Auf der anderen Seite wurde es immer schwieriger, sich etwas einfallen zu lassen. „Ich bin fertig. Was ist mit euch?", sagte Deen plötzlich, und ich schaute auf meine drei Wünsche und wieder zu ihm. „Dann schreibe mehr als fünf auf", sagte ich, weil es mich störte, dass er im Vergleich zu mir so viele Ideen hatte.

„Ich habe schon zwölf. Ich glaube nicht, dass wir die Zeit haben werden, viel mehr als das zu sehen", erklärte er mir blieb der Mund offen stehen. „Zwölf?!? Wie hast du das gemacht?", fragte ich erstaunt. Er lachte: „Die Welt ist so ein abenteuerreicher Ort. Zwölf ist gar nichts", erklärte er. Ich schaute wieder auf meine Blatt herab. Punkt vier: Suche nach einem abenteuerlichen Ort.

Der Letzte. Das hatte es zwar nicht leichter gemacht, aber zumindest konnte ich mich nach Deens Zieleinlauf ein wenig mehr entspannen. Ich war auch fast da. Vielleicht hatte ich nur einen halbherzigen Wunsch, was ich tun wollte, aber es würde schon gehen. Wir würden es herausfinden. Vielleicht würden mich ihre Ideen so sehr inspirieren, dass ich auch darauf gespannt wäre. Niemand weiß, dachte ich, als ich auf meine Vier-Punkte-Liste starrte. „Ich bin jetzt auch fertig. Ich glaube nicht, dass wir in diesen Wochen Zeit haben für noch mehr", erklärte nun auch Nathaniel und machte es mir nicht leichter, unter Druck zu arbeiten.

Es war nur eine einzige Aktivität, ein Ereignis, das ich noch aufschreiben musste. Komm schon, Lusie, das ist doch nicht so schwer zu finden, sagte ich mir. Mein Kopf schmerzte etwas vor Verzweiflung, auf etwas zu stoßen, was mir Spaß bereitete. Reiten – das kam mir plötzlich in den Sinn. Ich hatte darüber schon oft in Büchern gelesen, z.B. Austens, dass ich es jetzt auch ausprobieren wollte. Was auch immer sie dazu sagen würden, ob sie mich auslachen oder mich als Närrin ansehen würden, das war etwas, das ich unbedingt ausprobieren wollte. „Ich bin fertig!", rief ich glücklich und war stolz darauf, fünf Dinge gefunden zu haben, die ich in unseren Ferien gerne tun wollte.

Kapitel 3

Die Gedanken der Menschen zu lesen, wie sie mir immer nachsagten, war nicht kompliziert. Es ging nur darum, auf Zeichen zu achten, die weniger als eine Sekunde anhalten können, nachdem man etwas gesagt oder gehört hat. Diese kurzen Momente, bevor sie ihren Gesichtsausdruck wieder kontrollieren können. Wenn man das einmal herausgefunden hatte, würde es ein Kinderspiel sein, es mit jedem zu tun, jedes Mal, jeden Tag. Komplizierter war es zu entscheiden, was die Menschen um einen herum fühlen sollten. Traurigkeit, Glück, Wut, Angst oder Belustigung. Was auch immer man wollte, aber dafür müsste man sie gut kennen. Ich kannte sie gut. Dennoch war es nicht einfach, ihre Gedanken zu dem vergangenen Ereignis zu erkennen. Also half es, abzulenken und zu tun, als wäre nichts passiert. Nicht einmal ich tat so, als wäre nichts passiert.

Andererseits könnte es mein ganzes Leben ruinieren, wenn irgendjemand erfahren würde, dass es in meiner Klinik einen Todesfall gab. Die Klinik, alles, was ich verehrte, alles, was mir am Herzen lag. Endlich hätten sie etwas gegen mich in der Hand, mit dem sie mich ruinieren könnten. Das war genau das, worauf sie gewartet haben.

„Endlich, Lusie, ich bin stolz auf dich", sagte ich mit einem halben Lächeln. Sie zog eine Grimasse und Deen lachte laut auf. „Was ist der nächste Schritt?", fragte sie begierig und wollte uns damit ablenken, dass sie so lange Zeit für nur fünf Wünsche gebraucht hatte. Ich hatte das Problem, weniger als zwanzig zu finden und es sah so aus, als hätte mein Bruder den gleichen Kampf gehabt. Doch ich kam auf fünfzehn. Deen, wie er sagte, auf zwölf, und Lusie, gerade auf fünf. Armes Mädchen, das nichts von der Welt wusste.

„Du kannst damit anfangen, deine fünf Punkte zu sagen, damit wir aussortieren können, wer das auch hat", bot ich an, wohlwissend, dass Deen sich schnell langweilen würde, wenn das Ereignis ihm nicht zusagen würde. „Mein erster Wunsch ist es, an einen Strand zu reisen. Ich habe mich nicht auf ein Land oder einen Ort festgelegt, da es wohl viele schöne Strände gibt", erklärte sie und ich nickte. „Du weißt nichts über die Welt, oder?", fragte Deen sie, offensichtlich gelangweilt von ihrem Vorschlag.

Sie zuckte mit den Schultern. „Ich hatte weder die Zeit noch die Möglichkeit gehabt, sie in irgendeiner Weise kennenzulernen", sagte sie leise und schämte sich für ihr mangelndes Wissen. „Ich glaube, dass das eigentlich eine gute Idee ist. Wie du sagtest, können wir das Land später heraussuchen. Vielleicht finden wir etwas, wo es in der Nähe auch eine Partymeile gibt. Nicht, dass Deen beim Sonnenbad einschläft und als Tomate zurückkommt", sagte ich trocken. Lusie lachte darauf und Deen verdrehte die Augen. „Ja, nicht jeder von uns hat die Supergene, auch in der Wintersonne braun zu werden", sagte er. „Da hast du recht. Auch in der Sommersonne verwandeln wir uns nicht alle in Tomaten", sagte ich und erntete ein angedeutetes Lächeln als einen Hauch von Belustigung.

„Wie auch immer. Wir haben nur noch vier Punkte von der langen Liste übrig", begann er wieder, sie zu necken. „Das nächste ist etwas, das uns drei interessieren könnte", sagte sie und erregte unsere volle Aufmerksamkeit.

„Ich würde den Besuch eines Landes vorschlagen, das für seine traditionellen Heilkräuter und -pflanzen bekannt ist. Vielleicht könnte man auch seine renommierteste Klinik besichtigen?", schlug sie vor und ich applaudierte. „Das ist eigentlich eine gute Idee", sagte ich, doch Deen schien nicht so begeistert: „Ich dachte, wir hätten Ferien. Das klingt eher nach einer Dienstreise", sagte er. „Nenne es wie du willst. Ich würde eine solche Reise komplett sponsern. Schließlich sind wir auch Kollegen", forderte ich ihn heraus und er lachte. „Was immer Sie wollen, Doc", sagte er und machte eine Handbewegung zu Lusie, damit sie fortfuhr.

„Mit dem nächsten hatte ich schon zu kämpfen", erklärte sie und Deen sah sie schockiert an. „Du hattest nur zwei Ideen und dann fiel dir schon nichts mehr ein?" fragte er ungläubig. „Nicht alle von uns haben die Zeit, sich zu überlegen, was sie lieber tun würden, als was sie eigentlich tun müssen", tadelte sie Deen für seine Überheblichkeit. Ich lachte ein wenig, weil ich so eine Bemerkung von ihr nicht erwartet hatte. „Ich hörte, dass in der Stadt der Liebe, Paris, der Eifelturm steht, und als ich jünger war, interessierte ich mich für das Römische Reich. Also würde ich gerne Italien oder Frankreich besuchen. Entscheidend zwischen den beiden ist, wo es die besseren Speisen gibt", sagte sie. „Nach meinem guten Ratschlagen, hmm", erwiderte ich lächelnd und sie strahlte mich an. Das war mein Mädchen.

„Wir könnten sie meinetwegen beide besuchen", sagte Deen und versuchte, etwas höflicher zu ihr zu sein als zuvor. „Ich weiß, dass es in Italien auch schöne Strände gibt", fügte ich mit einem warmen Lächeln hinzu und schaute Lusie an, die sich freute, endlich etwas gefunden zu haben, was wir beide schätzten. „Okay, den Rest will ich allerdings auch wissen. Komm schon, du hast nur noch zwei", bat Deen mit einem neckischen Ton. „Zwei sind übrig, das stimmt", sagte sie wieder und ich lächelte über ihre Entschlossenheit.

„Für meinen vierten Punkt hast du, Deen", sie zeigte auf ihn, „mich inspiriert, als du mich mit der Tatsache konfrontiert hast, dass die Welt voller abenteuerlicher Orte ist. Daher ist der vorletzte Punkt die Suche nach einem solchen", sagte sie. Ich lächelte und bemühte mich, nicht über ihre Aussage zu lachen. Nicht, dass das etwas für uns alle war. Nicht, dass es etwas mit ihren Interessen zu tun hätte. Nein. Sie nahm Deen beim Wort und forderte ihn heraus, etwas zu finden, das sie für ein Abenteuer halten würde. Gutes Mädchen.

„Ich bin mir sicher, dass wir etwas finden werden, das uns beiden Spaß machen wird. Andererseits frage ich mich, ob mein lieber Bruder so an Abenteuern interessiert ist. Ich denke, er wird sicher einen Spaziergang machen, während wir die Schattenseiten unserer wunderschönen Welt erkunden", sagte er mit einer verspielten, frechen Stimme, die mich mit den Augen rollen ließ. „Deen, du traust dich doch noch nicht mal bei Rot über die Straße, so korrekt wie du immer bist", wehrte ich mich mit einer kleinen Beleidigung. „Wir werden sehen mein lieber Bruder. Wir werden sehen", sagte er mit einem fiesen Lächeln, was mich fast dazu brachte, ihn aus meiner Wohnung zu werfen. Aber ich würde ihn tun lassen, was er wollte, solange er mein Mädchen nicht in etwas hineinzog, das sie nicht kontrollieren konnte.

„Mein letzter Wunsch ist etwas, das viele schon einmal ausprobiert haben, vor allem als Kinder. Aber ich habe noch nie auf einem Pferd gesessen und würde es gerne einmal ausprobieren", sagte sie. Damit brachte sie sowohl mich als auch Deen zum Schweigen. „Autsch", war das erste, was er äußerte, als er über das gleiche Problem nachdachte wie ich. „Verstehe uns nicht falsch, aber...", versuchte er zu beginnen. „Wenn das so ist, bin ich ganz deiner Meinung, Lusie", sagte ich, bevor er erklären konnte, warum Männer bei dem Wort „Reiten" nicht unbedingt vor Vergnügen aufschreien. Es war eben ihr Wunsch.

„Okay, willst du anfangen, oder soll ich?", fragte mich Deen. Ich zuckte mit den Schultern. „Leg los", sagte ich. „Ich möchte um die Welt fliegen. Das ist mein erster Punkt", begann er. Ich runzelte die Stirn: „Ohne Zwischenstopp?" Er nickte. „Nächster Punkt", fragte ich. Ich hatte zwar kein Problem mit dem Fliegen, aber das mehrere Tage lang zu tun, war sinnlos, und am Ende an der gleichen Stelle auszusteigen, an der man eingestiegen war? Das verstand ich nicht.

„Das Gegenteil zum ersten: eine U-Boot-Tour", sagte er. „Was willst du die ganze Zeit unter Wasser machen", wollte ich von ihm wissen. Lusie schwieg und versuchte sich das Ganze sicher vorzustellen. „Okay, dann eine Kreuzfahrt", schlug er vor, und ich nickte. „Eine Jet-Ski-Fahrt wäre auch toll", sagte er. „Außerdem möchte ich nach Dubai", fuhr er fort. Ich runzelte die Stirn: „Um die Superreichen zu bestaunen?", fragte ich, nicht wirklich verwundert über diesen Wunsch. „Außerdem würde ich gerne Gleitschirmfliegen, Ballonfahren, Rucksackreisen unternehmen und Bungee-Jumping ausprobieren", zählte er weiter auf. Lusie sagte nichts. Bestimmt kannte sie das meiste davon gar nicht. Doch wir würden einiges ausprobieren, außer Dubai. Das würde sie zu sehr schockieren, dachte ich und lächelte amüsiert. „Deen, ich dachte, du hättest

zwölf", sagte ich zu ihm. „Zuerst würde ich gerne tauchen", sagte er
darauf. „Das ist eine gute Idee und es ist etwas, das wir gemeinsam
als Gruppe machen könnten", lobte ich diesen Punkt und er nickte
dankbar. „Das letzte ist ein Besuch in einem Vergnügungspark",
schloss er seine Aufzählungen. Damit forderte er mich heraus,
wohlwissend, dass ich überhaupt kein Fan von solchen Sachen war.
„Wir werden sehen, was wir daraus machen, aber ich sehe, dass viele
unserer Ziele kombinierbar sind", erklärte ich.

Am Ende hatte ich auch welche, die ich vortragen musste.
Glücklicherweise waren nur das Tauchen und die Italienreise unter
meinen Punkten. Also begann ich, meine Vorschläge aufzuzählen: „Es
gibt viele schöne Orte in Italien und das beste Essen, das ich kenne",
begann ich und erregte Lusies Aufmerksamkeit. „Wenn wir in Italien
beginnen, würde ich gerne Rom im Allgemeinen besuchen, es hat
eine faszinierende Geschichte. Der Sentiero degli Dei ist ein
wunderschöner Wanderweg, auf dem wir uns nach gutem Essen die
Füße vertreten können. Darüber hinaus dachte ich an den Palazzo
Fioggi, ein bekanntes Wellnesscenter", zählte ich meine ersten drei
Punkte auf. Lusie nickte und ihr gefielen offensichtlich meine Ideen.
"Das ist natürlich nichts für mich. Das einzige, was mir einfällt, wenn
ich an Italien denke, ist Palermo und die Mafia", bemerkte Deen. „Wir
werden uns in der Zeit schon etwas einfallen lassen, was für uns alle
passt", bot ich an, und er nickte dankbar. „Ich hätte auch einen
persönlichen Wunsch, der niemanden von euch interessieren wird,
aber ich würde gerne das Museo Nazionale dell'Automobile
besuchen. Es ist ein bekanntes Museum für Oldtimer", sagte ich und
Deen schüttelte den Kopf. „Also ein Schrottmuseum", bemerkte Deen.

Ich sah ihn amüsiert an. „Zeitreise", erwiderte. Lusie blieb ausdruckslos, aber nicht uninteressiert.

„Als nächstes würde ich gern klettern. Ich habe gute Orte auf Fuerteventura gesehen, zu denen wir sicher eine Kreuzfahrt machen könnten", bot ich Deen an, um seine Zustimmung zu bekommen. „Es gibt auch welche in China, doch die meisten befinden sich in oder in der Nähe von Italien", erklärte ich. Mein Plan war bereits so strukturiert, dass alles in der vorgegebenen Zeit zu schaffen war. „Das Palais Garnier ist eine Oper, die ich gern besuchen möchte. Es gibt dort ein reichhaltiges Programmangebot. Doch das ist in Frankreich, also werden wir sehen, ob wir so weit nach Norden kommen. Zusätzlich würde ich gerne einmal Rafting probieren. Das könnte auch etwas für dich sein, Deen", sagte ich und zog eine Augenbraue hoch. Er nickte daraufhin mit einem breiten Lächeln. „Wir müssen noch unbedingt shoppen gehen, auch wenn das nicht wirklich was für mich ist. Ich habe gehört, dass Mailand ein guter Ort dafür ist", schlug ich vor. Deens Augen leuchteten, während Lusie voller Abneigung ihre verdrehte.

„Das nächste Land, das ich besuchen möchte, ist Deutschland. Wir könnten bei meinen Freunden übernachten und in den Alpen spazieren gehen", sagte ich enthusiastischer als sonst. Jetzt verdrehte Deen die Augen. „Erstens ist es neu für mich, dass du Freunde hast. Zweitens wusste ich nicht, dass du so ein Sadist bist, uns in die hohen Berge zu schicken", sagte er, und ich lächelte amüsiert. Wenn er nur wüsste, wie recht er mit seinem Wort Sadist hatte...

„Die nächsten Attraktionen, die ich im Sinn habe, liegen weiter auseinander. Wir könnten nach Österreich fahren. Hier würde ich das

Wiener Kunstmuseum besuchen, das mit bekannten Gemälden wie ‚Der Kuss' und ‚Der junge Hase' recht beliebt ist, falls ihr davon gehört habt", schlug ich vor ich. Beide sahen mich fragend an. Naja, es war zumindest einen Versuch wert. „Bevor wir den nächsten Flug antreten, könnten wir einen Abstecher zu einem wunderbaren Naturpark namens Plitvicer Seen machen, der in Kroatien liegt", sagte ich. Langsam verloren beide das Interesse am Wandern, doch wenn sie Bilder von der Natur dort hätten… es ist einfach zu schön, um es sich überhaupt vorstellen zu können.

„In China möchte ich die Chinesische Mauer besuchen. Ich habe gelesen, dass es dort auch viele Möglichkeiten zum Reiten gibt", bot ich an, was Lusie zum Lächeln brachte. „Mein letzter Punkt gilt aber für die gesamte Reise und heißt hervorragendes Essen in guten Restaurants", sagte ich und Deen lachte: „Solange du zahlst, ist für mich alles fein", sagte er, und ich rechnete mir aus, dass mein Kontostand wohl etwas schrumpfen würde. Aber wer wusste schon, wann wir die nächste Gelegenheit zu einer solchen Reise bekommen würden? Wenn der Urlaub endete, würde ich wieder Vollzeit in der Klinik arbeiten. Letztendlich konnten wir nur hoffen, dass unser Plan aufginge und wir eine schöne Zeit miteinander verbringen würden. Die Zukunft ist schließlich nicht planbar.

Kapitel 4

Der Körper sah wieder aus wie mein altes Ich. Sie hatten viel Make-up verwendet, um ihn wieder so hinzubekommen. Es dauerte nicht länger als vier Tage, bis alles für die Beerdigung bereit war. In den letzten Tagen wurden kaum noch Tränen wegen mir vergossen. Deen hatte versucht, mir ebenso zu helfen. Es machte mich stolz auf ihn, dass er wieder er selbst war. Doch als mein Herz aufhörte zu schlagen, schienen auch seine Emotionen und Gefühle, die er für mich empfunden hatte, zu verschwinden. Die drei versuchten, die Zeit vergehen zu lassen und gemeinsam stärker zu sein. Alles erledigten sie zu dritt.

Anders war es bei meiner Mutter. Gleich nachdem sie erfuhr, dass mein Herz nicht mehr schlug, ging sie nach Hause. Dort arbeitete sie Tag und Nacht, weinte keine einzige Träne, sondern dachte nur an ihre Arbeit. Sie ignorierte die Tatsache meines Todes. War es so nicht am besten? Man sah nicht die Tränen von den Liebsten und Nahestehenden, während sie ihr Leben weiterführten?

All das änderte sich jedoch, sobald sie die Nachricht erhielten, dass meine Beerdigung vorbereitet war. Meine Mutter brach zusammen. Sie schluchzte, weinte und schrie. Lusie und Deen würden es nicht mitbekommen. Es war er, der es mit der Planung ihres gemeinsamen Urlaubes verbarg. Es war unvorstellbar, wie stark er war. Er wollte nur das Beste für seinen Bruder und seine Freundin. Ich fragte mich, wie er zu seiner Halbschwester gewesen wäre, wenn er sie besser kennengelernt hätte.

Nun, da ich die Möglichkeit hatte, die Gedanken und Gespräche aller zu sehen und zu hören, würde ich das nutzen. Vor meiner Beerdigung musste ich das tun, was ich immer tun wollte, auch wenn meine Mutter dagegen war. Ich wollte meinen Vater sehen. Auch wenn sie nie viel darüber sprach, wer er war, wusste ich, woher sie kam und konnte leicht herausfinden, wo er lebte. Also, ergriff ich die Chance. Solange ich nicht unter der Erde vergessen wurde, würde ich freier sein als je zuvor.

In meiner Vorstellung war er ein wohlhabender Mann, der viele Fehler gemacht hatte, aber dennoch ein guter Mensch sein wollte. Ich stellte mir vor, dass er mit seiner Pharmaindustrie versuchte, kranken Menschen zu helfen, auch wenn das nicht immer gut ausgehen würde. Ich hatte eine letzte Tat, die ich auf der Erde vollbringen konnte. Selbst wenn es nicht ich persönlich wäre, würde es doch geschehen. Meine Zeit wurde knapp, also musste ich mich entscheiden. Sollte ich dem Mann helfen, den ich noch nie gesehen hatte, oder ihnen ein letztes Bild von mir geben? Konnte mein Lächeln in den Wolken sein, oder jemandem anders helfen? Zu viele Gedanken, aber nur noch wenige Stunden. Ich musste schnell sein.

Sein Zuhause fand ich schnell und es war so, wie ich es mir vorgestellt hatte – luxuriös und mächtig in seiner Ausstrahlung. Drinnen fand ich ein Mädchen in meinem Alter. Sie saß allein und schweigend in einem Raum, der weder Möbel noch Wärme an sich hatte. „Was habe ich falsch gemacht?", dachte sie. „Warum hatte er mich wieder geschlagen? Ich hatte nur gesagt, dass ich Angst davor habe, zu dem Mann zu gehen, an den er mich verkaufen wird. Er ist so viel älter und ein reicher Mann wie er", dachte sie, während sie ihr Gesicht hielt. Ich fragte mich, wer sie war und an welchen Mann sie dachte. Sofort wollte ich mir wünschen, dass sie nicht zu ihm gehen müsste. Auf der anderen Seite kannte ich weder ihren Namen noch ihr Wesen. Vielleicht hatte der Mann das Beste für sie gewollt und sie würde ein wunderbares Leben mit dem Fremden führen?

Ich ging zu einer anderen älteren Frau. Sie hob Scherben von einer Vase und einigen Gläsern auf, die sicher von einem Kampf stammten. Ihre Hände bluteten bereits, weil die Scherben zu scharf waren. „Bald ist es vorbei. Er ist nur deprimiert, weil die Sache zurzeit nicht gut für ihn läuft." Sie wiederholte diesen Gedanken immer und immer wieder, als wollte sie sich damit selbst beruhigen. Arme Frau, wer auch immer sie war. Auf der anderen Seite fragte ich mich, wo er war – mein Vater – den ich in diesem Haus suchte. Hatte ich nicht recht, oder half er irgendwo jemandem, eine gewisse Arznei zu erschaffen? Wenn ja, musste ich ihn finden. Ich wollte sehen, was er macht, was ihm helfen könnte, ein anderes Leben zu retten.

Wenn ich vorher gewusst hätte, wo er lebt, hätte ich mich nicht dafür entschieden, Deens Krankenschwester zu werden. Ich kannte die Klinik seines Bruders und wusste von dem Krebs, der bereits in mir war. Zu diesem Zeitpunkt schien es, als ob meine einzige Hoffnung und Leidenschaft darin bestand, ihm zu helfen. Leider war unsere Zeit begrenzt, aber vielleicht würde es jetzt einfacher für ihn sein. Vielleicht würde er der Erste sein, der mich vergisst. Als ich zu einem gewöhnlichen Haus kam, hatte ich das Gefühl, dass ich etwas näher dran war. Vielleicht sah er sich dort einen seiner Patienten an? Ich wusste jedoch, dass ich ihn hier finden würde, bevor meine Zeit abgelaufen war. Innen sah es überhaupt nicht wie ein normales Haus aus. Es war nur eine Fassade für einen riesigen Keller, in dem ich ihn fand. Er lachte herzhaft über den Witz eines jungen Mannes, der vor ihm saß. Um die beiden herum standen Frauen. Nein, Teenager mit nicht mehr Kleidung als einem String und einem fast durchsichtigen T-Shirt. Alle starrten nach unten und hatten Angst vor dem, was bald geschehen würde.

Niemand von ihnen versuchte wegzulaufen oder dachte darüber nach. Als ob sie noch nie Tageslicht oder etwas anderes als den Keller gesehen hätten. „Aber wer ist dieser Mann, von dem Sie gesprochen haben?", fragte der jüngere Mann meinen Vater. „Niemand, um den man sich Sorgen machen muss. Er ist einer von uns. Es wohnt nur wenige Stunden von hier entfernt und hat dort eine eigene Klinik. Wir kooperieren schon seit vielen Jahrzehnten zusammen", erklärte er und der junge Mann lachte laut auf.

„Du sollst ihn zu unseren Mädels einladen, damit er sieht, was andere können. Ich kann mir nicht vorstellen, dass er mit Abigail zufrieden sein wird", sagte er, und es kam mir so vor, als würde er über das Mädchen sprechen, das ich zuvor gesehen hatte. War sie so schlimm, dass sie sie verkaufen wollten? Das war doch nicht erlaubt. Wo war ich hier gelandet?

„Was ist mit dem Klinikfall?", fragte der junge Mann. Ich konzentrierte mich auf ihr Gespräch, bevor ich sie für irgendetwas verurteilte. Vielleicht hatte ich einfach alles falsch verstanden. Es könnte doch ein Spiel sein, oder?

„Sie haben zu viele Informationen", war die Antwort des Mannes, den ich vorhin als meinen Vater bezeichnen wollte. „Hardstyles Frau wird jetzt entlassen. Sie ist gesund. Drinnen hatte sie nicht viel genützt, aber ein paar Informationen bekommen. Zumindest das letzte erscheint mir interessant", erklärte er und ich hörte genau zu, was er meinte. „Ein Todesfall", sagte er mit einem breiten Lächeln. Mein Tod?!? Das war der einzige in dieser Klinik, den es in den letzten Jahren gab. Er musste mich meinen. „Du machst Witze", erwiderte der jüngere Mann lachend und sprang vor Freude über diese Information auf. „Wer auch immer es war, er hat es nicht gesehen. Was Herr Hardstyle sah, war, dass ein schwarzer Wagen aus dem Klinikgelände fuhr, während er auf dem Weg war, seine Frau von dort zu holen", erklärte er und der junge Mann sprang fröhlich durch den Raum. „Beruhige dich, Henry. Es wird sicher nicht einfach sein, es zu beweisen. Sie werden es auf jede erdenkliche Weise verbergen", sagte er traurig, und der jüngere Mann, Henry, beruhigte sich sofort. Es schien fast so, als hätte er nicht seine wahren Gefühle gezeigt, sondern nur das, was der ältere Mann sehen wollte.

Meine Zeit wurde knapp und bis zur Beerdigung war es nur noch eine Stunde. Sie waren alle schon unterwegs. Meine Mutter war auch schon fast da. Was konnte ich tun? Das unglückliche Mädchen musste einen alten Mann heiraten. Mein Tod war dafür verantwortlich, dass sie etwas gegen die Klinik in der Hand hatten. Das musste ich ändern. Natürlich konnte ich die Zeit nicht zurückdrehen, aber vielleicht konnte ich etwas herausfinden, das meinem Arzt helfen würde. Schließlich war ich voll auf ihrer Seite. Das, was ich in den wenigen Stunden, in denen ich meinen Vater gesucht hatte, gesehen und gehört hatte, was auf der pharmazeutischen Seite passiert war, reichten aus. Ich verließ diesen Ort, bevor jeder von ihnen ging, um sein Mädchen für die Nacht auszuwählen. Das war das letzte, was ich von ihren Gedanken hörte, und ich verstand nun die Missbilligung meiner Mutter ihm gegenüber.

Meine Mutter war die erste. Sie traf zwanzig Minuten zu früh in der Kirche ein. Es war das erste Mal, dass ich sie geschminkt gesehen hatte. Sie hatte damit ihre tiefen Augenringe verbergen wollen. Mit einer Sonnenbrille wirkte sie wie die normale Geschäftsfrau, die sie immer gewesen war. Nur fünf Minuten später kamen Deen, Lusie und mein Halbbruder. Es verwirrte mich, dass sie sich entschieden hatten, zusammen mit meiner Mutter hineinzugehen, denn ich hatte gedacht, dass sie ihn dafür verflucht hatte. Als sie alle in der kleinen Kirche Platz nahmen, versuchte jeder von ihnen, den Blick auf meinen Körper zu vermeiden. Deen kämpfte hart mit sich selbst; seine Augen waren bereits feucht. Lusie hielt seine Hand und gab ihm die Unterstützung, die ich ihm gerne gegeben hätte. Auf der anderen Seite saßen mein Arzt und Halbbruder sowie meine Mutter nebeneinander. Sein Gesicht war angespannt und er verfluchte sich in seinen Gedanken für meinen Tod. Meiner Mutter ging es ähnlich. Sie warf sich vor, mich zu spät zu ihm in die Klinik gebracht zu haben. Beide sollten gar nicht daran denken, was schiefgelaufen war. Es war nicht ihre Schuld.

Meine Mutter wollte schließlich ihr Bestes tun und glaubte nicht an den Sohn des Mannes, der sie missbraucht hatte. Erst als sie ein Einsehen hatte und mich zu ihm zurückbrachte, war die Zeit zu knapp, mir zu helfen. Ich war schon zu schwach. Durch meinen Herzfehler hatte ich die Chemotherapie nicht vertragen.

Sie hatten sich gewünscht, dass es so schnell vorbei ginge, so müssten sie nicht allzu lange leiden. Verständlich, aber so hatte ich weniger Zeit zu entscheiden, was ich tun wollte. Mein letzter Wunsch war es, einem Menschen einen Gedanken an etwas zu geben, das ich mitteilen wollte, oder die Wolken so zu formen, dass er selbst darauf kommt. Was auch immer ich wählen würde, es war nur ein einfacher Akt. Mein letzter Wunsch sollte es sein, ihnen zu helfen, ihren Fall zu gewinnen. Es war nicht nur der Fall meines Halbbruders; nein, es war auch der Fall meiner Mutter. Warum hat sie ihm dann nicht geholfen, ihn zu gewinnen? Schließlich war sie ein Opfer und hatte genug Beweise und Erinnerungen, um sie für den Rest ihres Lebens hinter Gitter zu bringen. Was sollte sie davon abhalten, ihnen zu helfen?

Mein Entschluss stand fest, also versuchte ich, in ihre Gedanken zu gelangen. „Nur noch eine halbe Stunde, dann ist das vorbei. Die letzten Sekunden, die ich sie ansehen kann. Nein, das ist sie nicht. Das ist nur ein Körper. Die Hülle, die einst ihre gute Seele bedeckt hatte, die nie die Chance hatte, die Welt zu sehen oder zu verändern", dachte sie, und ich hätte geweint, wenn ich den Körper dafür gehabt hätte. Jetzt war nur noch ich übrig, nicht die Hülle, die ich zurückgelassen hatte. „Wenn sie wusste, dass ihr Arzt auch ihr Halbbruder war, kann ich mir das nicht vorstellen. Die Recherche wäre mit den wenigen Details, die ich ihr gegeben habe, fast unmöglich gewesen. Es gibt zu viele Pharmaindustrien. Zu viele Mädchen werden missbraucht. Zu viele Menschen sterben unnötig", ging ihr durch den Kopf. Jetzt musste ich meine Chance nutzen. Da sie jetzt bereits so dachte, musste ich sie manipulieren, um zu dem „Ich kann helfen"-Gedanken zu kommen. Sie saßen schweigend in der Kirche, bis der Priester seine Rede beendet hatte.

Meine Mutter ging mit meinem Halbbruder hinter dem Mann her, der meinen Sarg zum Grab trug. In ein paar Minuten würde ich unter der Erde sein. Meine Zeit lief zu schnell ab. Also musste ich meinen letzten Wunsch in die Tat umsetzen. Ansonsten würde ich damit für immer verschwinden. Die Pharmazeuten würden vielleicht nicht gewinnen, aber mit einer Zahlung davonkommen, und meine Existenz hätte nichts geändert.

Sie hatten sich gewünscht, dass es so schnell vorbei ginge, so müssten sie nicht allzu lange leiden. Verständlich, aber so hatte ich weniger Zeit zu entscheiden, was ich tun wollte. Mein letzter Wunsch war es, einem Menschen einen Gedanken an etwas zu geben, das ich mitteilen wollte, oder die Wolken so zu formen, dass er selbst darauf kommt. Was auch immer ich wählen würde, es war nur ein einfacher Akt. Mein letzter Wunsch sollte es sein, ihnen zu helfen, ihren Fall zu gewinnen. Es war nicht nur der Fall meines Halbbruders; nein, es war auch der Fall meiner Mutter. Warum hat sie ihm dann nicht geholfen, ihn zu gewinnen? Schließlich war sie ein Opfer und hatte genug Beweise und Erinnerungen, um sie für den Rest ihres Lebens hinter Gitter zu bringen. Was sollte sie davon abhalten, ihnen zu helfen? Mein Entschluss stand fest, also versuchte ich, in ihre Gedanken zu gelangen. „Nur noch eine halbe Stunde, dann ist das vorbei. Die letzten Sekunden, die ich sie ansehen kann. Nein, das ist sie nicht. Das ist nur ein Körper. Die Hülle, die einst ihre gute Seele bedeckt hatte, die nie die Chance hatte, die Welt zu sehen oder zu verändern", dachte sie, und ich hätte geweint, wenn ich den Körper dafür gehabt hätte. Jetzt war nur noch ich übrig, nicht die Hülle, die ich zurückgelassen hatte. „Wenn sie wusste, dass ihr Arzt auch ihr Halbbruder war, kann ich mir das nicht vorstellen. Die Recherche wäre mit den wenigen

Details, die ich ihr gegeben habe, fast unmöglich gewesen. Es gibt zu viele Pharmaindustrien. Zu viele Mädchen werden missbraucht. Zu viele Menschen sterben unnötig", ging ihr durch den Kopf. Jetzt musste ich meine Chance nutzen. Da sie jetzt bereits so dachte, musste ich sie manipulieren, um zu dem „Ich kann helfen"-Gedanken zu kommen. Sie saßen schweigend in der Kirche, bis der Priester seine Rede beendet hatte.

Meine Mutter ging mit meinem Halbbruder hinter dem Mann her, der meinen Sarg zum Grab trug. In ein paar Minuten würde ich unter der Erde sein. Meine Zeit lief zu schnell ab. Also musste ich meinen letzten Wunsch in die Tat umsetzen. Ansonsten würde ich damit für immer verschwinden. Die Pharmazeuten würden vielleicht nicht gewinnen, aber mit einer Zahlung davonkommen, und meine Existenz hätte nichts geändert.

„Was machst du?" Der Mann beschimpfte mich und gab mir eine harte Ohrfeige, bevor ich antworten konnte: „Es tut mir so leid. Wir hatten in den letzten zwei Tagen nichts zu essen". Ich versuchte mich zu entschuldigen, aber er lachte laut auf. „Und deshalb glaubst du, dass du das Recht hast, meine Essensreste zu essen?" Er lachte über mein Schauspiel und hob mich an meinem dünnen Hemd hoch, das zerriss, so dass ich fast nackt vor ihm stand. „Was machen wir mit dir?", fragte er, während mir die Tränen in die Augen stiegen. Der nächste Treffer schlug mich bewusstlos, wie ich mich erinnerte. Als ich aufwachte, war ich an ein Bett gefesselt, die Beine auf beiden Seiten gespreizt und die Arme über dem Kopf.

Im Raum kommen mir mindestens zehn Männer entgegen. Einer nach dem anderen befriedigt sich an mir. Ich sah alles doppelt, mein

Kopf schmerzte, aber nicht so sehr, wie der Rest meines Körpers. Mein Besitzer kam wieder zu mir. „Erinnere dich gut an diese Ficks. Bald wirst du allein auf der Straße sterben. Dies ist die einzige Aufmerksamkeit, die du bis dahin bekommst. Verdammte Schlampe, die nicht einmal in der Lage ist, sich daran zu erinnern, einmal am Tag eine Pille zu nehmen", schrie er mich an, bevor ich wieder ohnmächtig wurde.

Das war es, woran sich meine Mutter erinnerte, um sie dazu zu drängen, ihnen zu helfen. Ich konnte meinem Bruder nicht allein helfen, in seinem Kampf gegen die Menschen, die sie misshandelt hatten. Das musste sie tun. „Wie geht der Fall gegen die Pharmazeuten voran", fragte sie plötzlich meinen Halbbruder, als sie bereits meinen Sarg herabließen. Er war schockiert, dass sie anfing, über so etwas zu sprechen, blieb aber wie immer ohne einen Hauch von Emotionen. „Ich hoffe, dass sie das nicht herausfinden werden", sagte er und gab damit nicht die Antwort, die sie eigentlich hören wollte. Zum Glück drängte sie das weiter zu dem Gedanken, dass es vielleicht nicht gut gehen könnte.

Mein Sarg landete am Ende des Grablochs. Bevor ich verschwand hörte ich die Worte: „Wenn es dir hilft, kann ich meine Aussage vor Gericht machen", von meiner Mutter. Danach fiel die Erde auf meinen Sarg.

Kapitel 5

„Bist du fertig?", fragte Nathaniel, als ich auf meinen halbleeren Koffer starrte. „Ich weiß es nicht", antwortete ich unsicher, was ich brauchen würde. Er legte seine Arme um mich und schaute hinein. „Wir werden einkaufen gehen müssen, wie ich schon sagte. Damit wirst du jedoch eine Weile hinkommen", sagte er, und ich nickte hilflos. „Komm schon, alles wird gut", bemerkte Deen, der unser Gespräch gehört hatte und jetzt auch neben mir stand. „Du wirst jede einzelne Sekunde genießen", sagte er, und ich zog skeptische eine Augenbraue hoch, weil ich bezweifelte, dass ich in mehr als einem Monat die ganze Zeit glücklich sein würde. Er lachte: „Du wirst es schon sehen und wenn mein Bruder es nicht schafft, wirst du mich stattdessen haben." Es klang wie ein ungeschriebenes Versprechen, auch wenn ich nicht wusste, wofür es gut war.

Dann kamen wir zum Flugzeug Ich bemerkte, dass meine Hände vor Nervosität zitterten, als Nathaniel meine in seine Hand nahm. „Entspann dich", flüsterte er, als wäre es etwas, das ich per Knopfdruck an- und ausschalten könnte. Privat hatten wir die letzten Wochen keine Zeit für uns. Wir drei waren seit ihrem Tod zusammen und hatten keine Pause voneinander gemacht, als vielleicht kurz auf die Toilette zu gehen. Es war nicht so, dass wir uns das versprochen hatten, aber ich denke, wir alle haben es gespürt. Wir mussten uns jetzt umeinander kümmern. Keine Einsamkeit, Tränen oder andere unglückliche Fälle mehr. Von nun an gab es nur noch uns drei.

Jeder von uns hatte nicht mehr als einen Koffer dabei, als wir gemeinsam auf der Ebene standen. Deen, Nathaniel und ich waren völlig in schwarz gekleidet. Wir hatten uns nicht abgesprochen. Es war einfach passiert. Letztendlich war es keine große Sache, aber es zeigte mir, wie ähnlich wir uns im Moment waren, da wir so lange zusammen gewohnt hatten. Die frische Luft tat uns allen sicher gut. Hoffentlich auch mir, die den allergrößten Respekt davor hatte, zum allerersten Mal zu fliegen. Von der Erde aus sahen die Flugzeuge immer so stabil aus, doch dann dachte man darüber nach: Was ein bisschen Wind mit ihnen anstellen könnte... Denk nicht darüber nach, sagte ich zu mir. Wir würden schon sicher landen.

Natürlich wollte Nathaniel noch etwas essen, bevor wir in das Flugzeug stiegen, was ich für keine gute Idee hielt. Doch er flehte mich fast an, sodass wir schließlich in einem Asia-Flughafen-Restaurant landeten. „Habt ihr euch das Wetter angesehen?", fragte Deen. „Sonnenschein", sagte er schlicht, und sein Bruder lächelte wie ein fünfjähriges Kind. Auf der einen Seite war es seltsam, ihn so glücklich zu sehen, nachdem was passiert war, dass erst kürzlich ein geliebter Mensch von uns gegangen ist. Er wirkte anders auf mich, wie ein neuer Mensch, positiver, als ich ihn kennenlernte.

„Lusie, du kannst am Fenster sitzen", bot Nathaniel an, während er sich unsere Tickets ansah. Ich lachte entsetzt auf. „Auf keinen Fall", sagte ich kurz und stellte mir vor, wie es sein musste, aus Hunderten von Kilometern Höhe auf die Erde herabzusehen. Deen lachte amüsiert. „Danke, Schatz, ich nehme an", sagte er lächelnd. Nur dafür hätte ich früher mein Leben gegeben, um ihn so zu sehen. Nun, vielleicht nicht die beste Überlegung, da ich es nicht gesehen hätte, aber wirklich, ich hätte alles für dieses Glück getan, das er in diesem Moment in sich trug. Hoffentlich war es nicht nur einer seiner „Höhen", aus denen er auch wieder tief fallen konnte.

Es war nicht die normale Klasse. Wir gingen beim Betreten des Flugzeugs durch sie hindurch, kamen aber später in einem geschlossenen Bereich zu unseren Sitzen. Dort gab es drei Sitze auf jeder Seite, nicht wie in der Business Class, die drei Sitzplätze links, rechts und in der Mitte hatte. Dadurch entstand viel Platz. Als wir den Raum betraten, konnten wir uns unterhalten, als ob außer uns niemand im Flugzeug wäre. Völlig isoliert von der Realität.

Das Flugzeug startete und ich neigte mich zu Deen, um auch einen Blick aus dem Fenster zu werfen. Es war nicht so, wie ich es erwartet hatte – dass, wenn man sich zur rechten Seite lehnt, der ganze Flieger das tut. Nein, ich fühlte mich sicher in der Luft. Ich fühlte mich zu diesem Ort gehörend. Ich lächelte und Deen nahm seinen Arm um mich, damit wir gemeinsam auf unsere Erde herabblicken konnten. „Stimmt es, dass du nur deshalb in der Mitte sitzen wolltest?", fragte Nathaniel mich plötzlich. „Was meinst du?" erwiderte ich sofort als ich sein amüsiertes Lächeln bemerkte. „Meine Hand zu halten, während du mit meinem Bruder kuschelst, um die beste Aussicht zu haben", erklärte er mit einem herausfordernden halben Lächeln. „Wenn du ein Angebot erhältst, dass du ein Haus, die Klinik oder beides bekommen könnest, was würdest du nehmen?", forderte ich ihn heraus und merkte gleich, er fasste das falsch auf.

Das Beste war die Landung, als wir wieder auf den Boden gequetscht wurden. Der Flug endete mit dem Gefühl die Geschwindigkeit zu spüren, die wir die ganze Zeit in der Luft hatten.

Ich lachte laut auf und Deen lachte mich aus, weil ich mich darüber so freute. „Willkommen auf Fuerteventura", sagte Nathaniel zu uns beiden. Er war zu entspannt und glücklich, als Trio zusammen zu sein. Wir mussten uns also nicht entscheiden und waren zufrieden, ohne Negativität oder Gefühle wie Eifersucht.

Wir bekamen sofort ein Taxi, nachdem wir unser Gepäck hatten. Weder ich noch Deen wussten, wohin wir fuhren oder was der Plan für den Rest des Tages war. Es war gerade mal zwölf Uhr und auch der Flug war der sehr früh gelandet. Das bedeutete jedoch, dass wir heute viel Zeit hier verbringen konnten, und ich war schon sehr gespannt darauf, mehr von diesem wunderschönen Land zu sehen. „Wie lange fahren wir noch?", fragte ich, als wir die herrliche Natur mit den beeindruckenden Häusern durchquerten, die so viel anders wirkten als zu Hause. „Nicht länger als eine halbe Stunde. Es ist eine kleine Insel", erklärte er und ich schaute während der gesamten Fahrt aus dem Fenster.

„Der Strand!", wies ich völlig euphorisch darauf hin und beide lachten. „Es scheint warm und so reichhaltig zu sein, und..." „Einladend", fügte Nathaniel hinzu, bevor ich das nächste Wort finden konnte. „Ja, es ist einfach erstaunlich", war das einzige, was mir einfiel, überwältigt über die Aussicht. Endlich glaubte ich Deen, dass ich nicht jede einzelne Sekunde der Zeit, die wir zusammen verbrachten, in schlechter Stimmung sein würde.

„Danke", sagte ich und drehte mich um, um ihm einen sanften Kuss auf die Lippen zu geben. Er sah mich an, als wäre ich danach in Gefahr, aber das konnte nur ich sehen, und dann waren seine Worte ein höfliches „Gern geschehen".

„Wo werden wir schlafen, Nathen? Du willst doch nicht etwa sagen, dass wir schon jetzt mit Camping beginnen werden", sagte Deen geschockt, als wir nach der Abfahrt des Taxis mit unserem Gepäck allein dastanden. „Ihr würdet es überleben", war die scherzhafte Antwort von Nathaniel, der bereits zu unserem Schlafplatz unterwegs war. „Nein, das ist zu viel", sagte ich sofort und meine Augen weiteten sich, als ich sah, wohin er ging. „Das kannst du nicht..." begann ich, aber er unterbrach mich. „Wenn ich einen ganzen Tag lang an einem öffentlichen Ort sitzen will, ohne gutes Essen und ohne Aktivitäten, dann kann ich uns jetzt auf jeden Fall auf einer Jacht versorgen. Wenn du nicht glaubst, dass eine andere Person damit fahren kann, hoffe ich, dass es dich beruhigt, dass ich es selbst schaffen kann", sagte er und ich starrte ihn mit großen Augen an. Es war nicht so, dass ich entscheiden wollte, dass das Chartern einer Jacht nicht nur Geldverschwendung, sondern auch Schande war. Denn dafür wurde ein Preis für einige Stunden bezahlt, was mir monatelanges Essen beschert hätte. Also, ja, am Ende war es meine Schuld, dass wir einen Linien-Flug nahmen, aber ich hatte es nicht bereut. Auch wenn ich nicht wusste, dass wir gesondert saßen, konnte ich mir nicht vorstellen, dass er mir Unterhalt für ein halbes Jahr wert gewesen wäre.

„Wie viel...", versuchte ich wieder herauszufinden, aber dieses Mal sagte Deen zu mir: „Er hat dafür gearbeitet, entspann dich. Wir sind weder Oligarchen noch Pharmazeuten die für ihr Geld keinen Finger krümmen müssen." Er versuchte wirklich, es mir leichter zu machen. Ich hatte nie etwas gegen die Klinik oder die Restaurants gesagt, die wir besucht hatten. Allerdings hatte ich immer gedacht, dass es nicht nötig war, so viel Platz für den einen oder anderen zu haben. Ich war auch nicht der Meinung, dass der Preis das Essen wert war, selbst wenn es besser schmeckte als alles, was ich bisher gekostet hatte, hätte ich in meinem früheren Leben einen Monat lang damit leben können.

„Wir werden das Schiff für die nächste Woche haben und auch so lange damit fahren. Daher würde ich mich freuen, wenn ihr es euch an Bord bequem machen würden", sagte Nathaniel und vorsichtig, als würde ich etwas Zerbrechliches betreten, ging ich auf die Jacht. Sie war riesig. Es gab drei Etagen. Wir hatten vier Schlafräume, aber ich erfuhr, dass wir auf dem Weg zur nächsten Station einen Co-Kapitän haben mussten. Also hatten wir am Ende nur zwei von ihnen genommen, auch wenn eine aus diesem Grund leer blieb. Das gab uns keine Zeit, Trauer oder Negativität zu empfinden. Nur für immer bleibendes Glück.

„Ich hoffe, du bist noch nicht müde", sagte Deen und blickte auf zwei Jetski, die am Boot befestigt waren. Nathaniel lächelte, als hätte er darauf gewartet und war zufrieden damit, dass er so begeistert war gleich damit loszufahren. „Die Schlüssel sind oben, im zweiten Stock", sagte er, und kurz darauf war er in Badehosen gekleidet und hatte die Schlüssel in der rechten Hand. „Komm schon, Lu, ich gebe dir zwei Minuten, dann werde ich fertig sein und du kommst mit mir", forderte er mich heraus und ich sah Nathaniel nervös an. „Kopf hoch. Ich werde euch sowieso kriegen", sagte er, und er war überhaupt nicht so, wie ich ihn kannte. Er klang so viel jünger und so frei, wie ein Teenager, der seine Freunde herausforderte, und nicht wie ein Arzt mit einer eigenen Klinik.

„Schneller, komm schon!", schrie ich Deen an. Nathaniel war nur wenige Meter hinter uns, auch wenn er Minuten nach uns losgefahren war. „Lass mich fahren, du bist langsam wie eine Schnecke", sagte ich provozierend, ihn noch schneller zu fahren zu lassen, aber er lachte nur. „Warte ein bisschen, dann kommt er noch näher und schwingt nach links", erklärte er und ich schlang meine Arme fester um ihn. Die Wellen ließen uns die ganze Zeit auf und ab springen, aber dann drehten wir uns auf die andere Seite. Ich stellte fest, dass es schwierig werden könnte, auf dem Jetski sitzen zu bleiben. Niemals hätte ich mir vorstellen können, dass ich mich auf diesem Ding, in diesen Kleidern aus Nichts und in solcher Freude an der Situation wiederfinden würde. Als hätte sich die Welt in ein anderes Licht verwandelt.

Ich war leicht erschrocken, als Nathaniel dem Bauleiter die Schlüssel zur Klinik gab. Es schien, als würden wir nie wieder zurückkehren, als würden wir an einen anderen Ort ziehen. Im Moment hätte ich kein Problem damit, in diesem Paradies zu bleiben. Einen schöneren Ort könnte ich mir nicht vorstellen.

„Halt dich fest", sagte Deen, bevor wir uns nach links drehten und das Wasser in Nathaniels Richtung spritzen ließen. „Yeah", rief er erfreut, als wir uns weiter von ihm entfernten, und er uns nicht erwischte. Wir steuerten auf den Strand zu, und ich fragte mich, wie es wohl sein würde, einen ganzen Tag einfach nur da zu liegen. Würde ich mich verbrennen wie Deen, oder war meine Haut wie die von Nathaniel? Lachend kehrten wir zur Yacht zurück. Wir waren in diesem Moment hier, ohne darüber nachzudenken, wann es nach

Hause zurück ging oder ob dort alles in Ordnung war. In diesem Augenblick, war Zuhause genau hier.

„Können wir auch an den Strand gehen?", fragte ich, und beide nickten, während sie sich entspannten. „Für die nächsten Tage gehört alles uns. Du kannst machen, was du willst. Nachts an den Strand oder mittags schlafen. Wir haben Urlaub", sagte Nathaniel. Dass wir drei wirklich frei hatten, kam mir immer noch wie ein Wunder vor. „Würdet ihr mitkommen?", fragte ich sie. Natürlich würden wir gemeinsam an den Strand gehen. Niemand bleibt allein, das war die ungeschriebene Regel.

„Kannst du nicht schwimmen?", fragte Deen mich, als ich ganz vorsichtig ins Wasser ging. „Es ist mindestens zehn Jahre her, seit mein Vater es mir beigebracht hat, okay?", antwortete ich genervt und ängstlich, dass ich es verlernt haben könnte. „Du willst mir wirklich erzählen, dass du auf einem Jetski saßt, ohne schwimmen zu können?", fragte er mich ungläubig. Gut, vielleicht war das nicht das Klügste, was ich getan hatte, aber am Ende hätten sie mich doch retten können, oder?

„Nimm meine Hand", sagte Deen zu mir. Nathaniel lag am Strand und beobachtete uns, während er ein Sonnenbad nahm. Ich nahm seine Hand, und langsam zog er mich näher zu sich, an eine Stelle, wo ich definitiv nicht mehr stehen konnte. Mit einer Hand unter meinem Bauch brachte er mich in die richtige Position. Ich bewegte meine Arme und Beine, wie ich es in Erinnerung hatte, aber trotzdem überrollte mich eine Welle und füllte meinen Mund mit Salzwasser. „Schließe deine Finger zusammen und entspann dich. Sei nicht so hektisch", sagte er und ich versuchte es noch einmal. Meine Augen brannten zwar von der salzigen Flüssigkeit, aber es riss mich nicht nieder. Ich wollte es unbedingt schaffen, noch bevor es wieder auf das Schiff zurück ging.

Mit gleichmäßigen Bewegungen versuchte ich, meinen Körper zum Zusammenspiel zu bringen. Langsam löste ich mich aus seinem Griff. „Du schwimmst!", rief er mir nach, während ich mich auf das Gleichgewicht der Bewegungen konzentrierte. Endlich schwamm ich so, wie ich es als Kind getan hatte, wie mein Vater es mir beigebracht hatte. Doch jetzt war meine Welt eine andere.

Kapitel 6

Sollte es anderen komisch, seltsam und vielleicht auch kindisch vorkommen. Außer in der kurzen Zeit, wenn wir auf Toilette mussten, waren wir zusammen. Nichts anderes zählte. Wir verschwendeten keinen Gedanken daran, wen es interessieren würde, wenn wir nach einem gemeinsamen Tag auch noch im selben Zimmer schliefen. Wir nutzten unsere Zeit zusammen, denn jeder von uns wusste, dass es nicht immer so bleiben würde. Nicht nur unser Alltag würde es nicht zulassen, sondern auch die Gesellschaft. Wenn dies Auswirkungen auf die Klinik haben könnte, würde Nathaniel sich wieder zurückziehen. Im Moment konnten wir einfach nur als Trio existieren.

Die Morgensonne schien in die Kabine. Ich lag in meinem Bett und auf der anderen Seite lagen Nathan und Lu. Ich wusste, dass die Einzige die schlief, Lu war. Meinen Bruder hatte ich nie schlafend gesehen, und wir kannten uns seit Jahrzehnten. Er kam mir wie eine Maschine vor. Das hatte allerdings den Vorteil, dass wir morgens nach dem Aufwachen einen fertig gedeckten Frühstückstisch vorfanden. Lu und ich gingen nach draußen und dort bereitete er bereits die Pfannkuchen vor. „Guuuuten Morgen", sagte ich mit begeisterter Stimme, während ich lächelnd auf ihn zuging.

„Guten Morgen, was hast du vor?", fragte er, denn ich stand direkt vor ihm, die Arme zu jeder Seite ausgestreckt. „Komm schon, mach dich nicht so lächerlich", sagte ich und verdrehte die Augen über seine Skepsis gegenüber meinem Wunsch nach einer Umarmung. Er lächelte amüsiert und ließ sich endlich von mir umarmen, während er nur einen Arm auf meinen Rücken legte und mit dem anderen die Pfanne hielt, der Pfannkuchen wegen. In diesen Ferien musste ich auf jeden Fall etwas an seiner Anti-Personen-Kontakt-Problematik ändern.

„Was steht heute auf dem Plan?", fragte Lusie, die die ganze Szene mit einem amüsierten Lächeln betrachtete. „Klettern", antwortete Nathaniel kurz. Ich sprang vor Freude auf, und auch Lu konnte nicht stillstehen. „Lasst uns essen, bevor wir gehen. Nicht, dass jemand zu leicht ist", sagte er, als er mit den Pfannkuchen zum Tisch kam.

Nach dem Essen zogen wir uns bequeme Kleidung an und eilten zum Taxi, das schon auf uns wartete. Wir fuhren zu wunderschönen Klippen und ich fotografierte aufgeregt die herrlichen Naturschönheiten. Unser Instruktor bat mich jedoch mit dem Argument, dass sie hinderlich sein würde und ich schwer stürzen könnte, die Kamera wegzulegen. Ich folgte seinen Anweisungen.

Schließlich starteten wir. Die Klettertour sollte mehrere Stunden dauern, so hatten wir auch etwas Proviant dabei, und ganz wichtig: auch genügend Wasser. Die Hitze war unbeschreiblich und ich bereute es bereits, mich nicht mit genügend Sonnencreme eingedeckt zu haben. Ich hatte die Ehre, als Erster zu gehen, mit Lu in der Mitte, damit Nathen die ganze Zeit prüfen konnte, ob es uns allen gut ging. Das war kein bisschen übervorsorglich, denn wir waren lediglich mit einem dünnen Metallseil an der Klippe befestigt. Das war mitunter zu knapp, um darauf zu klettern, doch ich versuchte, so schnell wie möglich vorwärtszukommen, um ein wenig Abstand zu gewinnen. Nur wegen Nathen konnte ich Höhen überhaupt ertragen.

Vor fünf Jahren wäre ich nicht einmal auf eine Leiter geklettert. Aber sein ständiges Bemühen hatte mich dazu gebracht, meine Angst zu verlieren und an Orte zu gehen, an denen kein Mensch sein sollte.

Plötzlich hörte ich, wie etwas wegrutschte. Plötzlich hörte ich, wie etwas wegrutschte. Sofort drehte ich mich um und sah Nathen von der Klippe herabhängen, nur unser Drahtseil hielt ihn, an dem er mit einer Hand hing. Sofort drehten Lu und ich um, aber es würde nicht einfach werden, ihn wieder hochzubekommen. „Versuche, mir die Hand zu geben", forderte ich und wollte, dass er mit der anderen sich halbwegs sichern konnte. Ich sah, dass der Stein brüchig war und das Risiko, dass er abstürzen konnte, war groß. Ich nahm seine Hand in meine und Lu versuchte mir zu helfen, ihn hochzuziehen. Er hob sein linkes Bein auf den Stein, auf dem wir geklettert waren und dann versuchte er, sich hochzudrücken. Am Ende war alles gut gegangen, aber wir beschlossen, umzukehren, damit das nicht nochmal passieren würde. Klettern war anscheinend nichts für uns.

Zurück auf der Yacht gönnten wir uns eine Erholungspause. „Wie wäre es, wenn wir heute etwas anderes machen? Es ist noch nicht einmal Mittag und wir sind nicht zum Schlafen hier", sagte ich gelangweilt und frustriert, dass der Kletterausflug so schiefgelaufen war. „Irgendwelche Ideen?", fragte Nathen, während er ein bisschen von dem Salat nahm, den er für uns vorbereitet hatte. „Du bist unser Reiseleiter", versuchte ich, die Entscheidung von mir fernzuhalten. „Wir haben Tauchausrüstung hier", bot er an und sofort vergaß ich alles andere. Das letzte Mal, als ich tauchte, war Jahre her, und ich wollte das unbedingt noch einmal tun. Es war eine der schönsten Erinnerungen, die ich mit meinem Vater hatte. Auch wenn es zwei Jahre vor seinem Tod war, konnte ich mich besser an den Tag erinnern als an den Tag seines Ablebens. „Warum hast du das nicht früher gesagt?", war meine erfreute Antwort. „Du kommst doch mit, oder?", fragte ich, und er lächelte. „Wir werden schon irgendjemanden finden, der sich um uns kümmert, dass wir wieder heil zurückkommen", was Ja bedeutete. Wir würden alle in diese andere Welt gehen. Ein anderes Universum. Der Ort, an dem ich gerne für immer bleiben würde, wenn ich könnte. Verflucht, dass ich ein Mensch war.

„Wie sehe ich aus?", fragte ich Lu, die bereits über unsere Kleidung lachte, bevor wir sie anzogen. „Wie der Fisch, der du sein willst. Nein, sogar eher wie ein Hai mit Asthma-Problemen", sagte sie und meinte damit die Atemmaske. „Wie ein Hai?", wiederholte ich. „Nicht, dass ich dich dann beiße", sagte ich scherzhaft, während Nathen eine Augenbraue zu mir hochhob. „Wenn du sie berührst, werde ich mich in einen Epinephelus lanceolatus, verwandeln und dich auffressen, bevor du überhaupt ihr Blut gekostet hast", sagte er und versuchte, witzig zu sein, aber es klang ein wenig danach, dass er lieber ohne mich leben würde als mit mir, wenn ich etwas gegen sie unternähme. „Was ist das?" Ich versuchte, meine Gefühle zu verbergen, indem ich über seinen formalen Wortgebrauch lachte. „Ein Fisch, der uns alle im Laufe einer Sekunde inhalieren kann", sagte Nathaniel trocken, als würde man so beliebig darüber reden, was es an Toten auf dem Meeresgrund gab. Nun hatte ich mich sehr darauf gefreut ins Wasser zu kommen. Danke, Nathen. Auch Lu wurde nach seiner Aussage unsicher. Er rollte jedoch mit seinen Augen, denn wir sollten wissen, dass solche Dinge immer passieren könnten und uns nicht so überraschen sollten. Wie immer stellte sich mein Bruder so dar, dass ich ihn in derselben Sekunde lieben und hassen könnte.

Das Wasser war perfekt und warm an der Oberfläche, aber neun Meter tiefer, Richtung Meeresboden, erfrischend. Weiter würden wir nicht tauchen Dazu hatten wir doch noch zu wenig Erfahrung. Es war farbenfroh wegen der Tausende von Fischen unter uns, der Boden selbst war sandig. Wir tauchten weiter getrennt, aber nicht mehr als eins, zwei Meter voneinander entfernt. Ich versuchte, mit den Fischschwärmen zu schwimmen. Manchmal schien es, als gehörte ich zu ihnen. Nicht, dass sie mich akzeptierten, aber ich konnte mit ihnen mithalten. Lu schwamm zu mir und ich sah sie unter ihrer Maske lächeln. Sie deutete auf Nathaniel und als ich zu ihm sah, verstand ich ihre Erheiterung. Er versuchte nicht wie ich, mit den Fischen zu schwimmen; nein, er hat sammelte Plastemüll vom Meeresboden auf. Selbst im Urlaub musste er arbeiten.

So wunderbar das Leben auf dem Grund des Ozeans war, so gut war es, nach zwei Stunden wieder in die Realität zurückzukehren. Man würde es nicht bemerken, bevor man wieder auftauchte, aber es war äußerst anstrengend zu tauchen. Zum Glück mussten wir nicht auf das Abendessen warten. Eine Köchin hatte für uns schon Meeresfrüchte zubereitet. Nathen konnte sich ausruhen und einfach nur ein Urlauber sein. In der begrenzten Zeit, die uns zur Verfügung stand, wäre es vielleicht möglich gewesen, die gesamte Insel zu bestaunen, da sie nicht sehr groß war. Besser wäre es allerdings, diese Natur unberührt zu lassen. Am Ende wären wir nur weitere Besucher, die in ein paar Tagen, hoffentlich ohne Spuren zu hinterlassen, wieder abreisten. Die Insel sollte bleiben, wie sie war.

„Es war zu schön, dort unten zu sein. Wenn ich die Gelegenheit hätte, würde ich es täglich tun", erklärte ich, immer noch fasziniert von der Landschaft, die unter uns gewesen war. „Wie ein anderer Planet", stimmte Lusie mir zu. „Wenn du es täglich tun würdest, wäre es nicht mehr so faszinierend wie jetzt", sagte Nathaniel zu uns realistisch und objektiv. Seine Sicht war, dass Menschen zerstörerisch mit ihrer Umwelt umgehen, sie vermüllen mit ihrem übermäßigen Verbrauch.

„Ich würde wirklich gern öfter und auch tiefer tauchen," sinnierte ich und dachte daran, dass es etwas war, was ich wirklich verehrte, wie mein Vater. Er war früher immer mindestens dreimal im Jahr dafür verreist, da wir in der Nähe unseres Zuhauses keine Möglichkeit hatten. „Wenn du das regelmäßig machst, verliert es seinen Reiz", versuchte er mich auf den Boden der Tatsachen zu holen. Ich erinnerte mich, dass er auch wusste, wie viele Probleme es meiner Mutter bereitete, uns so oft allein zu lassen. Besonders nachdem Nathen in unsere Familie kam. „Wie wäre es, wenn wir morgen eine U-Boot-Tour unternehmen? Dann könnten wir noch tiefer kommen", bot er an und überraschte mich. „Ja", sagte ich in der gleichen Sekunde wie Lu und wir lachten über unsere ähnliche Reaktion. „Das wäre fantastisch. Wirklich", rief ich und freute mich darüber, dass ihm immer einfiel, was uns alle begeistern würde. Auch wenn man ihm nicht anmerken konnte, ob er die gleichen Gefühle hegte. Es war eine seltene Mischung aus dem üblichen Ego und einem Reisenden, der so viel wie möglich sehen und erleben wollte. Ich fragte mich, ob sich das jemals ändern würde.

Den Rest des Abends saßen wir draußen zusammen und lachten über Witze, hauptsächlich über meine. Wir alle entspannten uns. Beide hörten größtenteils mir zu, da ich ein genialer

Geschichtenerzähler war. Menschen zum Lachen zu bringen war etwas, was ich sehr gut konnte. „Kommt jetzt, es ist fast ein Uhr nachts. Morgen werden wir um elf Uhr geholt. Oder vielmehr heute", korrigierte sich Nathen, und wir gingen, wie eine Entenfamilie, einer nach dem anderen zu Bett, wo wir kurze Zeit später einschliefen.

„Es ist halb zehn, wacht auf." Mit diesen Worten begann der nächste Tag nach einer viel zu kurzen Nacht. Ich hatte das Gefühl, verkatert zu sein, obwohl er auf seinem Schiff keinen Alkohol erlaubte. Allerdings hatte ich durch den wenigen Schlaf und die Erschöpfung von gestern Kopfschmerzen. Ich glaubte nicht, dass mich das heute aufhalten würde. Vor allem im Urlaub versuchten die meisten Menschen, länger zu schlafen als sonst. Ich versuchte wach zu sein und so viel wie möglich zu erleben. Warum sollte ich mich gehen lassen, wenn ich hier so viel zu erkunden hatte? Es dauerte nicht lange, bis wir angezogen waren und das Frühstück beendet hatten. Die U-Boot-Crew war eine halbe Stunde früher hier als erwartet da.

„Hallo", begrüßten sie uns einer nach dem anderen mit einem Händedruck. „Mein Name ist Andreas, ich werde heute mit meiner Kollegin Isabel euer Steuermann sein", sagte er. Der Mann schien Anfang vierzig zu sein, während die Frau zirka Mitte zwanzig war. Sicherlich seine Tochter, denn sie sahen sich ziemlich ähnlich. Offensichtlich versuchte sie zuerst mit meinem Bruder zu flirten, der sie völlig ignorierte, und danach mit mir, der probierte dasselbe zu tun. Was sollte ich in den wenigen Stunden, die wir dort in den Tiefen des Ozeans verbringen würden, mit ihr anfangen? Aber es war das erste Mal, dass ich mich unwohl fühlte, weil mir eine Frau

Aufmerksamkeit schenkte. Es reichte ihr nicht, dass ich sie deutlich ignorierte; nein, sie musste mich als eine dieser besonderen Spezies betrachten. Was sie nicht erkannte, war, dass dadurch mein Desinteresse an ihr rasant zunahm. Letztendlich verschlimmerte es auch das Abenteuer, mit einem U-Boot zu fahren. Es war nicht groß, nur mit fünf Sitzen bestückt. Nach der Ausfahrt war ich jedoch froh, wieder von ihr wegzukommen.

„Wie war es?", fragte Nathen zum Schluss, und ich nickte schweigend. „Gut, aber ohne die Beifahrerin wäre es besser gewesen", erklärte ich und er lachte. „Willkommen in meiner Welt." Er legte seinen Arm um meine Schulter, als ob dieses Gefühl nur uns gehörte. Ich hatte mich noch nie in meinem ganzen Leben so alt gefühlt wie in dieser Sekunde.

Die anderen Tage verbrachten wir meist am Strand. Manchmal erkundeten wir die Insel, landeten zusammen in einem Restaurant und aßen hauptsächlich Meeresfrüchte. Die letzten zwei Nächte vergingen schnell, und bald würden wir die Yacht wieder abgeben. Während der gesamten Geschehnisse musste ich viel über mich herausfinden. Schon allein wegen dieser Isabel. Wann auch immer ich sie in der Stadt sah, ich sprach sie niemals an und zeigte kein Interesse Kontakt aufzubauen.

Oft reagierte ich nicht auf ihre Flirterei, bis Lu mir einen spielerischen Stupser an die Schulter gab. Dann sah ich sie an und schüttelte skeptisch den Kopf. War das das Gefühl zu einem zölibatären Mann zu werden? An so etwas war ich nicht interessiert. Natürlich ließ ich mir das vor meinen beiden Begleitern nicht anmerken und zeigte mich immer unverändert. Am Ende war ich einfach nur froh, dass wir nur zu dritt auf der Yacht waren und uns auf den Weg ins nächste Land machten. Niemand würde zwischen uns kommen. Jeder einzelne Moment war einer der nur uns gehörte.

Kapitel 7

In den nächsten zwei Tagen saß ich hauptsächlich am Steuerrad. Es war das erste Mal seit Alices Tod, dass wir nicht die ganze Zeit zusammen waren. Ich riet ihnen, sich unter Deck zu amüsieren, anstatt hier bei mir zu bleiben. Sogar das Schlafen sollte gemeinsam, und meinetwillen, in einem Bett erfolgen. Alles sollte gut werden, solange sie nicht zu denken begannen. Dann würden sie eventuell den Schmerz bemerken, den wir gerade durchmachten. Das sollte nicht passieren. Ich war es, der mit ihr verwandt war. Trotzdem kannte ich sie kaum. Daher sollten wir nach vorne schauen, nicht zurück auf die paar Tage, die sie bei uns war. Vor allem Deen sollte das nicht tun. Wenn er beginnen würde sie zu vermissen, würde das vielleicht alles ruinieren. Er sprach nicht über die Stimmung an Bord, sondern über die Entscheidungen, die er treffen würde. Ob er bei uns bleiben oder allein weitermachen wollte, dafür brauchte er Zeit, vor allem mit ihr. Daher würde ich mich zurückhalten. Wenn das funktionieren würde, dann zusammen, und wenn ich mir zu viel Zeit nehmen würde, könnte seine Eifersucht unser Dreierdasein ruinieren, wie es die letzten Wochen zuvor gewesen war.

Schließlich waren wir unserem nächsten Land nahe. Italien. Sowohl Deen als auch Lusie kamen laut jubelnd nach oben, um endlich wieder auf stabilen Boden zu stehen. Und er wollte eine Kreuzfahrt machen…

Ich wollte laut loslachen. „Habt ihr eure Sachen zusammengepackt? Wir fahren los, sobald wir da sind", erklärte ich, und sie gingen so schnell, wie sie gekommen waren. Die Stille an Bord war entspannend. Ich konnte frei darüber nachdenken, worauf es wirklich ankam, und ja, es war nicht mein Privatleben, das für mich am wichtigsten war. Im Moment war es so, dass ich bei dem Fall nichts selbst machten würde, sondern einen Anwalt eingeschaltet hatte, was mich dauerhaft verpflichtete. Nicht, dass ich Angst gehabt hätte, zu sagen, was wir gegen sie herausgefunden hätten, aber ich hatte im Moment keinen Wunsch danach, jemanden von den Pharmazeuten zu sehen. Ich hatte Besseres zu tun. Am Ende würde ich sie früh genug sehen. Dann würde eine entscheidende Sache passieren. Alices Mutter hatte mir angeboten, bei mir zu sein, um endlich die Wahrheit preiszugeben und laut zu sagen, was sie ihr angetan hatten.

Wir nahmen ein Auto, das ich gemietet hatte, und fuhren vom Hafen zu unserem nächsten Ziel. Die Fahrt dauerte etwas mehr als eine Stunde bis zum Palazzo Fioggi, einem Wellness-Zentrum, und unserem Hotel für die nächsten drei Nächte. Es war schon früher Nachmittag, aber ich konnte mir vorstellen, dass sie nicht großartig müde waren, weil sie zwei Tage lang auf der Yacht waren, ohne sich viel zu bewegen. Auch wenn ich in diesen Nächten nicht viel geschlafen hatte, weil ich das Schiff bis zum nächsten Ziel steuern wollte, war ich auch nicht so müde. Schließlich hatte ich mich daran gewöhnt, nicht viel Schlaf zu bekommen. Die einzige Situation, die ich nicht kontrollieren konnte, war natürlich etwas, was mir nicht gefiel. Träume von Ereignissen, die ich vergessen wollte, kamen immer wieder hoch. Schmerzen, Hass, Verlorenheit, Angst oder Todesfälle, die ich nicht kontrollieren konnte. Alle meine Ängste traten immer wieder in mein Bewusstsein und bescherten mir einen unruhigen und unangenehmen Schlaf. Es gab wenig, worauf man sich freuen könnte.

„Was zum Teufel…!", war Deens erster Kommentar, als wir das Gebäude erreichten. „Das ist ein Imperium." Er war fasziniert von der Größe, und ja, es war ein Palast, aber natürlich würden wir nicht das ganze Gebäude für uns haben. „Wo hast du das aufgestöbert?", fragte er mich und ich runzelte die Stirn. „Diese Frage hätte ich eigentlich von Lusie erwartet, nicht von dir, Deen. Du weißt, wie man das Internet nutzt", sagte ich ironisch.

Im Inneren ähnelte es einem Schloss – groß, prächtig, ordentlich und hell. „Hallo, Sie müssen Mr. Favouner sein", begrüßte uns eine junge Frau herzlich mit ihrem italienischen Akzent. „Ja, wir haben ein Zimmer gebucht", erwiderte ich schlicht und sie nickte mit einem breiten Lächeln. „Eine unserer größeren Suites. Folgen sie mir", fuhr sie schließlich fort, und wir gingen hinter ihr her. Es war das Gebäude, das mich für den Baustil meiner Klinik inspiriert hatte, natürlich nicht halb so groß wie dieses. Deshalb wollte ich es eines Tages auch selbst sehen. Da ich nicht wusste, ob ich noch einmal die Gelegenheit dazu haben würde, beschloss ich, es jetzt während unseres gemeinsamen Urlaubs zu tun. Auch wenn wir es nicht nur als Wellness-Center, sondern vor allem als Unterkunfts-Hotel nutzen würden, würde es uns für die nächsten Tage genügend Erholung bieten, bevor wir uns dem Ziel näherten. Ich freute mich schon darauf.

„Hier, Signor, Ihr Zimmer. Sie werden dieses Bett hier und ein weiteres im Zimmer daneben haben. Die Bäder sind da." Sie zeigte auf einen Raum und wies auf den Rest, während sie mit ihrem englisch-italienischem Akzent sprach. „Sie finden jeweils einen Whirlpool. Außerdem gibt es im Erdgeschoss mehrere Pools und Ruheplätze. Frühstück gibt es von halb acht bis neun Uhr. Das Mittagessen ist von zwölf bis zwei Uhr. Abendessen von sieben bis halb zehn, aber wir geben Ihnen die Möglichkeit, zwischen den Mahlzeiten Früchte zu essen und Smoothies zu trinken", erklärte sie und Denn stieß mich leicht an. „Klingt, als gäbe es für dich nur zwei Mahlzeiten am Tag", forderte er mich heraus, was mir etwas peinlich war. Doch er hatte Glück, dass ich tatsächlich einen guten Tag hatte. „Okay, ich denke, den Rest werden wir selbst herausfinden. Danke", sagte ich zu der jungen Frau, und sie verschwand sofort. „Ich nehme das Kingsize-Bett hier." Deen sprang darauf herum und ich fragte mich, ob ihn die Ferien zehn Jahren zurückteleportiert hatten.

Wir gingen nach unten, um etwas von dem Abendessen zu genießen, das gerade aufgetischt worden war. „Es sieht köstlich aus", sagte Lusie und ich nickte. „Ich hoffe, es gefällt dir hier", lächelte ich sie herzlich an. „Selbst wenn wir in die Hölle gehen müssten, würde ich die Hitze lieben, solange wir zu dritt bleiben. Nichts anderes zählt, solange unser Trio zusammenhält, egal welche Herausforderungen uns erwarten." Heute gab es einen Rucola Salat mit roten Äpfeln und Zwiebelcreme und eine sättigende Suppe mit Borlottibohnen und Mischgemüse, dazu gratinierten Spargel mit Sahne und Erdbeeren. Bei jeder Mahlzeit lag ein kleiner Zettel, auf dem auch die Kalorien standen, und ich fragte mich eine Sekunde lang, ob das motivieren sollte, sich für das gesündere Essen zu entscheiden oder ob es einen demotivieren sollte, sich richtig satt zu essen. Auch wenn es nicht sehr viele waren, vor allem bei dem Salat, war das ein Thema, von dem ich erwartet hatte, dass einige, die her waren, sich wirklich dafür interessierten.

„Jetzt schwimmen!", wandte sich Deen zu Lusie und forderte sie heraus. Doch mir erschien sie bereits zu müde. „Heute wird nicht mehr geschwommen. Und schon gar nicht nach dem Essen; kommt, wir gehen nach oben." Ich stand auf und sie folgten mir schweigend. Ich legte mich auf das große Bett, das Deen vorhin wollte. Lusie kam und legte sich neben mich. Es war nicht meine Schuld, dass er dann Stunden im Bad verbrachte. Wer zuerst kommt, mahlt zuerst.

Er lachte sofort, als er uns – Lusie mit einem Buch in der Hand, und ich entspannte mich einfach, während ich ebenfalls hineinschaute. „Meint ihr das jetzt ernst?", fragte er uns ungläubig und setzte sich in die Mitte des Bettes. „Ihr wollt, dass ich da drüben allein schlafe?" Er zeigte mit einem vorgetäuschten traurigen Gesicht auf das Zimmer mit dem anderen Bett. „Du kannst auch hier schlafen, das Bett ist groß genug", bot Lusie zu meiner Überraschung an. Das Bett war groß genug für fünf Personen, keine Frage, aber war das nicht ein bisschen viel, fragte ich mich. Wir waren alle keine Teenager mehr. Ich war fast dreißig. Sie waren jünger, aber es war nicht so, als kämen wir direkt vom College. Gut, Lusie war noch nie in einem gewesen. Aber das wäre doch ein bisschen viel, dachte ich, und deshalb verließ ich das Bett, damit Deen nicht alleine schlafen musste.

„Geh jetzt noch nicht", flehte Lusie, und ich sah sie ungläubig an. „Was willst du denn von mir?" Ich hoffte, dass sie nicht wollte, dass ich mit ihnen in einem Bett schlief. Dieser Urlaub war ihr erster, aber das würde meine Fähigkeit, ihr alle Wünsche zu erfüllen, übersteigen. „Bleib hier. Wir können noch eine Weile reden und dann werden wir herausfinden, was wir tun, aber erst wenn einer von uns schlafen möchte", sagte sie. Ich blieb.

Man stelle sich vor, wie drei Erwachsene zusammen in einem Bett landen. So geschah es, als ich aufwachte. Ich fand Lusie neben mir und Deen neben ihr. Nicht, dass ich schockiert war, dass das passierte. Doch in gewisser Weise war ich es, der vor nicht allzu langer Zeit Probleme damit hatte, neben ihr zu schlafen. Jetzt teilte ich das Bett mit zwei Leuten. Ich kannte Deen seit mehr als zwei Jahrzehnten, aber wir hatten noch nie im selben Bett geschlafen. Manchmal im selben Zimmer, aber auch dann blieb ich die meiste Zeit über wach. So war ich erstaunt, dass ich dieses Mal schlafen konnte und meine schlimmsten Befürchtungen trotzdem nicht eingetreten waren: Ich hatte keinen Alptraum gehabt. Ich hatte nicht die Kontrolle verloren, während ich schlief.

„Guten Morgen", sagte Lusie plötzlich zu mir. Ich hatte gar nicht bemerkt, dass sie aufgewacht war. „Hey, Schatz", sagte ich, und ich beugte mich vor, um ihr einen sanften Kuss zu geben. „Also jetzt wird es zu viel hier. Wenn ihr in meinem Beisein ein Schäferstündchen anfangt, bin ich nicht mehr euer Freund", begann Deen hinter ihr zu drohen und wir lachten beide. „Dir auch einen guten Morgen, Deen", sagte ich, als er versuchte, aufzustehen, aber die Bettdecke umschloss uns alle. Das würde ein amüsanter Tag werden. Irgendwie kamen wir aus dem Bett, indem wir uns gegenseitig halfen. Was auch immer mit der Bettdecke passiert war, es war wirklich nicht einfach, wieder herauszukommen. Hoffentlich ist in dieser Nacht nichts Dummes passiert.

Nach dem Frühstück gönnten wir uns einen freien, entspannenden Tag. Wir schwammen in den Pools, faulenzten auf den Liegen, tranken Smoothies, bis wir Hunger auf richtiges Essen bekamen. Das war im

Grunde das Letzte, was wir an diesem Tag taten – wir aßen, bevor wir nach oben gingen, und dieses Mal begaben wir uns ohne viele Diskussionen in ein Bett.

Morgen wollten wir schon weiterreisen, aber heute wollten wir Rom besuchen, das nicht mehr als eine halbe Stunde Autofahrt von hier entfernt war. Es war sowohl Lusies als auch mein Wunsch gewesen, denn seine Geschichte war so faszinierend. Mein anderer Grund war die italienische Küche, an deren Speisen ich mich bis zum Platzen vollstopfen könnte. Die angefressenen Kilos müsste ich mir anschließend in einem Fitnessstudio wieder mühsam abtrainieren.

„Unglaublich, in der Mitte dieses Gebäudes haben sie früher gegeneinander gekämpft", sagte Lusie fassungslos, als wir im Kolosseum herumgingen. „Ich hätte die Pharmazeuten gerne dort drinnen mit ein paar hungrigen Löwen gesehen", sagte Deen mit einem Lächeln, doch ich verdrehte sofort die Augen. Von solcher Rache war ich überhaupt kein Fan. Wenn wir so mit den Menschen umgehen würden, die wir hassten oder die uns verletzten, wollte ich nicht wissen, wie schnell unsere Bevölkerung auf null gesunken wäre.

„Ihr seid doch Ärzte, oder?" Lusie zeigte auf Deen und mich und wir nickten, unsicher, was sie meinte. „Das ist Latein. Das müsstet ihr doch können, oder?", neckte sie uns und ich hatte schon verstanden, was sie wollte. „Könntet ihr das vielleicht für mich übersetzen?" Sie zeigte auf ein Zitat vor uns, und Deen lachte: „Es hat nichts mit Medizin zu tun. Ich glaube nicht, dass wir das können", und er versuchte weiterzugehen, aber Lusie blieb stehen und starrte mich an, während sie auf meine Antwort wartete. Da stand „M.AGRIPPALFCOS.TERTIUM.FECIT", was so viel bedeutete wie

„Marcus Agrippa, der Sohn des Konsuls Lucius", sagte ich, und sie sah mich mit offenem Mund verwundert an. „Komm schon, Streber, wir müssen weiter." Deen schob uns weg und langsam gingen wir die belebten Straßen entlang. „Woher wusstest du das?", fragte mich Lusie, die immer noch an das Gebäude dachte. „Es ist nur irreführend. Er hat das nicht wirklich gebaut", erklärte ich, ohne wirklich auf ihre Frage einzugehen. Sie nahm meine Hand in ihre und sagte nichts weiter. Auf diese Weise hatte ich mich geweigert weiterzureden und noch mehr Informationen dazu zu geben.

„Gib mir die andere", sagte Deen, und er griff nach ihrer Hand. Als mir dies klar wurde, ließ ich ihre wieder los. Sofort blieb sie stehen, um mich anzusehen, und sagte: „Sei jetzt nicht so albern." Sie streckte ihre Hand zu mir, damit ich sie nehmen konnte. Was war albern daran, dass ich ihre Hand losließ, da es für mich peinlich war, drei erwachsene Menschen so Seite an Seite zu sehen? Es war schwer genug, so zu zweit zu gehen, schlimmer aber als Trio? „Ich dachte nicht, dass du dich plötzlich dafür schämst", begann sie, als ob sie jetzt meine Gedanken lesen würde.

„Mir geht es gut, geh einfach weiter", sagte ich. Sie zuckte mit den Schultern. „Wie du willst", war das letzte, was sie sagte, bevor ich für den Rest unseres Rom-Besuchs hinter ihnen her laufen durfte. Jetzt bereute ich, dass ich ihre Hand nicht genommen hatte. Was war nur mit mir los, dass ich darüber nachdachte, was andere glauben könnten, wenn sie uns drei Hand in Hand sahen? Letztendlich würde es niemanden interessieren, und selbst wenn, was ging es mich an? Im Moment wollte niemand in meine Klinik kommen. Selbst wenn, wer würde sich in den überfüllten Straßen Roms an das Trio erinnern?

Kapitel 8

Seit unserem Aufenthalt in Rom war Nathaniel stiller geworden. In der letzten Nacht schlief er sogar in dem anderen Bett. Auch als ich mich am liebsten zu ihm legen wollte, da ich hörte, dass er wohl einen Albtraum hatte. Als er aufwachte und ich ihn im Arm hielt, war er schweißnass. „Hey", sagte ich, während ich versuchte, ihn so fest wie möglich zu halten. „Geht es dir gut?" Er nickte, aber in der Dunkelheit sah ich einen Glanz in seinen Augen. Diesen hatte ich noch nie bei ihm gesehen. Auf der anderen Seite hatte ich auch noch nie bemerkt, dass er Albträume hatte. „Komm bitte ins andere Bett", flehte ich, aber er weigerte sich. „Ich bin jetzt wach," sagte er und stand auf, um zu duschen. Das war auch das Ende meiner Nacht.

Wir fuhren nach Norden, unser nächstes Ziel war Mailand, so viel ich wusste. Wir hielten jedoch früher an, und ich schaute verwundert nach draußen. Vor uns stand ein großes, modernes Betongebäude. „Wir sind da", sagte Nathaniel, stieg aus dem Auto und öffnete die Türen sowohl für mich als auch für Deen. „Museo dell' Automobil?", fragte er seinen Bruder, der sich wieder wohlzufühlen schien. „Ja, der Schrotthaufen, wie ich es genannt habe, den du unbedingt sehen wolltest", sagte er mit einem halbherzigen Lächeln, und ich lachte. „Dünnes Eis, Deen. Pass auf, was du da drinnen tust. Es gibt da viele wahre Autoliebhaber", sagte ich amüsiert über Deens schockierten Blick und ging zu Nathaniel, der bereits auf dem Weg war, und keine Sekunde verpassen wollte. Ich hörte, wie er hinter uns fluchte, aber schließlich beschloss er, uns nachzueilen. Wir waren als ein Trio unterwegs, also würden wir alles gemeinsam tun. Es fühlte sich wirklich so an, als hätte es eine literarische Bedeutung.

Auf den ersten Blick sah ich nur alte Autos, die sehr ordentlich platziert waren. Nathaniel ging vor mir und Deen, der nicht einmal versuchte, Interesse zu zeigen, hinter uns. Ich schon. Am Ende hatte ich nie versucht herauszufinden, was ihnen daran gefiel. Woher sollte ich also wissen, ob es mir nicht auch zusagte? Als er vor Langeweile zu stöhnen begann, verdrehte ich die Augen und ging stattdessen zu Nathaniel.

„Sieh dir den an", sagte er und zeigte auf ein rotes Auto. „Was meinst du? Wie alt ist es?", fragte er mich, und ich musterte es erneut. „Ich weiß es nicht, vielleicht aus den sechziger Jahren", vermutete ich, und er lachte einen Moment. Dann legte er seinen Arm um mich und sagte: „Gut geraten, aber es ist eine BMW Isetta aus den 1950er Jahren", erklärte er, und ich machte große Augen. „Wie alt ist das älteste Auto hier? Das ist erstaunlich, dass es sie noch gibt." Ich meinte es ernst. Wie viel Pflege und Kosten waren nötig um ein Auto, siebzig Jahre nach seinem Bau in seiner ursprünglichen Form zu erhalten? Einfach nur beeindruckend.

„Das älteste Auto, das noch existiert, ist ein Benz Victoria Nr. 99. Der steht in Florida, glaube ich. Er ist aus dem Jahr 1894", erklärte er, und ich hielt erstaunt inne. „Aus einem anderen Jahrhundert?", fragte ich schockiert und er nickte. „Ja, aber sie ähneln eher einer Kutsche als einem Auto, wie man es sich heute vorstellt", erklärte er und zeigte auf etwas, das seiner Beschreibung ähnlich sah. „Siehst du dort den Fiat aus dem Jahr 1899?" Ich ging so schnell ich konnte dorthin. „Über hundert Jahre alt", sagte ich und starrte ihn an. „Das ist schon lange her, fast das Jahr, in dem du geboren wurdest", scherzte er, aber es stimmte. Ich hatte das Gefühl, in ein anderes Jahrhundert teleportiert worden zu sein. Oder als ob die Welt seither stillgestanden hätte. „Verstehst du mein Interesse an ihnen?" fragte Nathaniel mit einem leichten Lächeln. „Da gibt es nichts zu verstehen. Es ist erstaunlich, aber die Arbeit muss enorm sein." Ich war ganz und gar nicht mehr in meiner normalen, entspannten Art; mein Herz schlug schnell, und mit großen Augen, bestaunte ich jedes einzelne Exemplar. Sogar meine Atmung ging schneller, fast so, als wäre ich in der Nähe von etwas, das ich wirklich liebte. Andererseits war ich Nathaniel nahe, doch es fühlte sich an, als würde ich ihm zum ersten Mal begegnen. Etwas in mir hatte gefunden, wonach es suchte.

„Sieh dir den an", sagte er und zeigte auf ein anderes Auto. „Das ist sicherlich das älteste hier", erklärte er. Ich ging einmal um es herum. „Was ist das für ein Auto? Wann wurde es gebaut?", fragte ich, und er lächelte stolz, zufrieden mit seiner Entscheidung, an diesen Ort gekommen zu sein. „Es ist ein Bernardi aus dem Jahr 1896", sagte er kurz, und ich spürte, wie nicht nur mein Mund, sondern auch mein Herz aufsprang und jeden einzelnen Atemzug in sich aufnahm. „Du musst mir unbedingt deine eigenen zeigen, wenn wir zu Hause ankommen", sagte ich und er lachte. „Ich wollte, dass du eines Tages zu mir kommst, wenn du wirklich das Interesse dafür hast", sagte er. Er ging zu mir und gab mir einen sanften Kuss auf meine Stirn. Ein inneres Versprechen.

Wir blieben noch mehrere Stunden, bis Deen sich müde fühlte und sagte, dass er zurück zum Auto wollte. Das taten wir dann auch und fuhren zu unserer letzten Station für heute, Mailand. Dort würden wir zwei Tage übernachten, erklärte Nathaniel. Wir hatten also mehr als genug Zeit die Stadt zu besuchen und neue Klamotten für mich zu besorgen… Einkaufen. Ich konnte nicht beschreiben, wie sehr ich es hasste. Nicht wie andere Frauen, die gerne stundenlang in diesen Zentren blieben, sondern eher wie die meisten Männer, die ich kannte: Reinkommen, nehmen, was sie wollen, bezahlen und gehen. Ausgenommen natürlich Deen, der es genoss und den ganzen Tag dort bleiben wollte. Ich hatte Nathaniel gebeten, uns am Ende des Tages in ein gutes Restaurant zu führen. Jetzt wurde mir klar, dass ich mich morgen die ganze Zeit auf den Feierabend freuen würde.

Das Hotel lag mitten in Mailand. Ein großes Gebäude, das mit anderen verbunden war. Es sah rustikal aus, aber dennoch in gewisser Weise modern. Konnte es sein, dass ich verwirrt war, in welcher Zeit wir uns befanden, nachdem wir vor einer Stunde in einem anderen Jahrhundert gefangen waren? Als wir eintraten, bemerkten wir, dass es sauber und luxuriös aussah. Sofort eilte jemand zu uns und nahm unser Gepäck. „Danke", versuchte ich zu sagen, aber er war bereits verschwunden.

„Mr. Favouner, folgen Sie mir. Ich werde Ihnen Ihr Zimmer zeigen," sagte ein junger Mann in einem blauen Anzug, der eher in ein Büro passte. Das war keine Schande, aber ein körperlich arbeitender Mensch war er definitiv nicht.

„Signorina", rief er nach mir, als ich ihnen nicht folgte, weil ich mir ein Bild ansah. Es zeigte einen Ort, an den ich mich irgendwie erinnerte, aber ich wusste nicht, woher. Da ich nicht mehr richtig denken konnte, eilte ich ihnen hinterher. „Hier ist Ihre Suite. Ich wünsche Ihnen einen schönen Aufenthalt", sagte er, als wir an unserem Zimmer angekommen waren. Deen war der Erste, der hineinging, doch es dauerte nicht lange, bis er stoppte. „Ich werde hier einziehen", sagte er staunend. Als auch ich einen Blick in den Raum warf, konnte ich sehen, warum er so dachte. Alles war bis ins kleinste Detail durchdacht ausgestattet: ein kleiner Tisch mit drei Stühlen in der Mitte des Raumes, ein Sofa auf der linken Seite, das auf einen riesigen Fernseher ausgerichtet war – es war, als hätten sie den Raum speziell für uns eingerichtet.

„Wo werden wir schlafen?" fragte ich, denn ich sah kein Bett. „Ist das eine Tür?" Deen war verblüfft, und Nathaniel lachte über unser Erstaunen. „Seid vorsichtig, aber ja, das ist eine Tür", sagte er und führte Deens Hand langsam auf das Bild, um es wie eine Tür zu öffnen. Es schien, als wären wir nur in einem Raum, aber auf einmal ging man in das Bild hinein, als wäre man an einem anderen Ort. Die Wandmalereien umgaben den gesamten Schlafraum; selbst das Bad sah aus, als würde man in den Ozean treten. Auch wenn Mailand gar nicht am Meer lag, war es doch näher an einem Gebirgszug.

„Das zweite Zimmer ist auf der anderen Seite, falls dir das Bett zu klein ist", sagte Nathaniel, und ich grinste bei dem Gedanken, dass er bereits angeboten hatte, das Bett zu teilen. Es war gerade etwas mehr als eine Woche her, aber es hatte sich bereits so viel verändert.

„Ich werde das nicht tragen", sagte ich und zeigte auf das Kleid, das Deen für mich ausgewählt hatte. „Doch, das wirst du", sagte er mit entschiedener Stimme. „Auf keinen Fall", wehrte ich mich. „Zieh es selbst an, wenn es dir so gut gefällt", argumentierte ich, und er zog eine Augenbraue hoch. „Glaubst du nicht, dass es zu dir passen würde?" Er hielt das Kleid mit Blumenmuster hoch, damit ich es besser sehen konnte. „Gib mir das Schwarze, oder meinetwegen das Weiße. Ich will nicht aussehen, als wäre ich in einen Farbeimer gefallen", sagte ich und Deen sah mich eine Sekunde lang schockiert an, bevor er in Gelächter ausbrach. „Okay, dann keine Blumenkleider", ging er schließlich weg, und Nathaniel kam mit etwas, das er ausgesucht hatte, zu mir. „Besser?", fragte er mich und ich nickte hastig. „Viel besser", sagte ich und nahm den schwarzen Overall. Er passte viel besser zu meinem Kleidungsstil. Als ich ihn angezogen hatte, saß er perfekt, auch wenn er mehr Haut zeigte, als ich erwartet hatte. „Okay, das muss ich dir lassen", gab Deen zu, als er mich darin sah. „Elegant und sexy zugleich." Er starrte mich immer noch an, und ich lachte. „Und bequemer", sagte ich, denn das war für mich wichtiger.

„Ich werde sterben vor Hunger, wenn wir nicht bald in das Restaurant kommen, das du uns versprochen hast", gab ich zu und Nathaniel lachte. „Vor Hunger oder wegen Deen", deutete er mit dem Kopf auf seinen Bruder. „Natürlich, wegen dieses Shopping-Marathons", sagte ich, und er legte einen Arm um mich. „Ich werde mir etwas einfallen lassen", versprach er, kurz bevor Deen mich aufforderte, in den nächsten Laden zu gehen. Der Rest, den wir kauften, waren zwei Jeans, eine blaue und eine schwarze, drei T-Shirts, ein schlichtes weißes, das andere schwarz, auch wenn eines so kurz war, so dass man meinen Bauchnabel sehen konnte. Eine dünne Windjacke für den Sommer und ein passendes Paar Sneaker, natürlich in Schwarz.

Dann, nach sieben weiteren Läden, weigerte sich Nathaniel schließlich, noch ein weiteres Geschäft aufzusuchen. Die Strategie, die Deen bei den letzten Geschäften angewendet hatte, bevor wir ihn endlich dazu brachten zu gehen, wurde im Restaurant weiter verfolgt.

„Keinen Wein?", fragte die Bedienung geschockt und der Einzige, der nickte, war Nathaniel, während wir schweigend dasaßen, denn ich trank ja nie Alkohol. Aus diesem Grund musste Deen sich entscheiden, ob er die gesamte Rechnung bezahlen und trinken wollte, oder alkoholfreie Getränke genießen und freigehalten werden wollte. ,

Da er kein Mensch war, der gerne sein Geld gerne ausgab, entschied er sich für letzteres. Nathaniel bestellte das Essen. Ich höre ihn italienisch sprechen und sagen: „Cestine di Patate con Ricotta e Prociutto", und so etwas wie „Frutti di Mare." „Ich wusste nicht, dass er italienisch sprechen kann", sagte ich zu Deen, der wegen des Themas Alkohol etwas genervt aussah. „Weißt du irgendetwas, was dieser Mann nicht kann?" Ja, das weiß ich, dachte ich, aber ich schwieg. „Er ist ein Multitalent. Und sogar in allem noch gut. Beneidenswert", sagte er, kurz bevor Nathaniel an unseren Tisch zurückkehrte.

Den Rest des Tages unternahmen wir nichts Großartiges weiter, als durch die Stadt zu bummeln und zurück zu unserem Hotel zu gehen. Ich war müde vom Einkaufen, es war vergeudete Energie. Wenigstens hatte ich etwas davon. Auch wenn es viel einfacher gewesen wäre, ohne dieses Schickimicki und ohne Deen. Er würde das nächste Mal definitiv nicht dabei sein, wenn ich neue Kleidung bräuchte.

Wir waren schon auf dem Weg zu unserer nächsten Station, bevor die Sonne aufging. Am letzten Abend waren wir alle sehr früh ins Bett gegangen, so dass wir schon vor vier Uhr morgens wach waren. Nun hatten wir wenigstens mehr von diesem Tag, den wir für die Fahrt nutzen könnten. Zumindest dachte ich das, bevor Nathaniel auf eine Brücke zuhielt, die definitiv nicht auf unserem geplanten Weg lag. Er hatte mir das jedenfalls nicht gesagt.

„Wir machen eine Pause", sagte er und sowohl ich als auch Deen sahen aus, als wären wir auf dem Mond gelandet. „Wir haben noch etwas mehr als eine Stunde bis nach Deutschland", sagte Deen und fragte sich, warum wir jetzt anhalten sollten, aber ich stieg einfach aus dem Auto aus. Nathaniel hatte schon immer einen Grund gehabt, und sobald ich ausstieg und mir den Ort, an dem wir waren, genauer ansah, erkannte ich seinen Plan. Rafting. Das war einer von Deens Wünschen gewesen, und was wäre eine bessere Abwechslung auf unserer Fahrt als das? Sobald er aus dem Auto ausgestiegen war, glänzte sein Gesicht vor Aufregung.

„Ich nehme das", rief er und ich verdrehte die Augen. „Wir können das Gleiche nehmen. Außerdem haben sie genau die gleiche Form; du kannst sie wählen lassen." Ich versuchte, seine Aufregung zu besänftigen und ließ die Frau, die uns einführte, ihre Sicherheitsbelehrung beenden. Doch er wollte meine Worte nicht hören. „Oder was hältst du von dem da?", fragte er mich und ich nannte kurz seinen Namen, fast drohend, dass er schweigen solle. Es war nicht das erste Mal, dass er sich in Gegenwart einer Frau so komisch verhielt. Auch beim Tauchen war er wie ein anderer Mensch.

Schließlich kam es so, wie ich es gesagt hatte. Deen saß vorn, ich in der Mitte und Nathaniel hinter mir, mich haltend, umgeben von einem stätigen Rauf und Runter. Ich lehnte mich zurück, seine Berührung war so angenehm, dass mir klar wurde, wie sehr ich sie vermisst hatte. Allerdings waren diese Urlaubstage nicht für Intimität gedacht, oder?

„Hallo", begrüßte eine Frau Nathaniel mit einer herzlichen Umarmung. Sein Körper spannte sich an, aber er wich nicht zurück. „Wir haben dich doch nicht gestört, oder?", fragte er. Ich wusste nicht, was er meinte, bevor mein Blick auf ihre nackten Beine fiel. Sie hatte nur einen Slip an und ein dünnes T-Shirt, aber man sah genau, dass beides offenbar in Eile angezogen wurde. „Überhaupt nicht. Wir freuen uns immer, auf neuen Besuch. Kommt rein, kommt rein", sagte sie herzlich, und ich konnte meine Gefühle nicht einsortieren, ob ich schockiert war oder mich über die Begrüßung freute.

Ich ging hinter Nathaniel her, und Deen war dicht hinter mir. Ich merkte, dass er auch nicht verstand, was gerade geschah. Am Ende war er noch kritischer, da er dachte, dass Nathaniel überhaupt keine Freunde außer uns hatte. Doch irgendwie zweifelte ich nun stark an seiner Urteilskraft darüber, und glaubte nicht, dass die beiden irgendetwas anderes als das waren. Die Frau ging sofort hinein zu einem Mann, der etwa in ihrem Alter zu sein schien, Anfang bis Mitte dreißig. Er saß bequem in einem Sessel. Sie ging zu ihm und kniete auf der linken Seite nieder. Danach blieb sie dort. War die Situation für Deen genauso neu und einschüchternd wie für mich? fragte ich mich, aber ich würde ihn jetzt nichts mehr fragen. „Hier solltet ihr genug doch Platz zum Spielen haben?", fragte der Mann Nathaniel, der lachte und nickte. Warum dachte er, dass wir da oben spielen würden?

„Danke, wir bringen unsere Sachen rein und kommen dann zu euch runter, okay?", fragte Nathaniel, und der Mann, Jake, nickte langsam. Sein Arm berührte mich im Vorbeigehen und ließ meinen ganzen Körper erzittern. Für was? Ich wusste es nicht. Was ich wusste, war, dass er mich einschüchterte. Was er später mit mir machen würde, konnte ich bis jetzt noch nicht wissen.

„Gefällt es dir?", fragte Nathaniel, der ungewöhnlich entspannt und ruhig war, als wir das Zimmer betraten, in dem wir schlafen sollten. Wir befanden uns im obersten Stockwerk des Gebäudes, daher wirkte es ein wenig kleiner, aber auch gemütlicher. „Es ist bisher schön", sagte ich und war mir nicht sicher, wovon er sprach.

„Woher kennst du sie?", fragte Deen kalt, sein ganzes Auftreten war ein Kontrast zu dem, wie er sonst war, er wirkte sehr angespannt. Wie ich war er wahrscheinlich von unseren neuen Bekannten eingeschüchtert. „Wir kennen uns übers Internet. Die beiden sind okay, Deen. Er ist ein Arzt wie wir", versuchte er offensichtlich, ihn zu beruhigen.

„Können wir wieder nach unten gehen?", fragte ich, kurz nachdem wir den Raum betreten hatten. „Geh nur. Ich werde kurz mit Deen sprechen", erklärte Nathaniel und freute sich, dass ich wieder zu ihnen wollte. Ich konnte mir nicht erklären, warum, aber irgendwie wollte ich wieder zu diesem Jake. Er hatte eine Ausstrahlung, die mich irgendwie anzog. So ging ich und ließ die Brüder zurück. Als ich die Treppe hinunterkam, flüsterte er der Frau gerade etwas ins Ohr. Sie saß immer noch in der gleichen Position da.

„Hallo", sagte ich vorsichtig. Als seine Augen auf mich gerichtet waren, spürte ich sofort, dass mein Körper für einen kurzen Moment erneut erschauderte. „Du kommst zuerst nach unten? Hätte nicht gedacht, dass die Jungs mehr Zeit brauchen", sagte er mit ruhiger Stimme. Ich dachte, es sei ein Witz, also lachte ich leicht und erwiderte: „Zumindest hatte Deen uns gestern davon abgehalten, einen Schritt weiterzukommen, als wir in Mailand waren. Er ist eine wahre Shoppingqueen", erklärte ich und er nickte leicht lächelnd.

„Du bist also sein neues Mädchen?", fragte er mich. Ich war verblüfft darüber, was er damit meinte. „Wie geht es ihm, deinem Meister?", fuhr er mit seinen Fragen fort und ich wusste immer noch nicht, wie ich antworten sollte. Amüsiert lachte er eine Sekunde lang, bevor er seine Aufmerksamkeit wieder der Frau neben ihm schenkte. Dreimal klatschte er auf seinen Schoß, bevor sie aufstand und sich darauf setzte. Selbst jetzt, als sie dort saß, wirkte sie immer noch kleiner als er.

„Bist du ihr Dom?", fragte ich, wobei ich mich an das Wort von Nathaniel erinnerte, und beide sahen mich an. „Beantworte ihre Frage. Wer bin ich für dich?", befahl er der Frau und ihre helle Stimme klang wie die Melodie eines Liedes im Vergleich zu seiner tiefen Männerstimme.

„Er ist mein Herr. Ich gehöre ihm", erklärte sie und ich starrte sie einen Moment lang schweigend an, bis sie mich anlächelte und mir zu verstehen gab, dass sie das wirklich wollte. „In diesem Fall würde man ihn, glaube ich, als deinen Dom oder Meister bezeichnen. Ich kenne den Unterschied nicht wirklich", gab ich zu. „Wenn du sein Unterwürfige bist, ist er dein Dom. Wenn du seine Sklavin bist, wird er dein Master, oder die verdeutschte Version, Herr sein", erklärte er, aber ich konnte den Unterschied immer noch nicht herausfinden. „Alles dreht sich um unsere Vereinbarungen und meine Macht über sie. Als Meister habe ich die volle Kontrolle über sie. Sie kann einfach aufhören mit ihren Save-Wörtern", erklärte er, und ich nickte. Die Savewords, an die ich mich erinnerte. „Melde dich einfach, wenn du weitere Fragen hast. Wir freuen uns über das Interesse von neuen Szenemitgliedern", erklärte er und ich nickte, unsicher, ob ich das wirklich war. Ein Szenenmitglied.

Schließlich kam Nathaniel allein die Treppe hinunter. „Entschuldigt Deen, er braucht mehr Zeit, aber wir werden ihn sicher morgen sehen", erklärte er, und ich wusste nicht, was er meinte. Mehr Zeit für was? Deen hatte nie Angst vor anderen gehabt. Warum sollte er jetzt mehr Zeit brauchen?

„Dein Mädchen hat uns gerade nach dem Unterschied zwischen einem Dom und einem Meister gefragt. Wo hast du sie gefunden? Sie scheint völlig neu zu sein", sagte er und ich hörte nur zu und lehnte mich an Nathaniel, der jetzt direkt neben mir auf dem Sofa saß. „Sie war meine Patientin gewesen, als ich sie vor rund einem Jahr kennenlernte. Danach blieb sie bei mir und wir versuchten uns näher zu kommen", erklärte er, als wäre es ein normales Alltagsgespräch. Andererseits hatte die Frau, die auf Jakes Schoß saß, ihr T-Shirt nicht mehr an, als ob das vor Fremden üblich war. Ich hatte den Eindruck gewonnen, dass dies für mich in jeder Hinsicht ungewöhnlich war. Trotzdem war es nicht genug, um mich zurückzuschrecken.

„Ich verstehe", sagte er, während er darauf brannte, unsere Vergangenheit herauszufinden. Plötzlich flüsterte Nathaniel mir ins

Ohr: „Zeige ihnen, was ich dir beigebracht habe. Zieh dich aus. Jetzt", befahl er mir, ließ mir aber dennoch die Wahl und fragte zusätzlich, ob ich es jetzt tun würde oder nicht, da wir vor Fremden standen. Was auch immer in ihrer Gegenwart mit mir geschah, es entspannte mich. Ich hatte keine Angst mehr davor, mich vor Nathaniel oder Deen auszuziehen, aber irgendwie fühlte sich das auch hier wie eine normale Sache an. Schließlich hatte das Mädchen auch jetzt nichts anderes als ihre Hose an. Also stand ich auf und begann mitten im Raum, mich vor Nathaniel, aber auch Jake, langsam auszuziehen.

„Hilf ihr", sagte Jake plötzlich zu der Frau, deren Namen ich immer noch nicht kannte. Sie stand sofort auf und ging zu mir. „Entspann dich, wir werden jetzt eine Show für unsere Männer abziehen", flüsterte sie mir ins Ohr, bevor sie meinen BH öffnete und ihre Hände auf meine nackte Brust legte. Meine Augen weiteten sich im ersten Moment; ob es der Schock des Verlangens war, der mich überflutete, konnte ich nicht sagen. Es war lange her, dass mich jemand berührt hatte, und noch nie hatte mich eine Frau auf diese Weise angefasst. Sie tanzte fast um mich herum, bewegte ihren Hintern nach links und rechts und präsentierte ihn für Jake. Ich drehte mich nach ihr um und wollte wissen, mit wem ich das gerade tat. Sie kniete mit einem schmutzigen Lächeln vor mir nieder, öffnete meine Jeans und zog sie langsam herunter. Es war, als hätte sie die ganze Zeit einen Rhythmus in sich. Alles wirkte so melodisch und begehrenswert. Am Ende standen wir beide in der Mitte des Raumes, fast völlig nackt, nur noch mit unseren Slips.

Bevor sie wieder zu Jake ging, zwinkerte sie mir zu, was mich verwirrte, als wäre es ein Spiel gewesen. Ein Spiel. War es das, was

Jake vorhin meinte? Konnte so eine solche Session aussehen? War dies nur der Anfang von etwas Großen? Ich wollte wieder neben Nathaniel sitzen, aber er ließ mich nicht. Wie Jake es mit seinem Mädchen getan hatte, wollte er, dass ich jetzt auch auf seinem Schoß saß. Ich gehorchte. Der Rest des Abends verging schnell; alles war so neu für mich, aber sie redeten ganz normal, während ich mich an Nathaniel drückte. Alles war viel intensiver, die Macht dauerhaft spürbar, die „unsere Männer" wie sie sie genannt hatte, ausstrahlten. Schließlich gingen wir nach oben zu Deen, die bereits schlief. Das tat ich dann auch, aber in dieser Nacht in Nathaniels Armen.

Am nächsten Morgen gingen wir bekleidet nach unten. Wir aßen gemeinsam Frühstück. Ich saß vor der namenlosen Frau, Nathaniel neben mir und Deen neben ihm – am weitesten weg von uns – und sagte kein Wort. Jake saß am Kopfende des Tisches, aber damit auch neben mir. Dennoch war ich von seiner Anwesenheit eingeschüchtert, auch wenn er sich als höflicher Mann erwies. Etwas machte mich unsicher in seiner Gegenwart, so dass ich die Unterwerfung seiner Freundin verstand. Sie redeten und lachten ganz normal, es wurde nichts Besonderes gesagt. Nichts über gestern. Es schien ein ganz normaler Abend für sie gewesen zu sein. Danach ging es wieder als das übliche Trio zu unserem Mietwagen. Doch Deen sagte kein Wort, und ich fragte mich, ob er sich gut fühlte oder ob er Probleme mit Nathaniels Freunden hatte. Er war jedoch entspannt und hatte ein leichtes Lächeln auf den Lippen, was mir sehr gut gefiel. Es kam nicht oft vor, dass er sich mit den Menschen um ihn herum so wohl fühlte. Vor allem kannte er sich scheinbar gut, was mich zu der Frage veranlasste, wie viel Kontakt sie vorher übers Internet hatten. Die erste Aktivität an diesem Tag war Paragliding; es war Deens Wunsch gewesen, und glücklicherweise beruhigte er sich wieder, als er erfuhr, dass wir das heute machen würden. Jeder von uns hatte einen Fallschirm und einen Trainer, der nur hinter uns saß und kontrollierte, dass alles gut ging.

Wir starteten von der Spitze eines Berges und als ich dort stand und Hunderte von Metern in die Tiefe blickte, wurde ich zunächst ein wenig nervös. Aber sobald wir gesprungen waren, fühlte ich mich frei. Als wäre ich ein Vogel. Deen jubelte die ganze Zeit, während er in der Luft war, während Nathaniel schwieg und sicher die Aussicht genoss. Ich tat beides, da ich meine Zeit als freier Vogel nicht verschwenden wollte.

Wieder auf der Erde eilten wir zur nächsten Station die uns wieder in die Luft bringen sollte. Ballonfliegen. Zu viert saßen wir im Heißluftballon, wir drei und ein Ausbilder der den Ballon steuerten, während wir die Aussicht genossen. Wir standen da, ich in der Mitte und jeder der Brüder neben mir, den Arm um mich gelegt, in angenehmem Schweigen. „Ist das nicht phantastisch?", fragte Deen. „Ja, es ist friedlicher, als ich erwartet hatte", stimmte ich ihm zu und beide lachten. „Warte nur, bis der nächste Windstoß kommt", neckte Nathaniel und jetzt lachte ich. „Zum Glück habe ich euch beide, die mich halten".

Als wir zu unserer Unterkunft zurückkehrten, waren wir überrascht, dass wir nicht die einzigen Besucher waren. Zwei weitere Autos standen vor dem Gebäude. „Wenn die jetzt eine Art Sexparty veranstalten, gehe ich da nicht hinein", drohte Deen Nathaniel, der nur lächelte und sagte: „Wenn du dich oben wieder wie ein Kind verstecken willst, ist das deine Sache, dabei könnte es auch für dich gut sein, unter dem Einfluss der anderen zu stehen", und ging, ohne eine Antwort abzuwarten, zum Haus. Ich schaute Deen einen Moment lang an und wartete darauf, ob er ihm folgen würde, bevor ich ihm alleine nachging.

„Ihr seid zurück." Jake begrüßte uns herzlich am Eingang und legte einen Arm um Nathaniel, den anderen um mich, während er uns ins Haus führte. Es war faszinierend, wie gut er es verstand, mich so einzubeziehen, auch wenn wir uns erst gestern kennengelernt hatten. „Ich möchte euch einige meiner Freunde vorstellen", erklärte er uns, während wir schon auf dem Weg waren. Ich schmunzelte über die Art, wie er uns beide führte. „Die Blondine in der Ecke ist Stephie, der Mann neben ihr, Anthony. Wir kennen sie vom örtlichen Club hier, und sie sind manchmal wirklich verrückt, aber auch so freundlich, hier mitzumachen", stellte er sie vor und die Frau Stephie lachte. „Mach dich nicht über uns lustig." Sie verdrehte die Augen und stand auf, um mich zu umarmen. „Weißt du, wie viel er über dich gesprochen hat? Als wäre im vergangenen Jahr nichts anderes passiert", verwirrte sie mich und ich schaute kurz zu Jake auf, der ganz gelassen mit einem leichten Lächeln antwortete: „Ich bin nur ehrlich." Er hob unschuldig die Hände und ging zu seiner Freundin. Ich unterdrückte ein Lächeln.

Sie luden mich ein, mich zu ihnen zu setzen, aber ich erklärte, dass ich die anderen zuerst kennenlernen wollte, was nicht so einfach war, wie ich erwartet hatte. Als ich in den Hauptwohnbereich kam, indem wir gestern gewesen waren, sah ich eine Frau gefesselt vor einem

Mann, der eine Peitsche in der rechten Hand hielt. Ich stand mit offenem Mund da und war erstaunt über diese außergewöhnliche Szene. Es sah aus wie ein Andreas-Kreuz, an dem sie festgemacht war. Plötzlich tauchte Nathaniel hinter mir auf.

„Faszinierend, nicht wahr?", fragte er mich. „Ja", sagte ich in einem Atemzug, ohne den Blick abzuwenden. Alle meine Sinne waren auf die Eleganz und Schönheit dieses Ereignisses fixiert. Ihre Brustwarzen standen hart nach oben, was ihre Erregung zeigte.

„Keine Sexparty, hmm." Deen tauchte plötzlich hinter uns auf und lenkte mich von der Szene ab. Er sah angespannt und unbehaglich aus, und seine Iris war erweitert. Gefiel ihm das auch oder schämte er sich einfach zu sehr, hinzusehen? Ein anderer Grund war mir nicht ersichtlich, es sei denn, er stand unter Drogen- oder Alkoholeinfluss. Warum sollte er wie gestern versuchen, davor wegzulaufen, wenn das der Fall war?

Kapitel 10

Nicht so, dass ich ein Problem damit hätte, deinen Träumen, Leidenschaften oder Wünschen zu folgen, aber wenn es darum ging, andere in Situationen zu bringen, in denen sie nicht sein wollten, stieß mich das an eine harte Grenze. Zumindest würden sie es so nennen. Vom ersten Tag an fragte ich mich, was für Freunde Nathen haben könnte. Er hatte nie jemanden erwähnt. Doch jetzt war es mir klar, dass er mir gegenüber nie über sie redete. Es war so freundlich, dass sie uns in ihrem Haus übernachten ließen, aber war es trotzdem möglich, mich von dieser sexuellen Sache auszuschließen? Wollten sie mir wirklich Unbehagen bereiten?

Seit dem ersten Tag an diesem Ort versuchte ich, mich von ihnen zu distanzieren. Es wirkte nicht höflich, aber es machte mir nichts aus. Letztlich empfand ich es nicht als angemessen, jemanden willkommen zu heißen, ohne seine Spiele zu unterbrechen, wie sie es nannten. Als einziger in diesem Raum, der voller Matratzen war, wollte ich aber auch nicht die ganze Zeit verbringen. Also beschloss ich, zu Lu zu gehen.

Ich ging ins Wohnzimmer, wo Lu und Nathaniel standen und das Paar am Kreuz betrachteten. „Keine Sexparty, hmm?". „Deen, du bist gekommen", sagte sie erfreut über mein Erscheinen. Ich wollte sie fragen, ob ihr das alles wirklich gefällt und ihr sagen, dass sie das nicht zu tun musste, auch wenn Nathen das gewollt hätte, was ich immer noch bezweifelte. Er schien mir nicht der Typ für so einen harten

Scheiß zu sein. Auf der anderen Seite war ich mir nicht sicher, wer das sein könnte. Letztendlich gab es Gründe, warum ich mein Handy nicht aus der Hand gegeben hatte. Es war das einzige Interesse, für das ich mich schämte. Auf der anderen Seite war ein Pädophiler erst schuldig, wenn er aktiv wurde. Warum sollte mir dann jemand die Schuld für das geben, was ich in meiner Freizeit googelte

„Kann ich mir Lusie für eine Weile ausleihen?", fragte dieser blauäugige Bastard, dem das Haus gehörte, Nathaniel, als würde er über ein Auto sprechen. „Sei lieb zu ihr", sagte er kurz, und meine Augen weiteten sich vor Schreck. Liebte er sie nicht? Warum sollte er sie einfach so hergeben, an diese Person. Dieser Sadist, oder was auch immer er war, Was mich am meisten schockierte, war das leichte Lächeln auf Lusie's Lippen, als würde sie sich darauf freuen und als würde sie das genießen. Sie schämte sich nicht im Geringsten. In diesem Haus schien es im Moment so, als wäre ich die unnormale Person, nicht sie. „Du willst wirklich zulassen, dass er sie mitnimmt?", fragte ich Nathen bestürzt, der immer noch neben mir stand und das Paar beobachtete „Warum nicht?", fragte er, als wäre es völlig normal, die Freundin an einen Fremden zu verschenken. Es überraschte mich, dass sie überhaupt keine Angst vor ihm hatte und ihm blindlings folgte. „Was ist, wenn er sie vergewaltigt oder ihr wehtut?", versuchte ich, ihn dazu zu bringen, darüber nachzudenken, was passieren könnte, aber er sah fast amüsiert über meine Sorge aus.

„Dass er das tut, ist nicht unmöglich", sagte das blonde Mädchen, das offenbar zu Jake gehörte und plötzlich hinter uns stand. „Komm, ich zeige dir etwas", bot sie mir an. Mir wurden ihre Aussage und diese Leichtigkeit unangenehm, als ob es völlig normal wäre, dass solche

Dinge passierten. Allerdings glaubte ich nicht, dass dieses kleine, dünne, blonde Mädchen mir etwas tun würde, also folgte ich ihr verärgert. Sie führte mich in einen dunklen Raum. „Wo sind wir?", fragte ich mit angespannter Stimme und versuchte, meine Unsicherheit zu verbergen.

„In meinem Schlafzimmer", erwiderte sie mit einem leichten Lächeln auf den Lippen. Ich fragte mich, warum sie mich an diesen Ort brachte. „Deines, du teilst es doch mit diesem Mann", warf ich ein. Sie lachte leicht und ich sah unsicher um mich herum. Was war so amüsant? „Wir kennen uns seit sieben Jahren", begann sie ihre Geschichte zu erzählen, auch wenn ich nicht darum gebeten hatte. Ich wollte es auch nicht hören, blieb aber trotzdem stehen. „Ich hatte damals in einem Club in Russland gearbeitet, doch der Abend, an dem ich ihn sah, sollte der letzte sein, an dem ich dort arbeitete", sagte sie grinsend. Ich fragte mich stirnrunzelnd, ob er sie zwang ihre Arbeit zu beenden.

„In dieser Nacht ging ich mit ihm. Alles war irgendwie perfekt, ich hatte noch nie so intensiven Sex in meinem ganzen Leben", lachte sie. Ich sah mich um und versuchte, dieser Situation zu entkommen. „Am Ende entschied ich mich, bei ihm zu bleiben. Ich beendete mein altes Leben und begann ein neues mit ihm", schloss sie mit ihrer Geschichte. „Warum wolltest du seine Sexsklavin werden?" Ich wollte es nicht so hart sagen, wie es sich anhörte, aber sie sah überhaupt nicht beleidigt aus. „Ich hatte in diesem Club als Prostituierte gearbeitet, das hat es mir leichter gemacht, mit einem Mann zusammen zu sein als mit hundert anderen", grinste sie mich an. „Und das war dann dein Ausweg?", drängte ich sie, mir die erhoffte Antwort zu geben. „Nein, nein, nein, überhaupt nicht. Du hast mich falsch verstanden", sagte sie und schüttelte lächelnd den Kopf.

„Ich hatte genug Geld, mochte meinen Job und genoss den Kontakt mit anderen. Auf der anderen Seite hatte ich bei ihm mehr Sicherheit", erklärte sie. Jetzt verstand ich nichts mehr. „Wir haben eine offene Beziehung. Ich bin seine Sklavin und in der Regel wählt er aus, mit wem ich mich einlasse, weil ich es will, natürlich. Ich war noch nie ein schüchterner Mensch", gab sie mit einem ironischen Lächeln zu und trat plötzlich näher an mich heran. Sie kam so nah auf mich zu, dass ich versuchte, einen Schritt zurückzutreten, doch hinter mir war die Wand.

„Wovor verkriechst du dich?", fragte sie interessiert. Meine Augen weiteten sich, meine Atmung nahm zu, und ohne einen weiteren Kommentar drehte ich mich um und rannte aus dem Zimmer.

Am nächsten Morgen wachte ich allein auf. Unten hörte ich die anderen reden, die sicher beim Frühstück zusammensaßen. Ich wollte sie am liebsten nicht mehr sehen. Besonders sie. „Guten Morgen, wir fahren heute an eurem letzten Tag zusammen zu einem Freizeitpark", erklärte mir das Mädchen, als ich nach unten kam und mich auf eine Sitzecke zurückzog. „Ich fühle mich nicht wohl und würde lieber hierbleiben", antwortete ich kalt. „Komm und iss etwas. Wir wollen dann in den Europapark", versuchte sie mich zu motivieren. Ich ging zu den anderen. „Hey, Deen", sagte Lu zu mir etwas besorgt. Trotzdem schien sie gute Laune zu haben. „Guten Morgen. Mir geht es gut", ließ ich sie wissen. Auch wenn mich alles sehr verwirrte und ich es nicht schätzte, dass wir alle gemeinsam den Tag verbringen würden.

„Das probiere ich als nächstes", sagte ich und zeigte auf die steilste Achterbahn, die ich finden konnte. Ich wollte versuchen, sie loszuwerden und mich allein zu amüsieren. „Ich passe", sagte Nathaniel sofort, und Jake lachte. „Du bist auf jeden Fall nicht so lebensmüde wie dein Bruder", sagte er scherzhaft und ich sah, wie Nathen's Gesichtszüge sich verhärteten. „Noch jemand, der sich mir anschließen möchte?", fragte ich und hoffte, dass sich niemand dazu melden würde. Ich atmete tief durch, bevor ich mich auf den Weg zur Achterbahn machte.

„Hey Deen, nimm mein Mädchen mit. Du hast die Ehre, dich in der nächsten halben Stunde um sie zu kümmern", rief Jake mit verspielter Stimme. Alle, außer mir, lachten. Eine ehemalige Prostituierte durfte mich umsonst begleiten. Trotz, dass sie wirklich wunderschön war, hätte ich lieber dafür bezahlt, sie meilenweit von mir zu entfernen zu halten.

Sie lächelte den ganzen Weg über, ohne ein Wort zu sagen. Also verdrehte ich die Augen. „Was ist so lustig?", fragte ich, verwirrt darüber, warum sie nichts sagte. „Du willst mich nicht hier haben, oder?", fragte sie, und ich nickte. „Du bist fast so gut wie mein Bruder darin, Menschen zu lesen. Abgesehen davon versuche ich im Moment nicht einmal, meine Gefühle zu verbergen", sagte ich, als wir in der Schlange zur Achterbahn standen und warteten. „So eine Schande, auch wenn es dir so sehr gefallen würde, was es mit dir machen könnte", versuchte sie mich mit ihren süßen Worten zu überreden, doch ich rollte nur mit den Augen. „Warum hast du solche Angst?", fragte sie, wie gestern. „Wer hat gesagt, dass ich das habe?", wollte ich wissen. „Seit deinem Erscheinen hast du versucht, dich zu verstecken, weil du niemanden von uns kennenlernen wolltest. Du hast Angst, dass dir gefallen könnte, was wir tun", sagte sie mit einem herausfordernden Lächeln.

„Oder ich will mit diesem perversen Zeug nichts zu tun haben", sagte ich klar und deutlich, schaute mich aber um, unsicher, ob es jemand gehört hatte. Sie lachte und berührte meinen Rücken, als wäre ich ein Kind. „Wenn du nicht wüsstest, was wir tun, hättest du zugesehen. Hättest du es nicht probiert, hättest du kein Interesse. Jetzt hast du es gesehen, bist interessiert, hast aber zu viel Angst, es zu akzeptieren", erklärte sie, und ich rollte mit den Augen. Hat er nicht gesagt, dass ich mit ihr machen kann, was ich will?

Wir gingen zurück und sprachen über die Loopings und heftigen Momente in der Achterbahn. Ich musste ihr zugutehalten, dass es wirklich einfach war, mit ihr zu reden. Nicht so, wie ich es erwartet hatte – dass sie nur über die eine Sache reden konnte, die ihr im Schlafzimmer gefiel. Nein, sie schien trotzdem ein normaler Mensch zu sein. „Du hattest das gleiche Problem mit dem Atmen bei der zweiten Schleife?", fragte ich und sie stimmte zu, während sie lachte. Plötzlich tauchte vor uns Jake wie eine Wand auf.

„Wie war es?" fragte er ironisch. „Es hat mir sehr viel Spaß gemacht. Danke, dass du sie mir **geliehen** hast", sagte ich so kalt wie möglich und benutzte seine eigenen Worte, die er gebraucht hatte, bevor er mit Lu wegging. Er lächelte kurz: „Dann hoffe ich, dass du dich nicht damit zufriedengibst, und ein zweites Mal nach ihr fragst". Er reichte mir seine Hand. Ich nahm sie, während meine Miene angespannt blieb. Offenbar amüsierte ihn das, denn er stand mit leichtem Lächeln vor mir, solange wir uns Hände schüttelten. Oh

Mann, er drückte meine Hand, als wollte er mir zeigen, wer der Stärkere von uns war. Oder war er eifersüchtig? Nein, das war schon fast ein erfreulicher Gedanke. Warum sollte er es nicht zu schätzen wissen, dass wir gemeinsam eine Achterbahnfahrt unternahmen, während sie sonst anders benutzt wurde? Zumindest für mich klang das intimer.

Es war bereits neun Uhr abends, als wir zurückkamen. Wir waren im Vergnügungspark essen gewesen und hatten keine weiteren Pläne für den Abend gemacht, außer Koffer zu packen. Darauf hatte ich eigentlich gewartet, doch mit einem Mal fehlte mir die Lust. Ich merkte, dass es trotzdem ein angenehmer Tag gewesen war und ich in ihrer Gesellschaft sogar lockerer wurde. Mit ihrer Freundlichkeit hatte sie dieses Ziel schließlich erreicht. Jetzt war ich sogar ein bisschen traurig, sie morgen früh zu verlassen. Im Gegensatz zu Jakes; er hatte etwas, das mich nicht entspannen ließ, auch wenn er es vielleicht   versuchte.
„Sind für heute Abend wieder irgendwelche Sexpartys geplant?", unterbrach ich die Stille im Auto auf der Rückfahrt. „Ein Anruf, und das Haus ist mit mehr als hundert Menschen gefüllt", sagte Jake mit ernsthafter, ruhiger Stimme, während er seinen Mustang nach Hause fuhr.

„Vielleicht wäre es gut, deine Grenzen auszutesten. Schließlich sind wir heute früh zeitig losgefahren", neckte sie und ich lachte: „Vielleicht hätte ich doch nichts sagen sollen. Mir kommt es so vor, als hättest du noch genug Energie, auch nachdem du eine Woche keinen Schlaf bekommst." Ich verdrehte die Augen, da es mir zu ernst wurde. „Nach einer schlaflosen Woche fängt der Spaß erst richtig an", sagte

Jake lächelnd und brachte die anderen zum Lachen. „Wenigstens einer, der die Party auch versteht. Nicht wie mein Bruder und seine Abstinenz zu freigeistigen Getränken", versuchte ich, ihn vorzuführen. Allerdings hatte ich nicht bedacht, dass auch andere der Anwesenden so tickten. „Ich glaube nicht, dass es viele gibt, die auf den Partys trinken, meine ich", begann Jake zu erklären, so dass mir fast die Augen aus dem Kopf fielen. „Partys ohne Alkohol?", fragte ich verständnislos. „Wir müssen unseren Geist und unseren Körper unter Kontrolle haben und unser Handeln genau steuern, sonst bringen wir uns gegenseitig in Gefahr", erklärte er logisch. Ein weiterer Punkt, der mir nicht in den Kram passte. Am Ende des Tages gab ich gerne die Kontrolle ab.

Am nächsten Morgen hieß es Abschied nehmen. Lu und Nathen saßen schon im Auto und er startete den Motor. Ich ging ihnen nach, kam als letzter am Fahrzeug an, da ich das meiste Gepäck tragen musste. „Wir werden uns wiedersehen", sagte Jake und streckte seine Hand aus. Ich fragte mich, ob es eine Drohung darstellen sollte oder ich mich darauf freuen würde. Ich entschied mich am Ende für den letzteres, denn er war wirklich gut zu mir gewesen, und ich reichte ihm die Hand.

„Cecilia, komm, sie müssen bald losfahren", rief er und mir wurde klar, dass ich ihren Namen bis dahin nicht kannte. Das sah mir ähnlich. Ich, der selten fragte, wie sie heißen, stellte ich mir amüsiert die peinlichen Situationen mit einigen Frauen vor, deren Namen ich nach einer Nacht schon wieder vergessen hatte. „Hier", sagte sie und gab mir ein Buch, nachdem sie zu uns geeilt war. „Ein Geschenk für dich", sagte sie lächelnd und ich dankte ihr, bevor ich sie zum Abschied umarmte. Am Ende ging unsere Reise mit einem traurigen und glücklichen Blick Richtung Kroatien weiter.

Kapitel 11

Der Besuch war immer noch das Einzige, woran ich dachte. Wir saßen alle schweigend im Auto. Nathaniel fuhr und Deen schlief. Es schien, als hätten wir uns verändert. Nicht in negativer Hinsicht, sondern eher in eine ungewohnte Richtung, die für uns alle bisher neu war. Ich vermisste sie bereits. Sie waren so freundlich, aber dennoch hatten sie einen so starken Charakter. Doch vor allem Jake, mit dem ich am meisten gesprochen hatte.

Es war, als hätte ich während unseres gestrigen Gesprächs darum gekämpft, die Kontrolle zu behalten, und dann wollte ich irgendwie fühlen, was sein Mädchen Cecilia gefühlt hatte. Ich fragte mich, ob ich jemals dasselbe mit Nathaniel haben könnte. Versuchte er, unsere Beziehung in eine solche Richtung zu lenken, fragte ich mich, wenn man bedenkt, dass unser Intimverkehr niemals penetrativen Sex beinhaltete.

„Sehen wir sie wirklich wieder, nachdem die Klinik wieder geöffnet wurde?", fragte ich ihn und Nathaniel lächelte mich halb an. „Vielleicht besuchen sie uns stattdessen, aber wir werden sehen", erklärte er.

Ich verstand, dass es nicht wahrscheinlich war, dass ich sie bald wiedersehen würde. „Hast du etwas von ihm gelernt?", fragte Nathaniel mich, und die Bilder von gestern kamen mir in den Sinn:

„Schweigend folgte ich ihm und schaute nur auf seine Füße, denn das schien mir sicherer, als mich in seiner dominanten Gegenwart aufrecht zu halten. „Da wären wir", sagte er und sah mich mit einem zufriedenen Lächeln an. „Komm rein, kleine Sklavin", sagte er mit harter Stimme, aber etwas in mir machte es zu einem Vergnügen, als hätte ich mich richtig verhalten. Ich ging schweigend in den Raum, in den er mich geführt hatte. Als ich drinnen stand, schloss er die Tür. Ein Schauer durchlief mich.

Hatte ich ihm wirklich genug vertraut, um mit ihm allein in diesem Raum zu stehen, fragte ich mich und sah langsam zu den Geräten hinauf, die den Raum beherrschten. Als ich langsam auf das erste zuging, sah ich: „Das ist eine Bank, auf die du dich als Unterwürfige beugen kannst, damit ich mit dir machen kann, was ich will", sagte er mit schmutziger Stimme, die mich erschaudern ließ, aber ich sah nicht zu ihm auf, sondern ging einfach zum nächsten. Es sah aus wie eine Liege, wie man sie vom Arzt kennt, ohne Kopfstütze, aber dafür mit Sitzgelegenheiten. Was würden sie an diesem Gerät mit mir tun?

„Lege dich darauf", befahl er. Ich warf einen letzten skeptischen Blick auf ihn, bevor ich verstand, dass er es ernst meinte. Mein Oberkörper lag auf dem langen, größten Teil, und meine Hände und Knie befanden sich auf dem, was ich für Sitzflächen gehalten hatte. Schließlich fesselte er mich mit kontrollierten Handgriffen mit Lederfesseln daran. Ich konnte mich nicht mehr bewegen. Das einzige, was ich tun konnte, war, um Hilfe zu schreien, aber warum sollte ich das tun? Nathaniel vertraute ihm so sehr, dass er mich mitgehen ließ, warum sollte ich mich also nicht guter Gesellschaft befinden? „In der Stellung, in der du bist, könnte ich dich in jedes einzelne deiner

Löcher ficken", begann er, und ein Schauer durchfuhr mich. „Ich könnte dich auspeitschen mit dem Fogger oder der Gerte", nahm er die nächste aus dem Schrank. „Du könntest mich umbringen", sagte ich leise, und ein böses Lächeln ging über sein Gesicht. „Wenn ich wollte, könnte ich dich zu Tode foltern, aber was ist der Spaß an einer Leiche?", fragte er mich, um mir Unbehagen zu bereiten, aber ich blieb in der gleichen Position.

„Hier geht es um unser Vergnügen. Du bist hier, weil du es willst und hast letztlich mehr Macht, das zu beenden als ich; wenn du dein Safeword benutzt, werde ich dich sofort freilassen, aber ein guter Dom oder Master kennt seine Sub gut genug, so dass er aufhören würde, bevor das notwendig wird. Aber wenn die Fesseln zu eng sind, musst du es sagen. Ich habe genug Erfahrung, das macht es unwahrscheinlicher, aber nie unmöglich", erklärte er, und ich nickte. Danach befreite er mich wieder.

„Bist du oft mit ihr und anderen Mädchen hier drin?", fragte ich, als ich mich wieder vor ihn stellen konnte. „Kommt drauf an, manchmal waren wir fast täglich da, aber unser Alltag ließ das nicht immer zu", erklärte er, aber ich widerstand dem Wunsch, nach ihrem Leben zu fragen. Es fühlte sich hier falsch an. „Ist das ein normales Bett?", fragte ich und ging langsam zu einem riesigen, scheinbar bequemen Bett. „Man hat auf jeder Seite die Möglichkeit die Sub an Beinen und Händen festzubinden. Wenn du nach oben siehst", ich folgte seinen Händen, die nach oben wiesen. „Ich könnte dich auch dort fesseln", erklärte er, was mich zittern ließ. Also drehte ich mich um, um wegzugehen. Keine Chance. Das einzige, was ich erreichte, war, dass ich in ihn hineinlief, da er die ganze Zeit

*dicht hinter mir stand. „Entschuldigung, das war nicht beabsichtigt",
sagte ich sofort und versuchte wegzugehen, aber er ließ mich nicht. Er
sagte kein Wort; er hielt mich nur fest an meiner Taille, aber nicht zu
fest.*

„Hast du da drin nichts gelernt, oder denkst du noch nach?", fragte
mich Nathaniel plötzlich und riss mich aus meinem Tagtraum. „Er
zeigte mir ein paar ihrer Spielgeräte. Es ist wirklich viel, was man tun
kann", sagte ich, immer noch fasziniert von der Welt, die ich vorher
nicht kannte. Der Welt, die erst so gefährlich schien, solange man
nicht das Vergnügen betrachtete, das hinter allem steckte. Schon jetzt
hatte ich das Gefühl, dass ich ihm näherkommen war und das tun
wollte, was er mir im wirklichen Leben gezeigt hatte.

„Ich könnte dich in jedes einzelne deiner Löcher ficken." Seine Worte
kamen mir in den Sinn. Warum sollte er das nicht tun? Ich war
schockiert über meine eigenen Gedanken und dass ich auch für ihn
gehorcht hätte. War das falsch? Es fühlte sich natürlich an, auch wenn
ich keine Gefühle für ihn hatte, aber dennoch wollte ich versuchen zu
fühlen, was sie in diesen Handlungen gefühlt hatte. Nun, da wir aus
Deutschland heraus nach Österreich fuhren, schien der Gedanke
daran mit jedem Meter, der zwischen uns und dem Haus der Lust lag,
unrealistischer zu werden.

„Deen, nächste Station, wach auf." Ich versuchte ihn wach zu
bekommen. „Geht einfach ohne mich", sagte er, und ich verdrehte die
Augen. „Wenn du nicht mitkommen willst, fahren wir ohne
Zwischenstopps nach Kroatien, aber ich möchte wirklich, dass du
mitkommst", flehte ich, und langsam setzte er sich auf. „Bitte." Ich
streckte ihm meine Hand entgegen, damit er sie nehmen und sich zu

uns gesellen konnte. Glücklicherweise tat er das etwas widerwillig, und nach einem Moment des Abwägens der Konsequenzen würde er mit uns gehen.

„Wo sind wir?", fragte er. „Wiener Kunstmuseum", sagte ich lächelnd, wohl wissend, dass er sich für Kunst überhaupt nicht interessierte. „Dafür bin ich jetzt aufgestanden?" Er schüttelte den Kopf, aber ging mit uns mit. „Wunderbar, nicht wahr?", sagte ich, nachdem ich ungefähr zehn Minuten lang auf ein Bild gestarrt hatte. Er warf mir einen skeptischen Blick zu, bevor er antwortete: „Ich schätze, das ist es. Sonst wäre ich sicher nicht hier." Er versuchte nicht einmal, freundlich zu sein oder dem, was andere geschaffen haben, Respekt zu zollen. Es waren weder Herz noch Emotionen im Spiel.

„Warum bist du mit ihm gegangen?", fragte er mich wie aus dem Nichts, und ich brauchte einige Sekunden, um zu verstehen, wen er meinte. „Jake?", vermutete ich, und er nickte. „Ja, dieser sadistische Bastard", sagte er und rollte mit den Augen, woraufhin ich die Stirn runzelte. „Was macht ihn zu einem Bastard? Zu jedem Sadisten gehört ein Masochist, und offenbar ist Cecilia eine. Was ist also falsch daran, etwas zu tun, das einem Freude bereitet?", kritisierte ich seine offensichtliche Abneigung gegen sie, nur weil sie etwas taten, was ihnen Spaß machte. Auch über Deen hätte ich urteilen können, denn er hatte so viele Mädchen nur zum Vergnügen mit nach Hause genommen. Allein die Tatsache, dass es normaler und legaler war, machte es für ihn als Arzt nicht besser und hygienischer. „Sie haben dich wirklich einer Gehirnwäsche unterzogen", sagte er kurz und ich lachte ungläubig. „Weil ich keine Angst davor habe, was andere Menschen über mich denken könnten, und es wage? Oder meinst du die Tatsache, dass ich herausfinden möchte, was mir gefällt und nicht für den Rest meines Lebens nur normalen Sex haben möchte?", fragte ich ihn etwas zu laut und einige der anderen Besucher drehten sich zu uns um. Auch Nathaniel, der tief in ein Bild versunken war, richtete seine Aufmerksamkeit auf uns.

„Also", flüsterte er, „du hattest bisher nur Sex mit mir. Wenn das nichts für dich war, könnte es daran liegen, dass du mich nicht liebtest", wagte er zu sagen, und ich nahm ihn an seiner Jacke und ging mit ihm hinaus. Das war nichts, was in die Öffentlichkeit gehörte. „Du wagst es, über meine Gefühle zu urteilen!" Ich schrie ihn fast an, als wir das Gebäude verlassen hatten. „Ich beobachte", sagte er, und ich brach kurz in Gelächter aus. „Dann bist du sehr schlecht im ‚Beobachten'", sagte ich ihm, und er schüttelte den Kopf, aber ich fuhr fort, bevor er es tun konnte.

„Nein, lass mich das zu Ende bringen. Du denkst, dass ich dich nicht liebe. Dann sag mir doch um Himmels willen, warum ich seit einigen Wochen an niemanden mehr gedacht habe als an dich. Ich habe damit gekämpft, herauszufinden, was ich für Nathaniel empfinde, während du mich geküsst hast. Sag mir, warum sollte Ich deinen Kuss erwidern, wenn ich dich nicht liebe?", hinterfragte ich seine Aussage. Er verkrampfte sich, und ich bekam etwas Angst, dass der Rest unserer Ferien so verlaufen würde. Oder noch schlimmer: Deen nicht mehr bei uns sein würde. Andererseits: Wenn wir das jetzt nicht diskutieren würden, würden wir es einfach in die Zukunft schieben. Und damit alles noch schlimmer machen.

„Vielleicht wolltest du nur spüren, wie es sein könnte, wenn er dich abhärtet", sagte er nach einem Moment, in dem er mit sich gerungen hatte, ob er es wirklich sagen wollte. „Vielleicht war es nur ein Versuch", erklärte er und ich schüttelte den Kopf. „Wenn du das wirklich denkst, dann habe ich dich falsch eingeschätzt." Enttäuscht schaute ich ihn an. „Weißt du, warum es mir so gut gefallen hat, dort zu sein?", fragte ich ihn direkt, und da er nicht antwortete, erklärte ich: „Weil ich endlich herausgefunden habe, was mit mir ‚falsch' ist". Er schüttelte den Kopf.

„Deen, wähle deine Worte richtig. Gib mir nicht die Schuld, dass mir diese Perversität gefällt", waren meine bitteren, aber wahren Worte. Hätte er seine Formulierung anders gewählt, würde es mich nicht so sehr verletzen, wie es geschah. „Ich bete dich und Nathaniel an. Das ist schon seit langem so. Und stell dir vor, dass ich mich ständig danach sehne, mit euch beiden zusammen zu sein, anstatt mich entscheiden zu müssen." erklärte ich und eine Träne trat mir in die Augen.

„Und ja, mir gefällt, was er uns in den letzten Tagen gezeigt hat. Selbst wenn du mir und ihnen die Schuld dafür geben willst, tu es, wenn das wirklich deine Meinung ist, aber nicht, wenn du nur Angst vor deinem eigenen Verlangen hast", sagte ich und kämpfte gegen meine Tränen an. Keine Emotionen in der Öffentlichkeit.

Schweigend saßen wir im Auto, auf dem Weg zum nächsten Halt. Deen lehnte sich aus dem Fenster, während ich auf meine blassen, zitternden Hände blickte. Wie viel Angst kann man haben, jemanden zu verlieren? Am Ende wäre ich nie in die Situation gekommen, jemanden zu haben, den ich wollte. Meine Beziehung zu Deen war nicht gut verlaufen, und Nathaniel hat nie gesagt, dass wir überhaupt eine Beziehung hatten. Er nannte mich höchstens „sein Mädchen", doch sonst präsentierte er mich nur als Lusie. Ich war kein Wort mehr wert.

„Können wir hier stoppen?", fragte Deen plötzlich und ich konnte das Ende sehen. Würde es das letzte Mal sein, dass ich ihn sehe? Wollte er wegen meiner Erklärung aus seinem alten Leben weglaufen? Hatte ich wirklich ihre Bruderschaft ruiniert? Wie konnte ich es überhaupt wagen, mich zwischen sie zu stellen? „Willst du ewig auf deine Hände starren?", fragte Deen mich, als das Auto schon einige Minuten angehalten hatte. Ich wollte mich einfach nicht verabschieden. Ich wollte seine Worte nicht hören. Meine Welt würde in tausend Stücke zerbrechen. Wenn ich das Puzzle am Ende zusammensetzen könnte, bräuchte ich Zeit, und die war mir nicht gegeben. Schlussendlich stieg ich doch aus, immer noch auf den Boden blickend, da ich nicht in seine Augen sehen wollte. Ich suchte nach Worten des Abschieds, bevor wir weiterfuhren. Schon jetzt hasste ich diesen Tag.

Plötzlich sah ich, dass er vor mir stand, und bald würde er mich anflehen, ihn anzusehen. Nein, ich wollte nicht diese Augen sehen, denen ich vor einer Stunde meine Liebe eingestanden hatte. Unerwartet legte er seine Hand unter mein Kinn, hob es im Laufe einer halben Sekunde an und drückte seine Lippen auf meine. Meine Augen weiteten sich vor Schreck, bevor ich sie schließlich schloss und den Moment genoss. „Verzeih mir", sagte er schließlich, und ich küsste ihn erneut als Antwort. Es gab nichts zu verzeihen. Alles war jetzt in Ordnung.

„Stuntplan?", fragte ich, als ich endlich aufblickte und ein großes Schild sah. „Ja, ich dachte, ein kleiner Adrenalinstoß wäre angebracht nach Stunden des Sitzens", sagte Deen lächelnd und ich warf einen kurzen Blick auf Nathaniel, aber auch er lächelte. Wie immer war ich nicht eifersüchtig, sondern froh, dass wir alles zwischen uns geklärt hatten.

Wir waren schon hoch oben in der Luft, als der Pilot fragte, ob wir bereit wären. Zuerst sahen wir uns gegenseitig an. Ich saß in der Mitte und sah zwischen ihnen hindurch. Also nickten wir und der Flieger drehte sich direkt wieder um 90 Grad nach unten. Mein Gesicht wurde zuerst sicher grün, aber dann wurde mir klar, dass das so sein sollte, und ich begann zu lachen. Weitere Loopings und, ohne jegliche Vorwarnung, mehrere Meter direkt nach unten fallen, folgte immer und immer wieder. Wie ein wilder Vogel, der einen freien Tag hatte und machen konnte, was er wollte. Die Sicherheit eines stetigen Sturzes war so viel besser als ein normaler Flug, den wir hatten. Was am Ende wirklich zählte, war, dass wir zusammen lachten, dies zusammen genossen und uns an den Händen hielten, wodurch wir **gemeinsam** stärker wurden.

Kapitel 12

Habe ich jemals aufgehört, in sie verliebt zu sein? Vielleicht habe ich es versucht, um mich selbst zu schützen, weil ich das Gefühl hatte, dass wir nie zusammen sein würden, egal auf welche Weise. Aber zwei Küsse hintereinander und das Versprechen, dass sie mich liebt, machten mich innerhalb einer Stunde zum glücklichsten Mann der Welt. Nicht, dass ich es sofort gezeigt hätte; da ich meine eigenen Gefühle sortieren und herausfinden musste, ob ich ihr vertrauen konnte, konnte ich nicht spontan reagieren. Als ich das Schild sah und über das eine Ziel nachdachte, von dem ich niemandem erzählt hatte, dachte ich nur: „Scheiß drauf. Wenn sie mich nicht liebt, werden wir beide damit zu kämpfen haben. Dieses Mal würde nicht nur ich auf den Boden fallen."

Die nächsten Stunden im Auto auf dem Weg nach Kroatien waren gefüllt mit Lachen, Musik und lautem Singen. Jeder Zweifel war unnötig. So war es immer richtig gewesen, aber ich war so blind. Das hatte sie einmal zu mir gesagt, und ich erinnerte mich. Damals sah ich darin eine Ausrede, die es mir vielleicht leichter gemacht hat, weiterzumachen. Das tat es aber offensichtlich nicht. Ich vermisste sie – ihr Lachen, ihren Humor, ihren Hintergrund, ihre Sichtweise, ihre klugen Aussagen und nicht zuletzt ihren Körper. Sie zu berühren. Nun, die nächsten gemeinsamen Nächte würden sicher noch schwieriger werden, dachte ich mit einem amüsierten Lächeln. Ich hielt mich von ihr fern, als wir uns jetzt wieder einmal küssten, und fragte mich wirklich, wie wir das herausfinden könnten. Am Ende liebte sie ihn auch, wie sie erklärt hatte, aber ich dachte, dass ich damit umgehen konnte. Zumindest war es in den vergangenen Wochen in Ordnung gewesen, warum sollte es jetzt anders sein?

Der Ort, den wir erreichten, war nicht wie die edlen Hotels oder die riesige Yacht, auf der wir zuvor gewesen waren. Es war ein Holzhaus, was nicht typisch kroatisch wirkte, da viele andere, an denen wir vorbei fuhren, Backsteinhäuser waren. Außerdem war es an einen Baum gebaut, so dass wir auf eine Treppe angewiesen waren, die zu ihm hinaufführte. Zum Glück war es nur ein fünfzehnminütiger Spaziergang durch den Wald, auf einem kleinen Pfad, den wir passieren mussten. Allerdings lag der Ort direkt an einem See, den man über eine kleine Holzbrücke überqueren konnte. Außerdem schien das Haus für zwei, statt für drei Personen zu sein. Es gab nur zwei Betten, also was auch immer mein Plan mit Lu war, dafür musste ich zu einem Exhibitionisten werden. Oder einfach ein bisschen offener für ihre Sexualität sein. Schon jetzt schien das ein großer Schritt zu werden.

Es war schon spät geworden und wir waren alle müde. Nachdem wir unser Gepäck ins Haus gebracht hatten, beschlossen wir, die beiden Einzelbetten aneinander zu schieben, damit wir drei genug Platz hatten. „Wie viele Nächte verbringe ich zwischen zwei getrennten Betten?", fragte Lu, die wie immer in unserer Mitte lag. Nathen lachte zunächst, dann zog er sie zu sich heran. Offenbar wollte er nicht, dass sie sich dort unwohl fühlte. „Drei Nächte zusammen. Wir befinden uns mitten in den Plitvicer Seen. Es tut mir leid, aber man hat mir hier keine große Wahl gelassen." Wir lachten. Es war mir nicht so unangenehm. Wir mussten sehr nahe beieinander liegen, aber das Gefühl von Wärme auf meinem Rücken ließ mich schlafen, wie einen Bären.

Als ich am nächsten Morgen aufwachte, konnte ich sehen, dass beide noch lagen. Nathen war wach, sah Lu beim Schlafen zu und lächelte mich an, als er sah, dass ich mich ihnen zuwandte. „Deen, bist du noch ein Teenager, oder ist das chronisch?" Er deutete zwischen meine Beine, und erst als er es erwähnte, wurde ich mir dessen bewusst. Meine Augen weiteten sich, ich wusste nicht, was ich tun sollte, und er lachte leise, um sie nicht zu wecken. Leider tat sie es doch.

Sie lächelte mich halb an. „Das typische Problem, hmm", zwinkerte sie mir zu, und ich wusste nichts anderes, als leicht mit den Schultern zu zucken. Ich versuchte zu lachen, um mein Unbehagen zu verbergen. Am Ende stand Nathen auf, um Frühstück zu machen, wie er sagte. Oder er wollte die bevorstehende Szene, wie sie es nennen würden, zwischen mir und Lu nicht stören.

Sie begann, mir einen sanften Kuss zu geben. „Das hättest du nicht tun sollen?", sagte ich spielerisch, zog sie dicht an meinen Körper heran und kniete mich über sie. Wir küssten uns wild, während meine Hand zwischen ihre Beine wanderte. Sie stöhnte auf, als ich sie erreicht hatte, und ließ meinen Finger langsam tief in ihre Mitte sinken. „Sei ein gutes Mädchen für mich", sagte mein altes Ich. Ich nahm sie an den Hüften und hob sie in die Hündchenstellung hoch. Dann drang ich tief in sie ein. Sie versteifte sich für einen kurzen Moment, und da es tiefer war, konnte ich ganz normal eindringen.

Sobald sie sich wieder entspannte, begann ich mich zu bewegen. Sofort hielt sie sich an der Bettkante fest, ihre schnellen Bewegungen waren zu intensiv. „Ich werde bald kommen", sagte ich und zog mich aus ihr heraus. In weniger als einer Sekunde hatte sie sich mir zugewandt, den Mund offen. Bereit. „Braves Mädchen", sagte ich und tätschelte ihre Wangen, bevor ich auf die Toilette ging. Wie lange träumte ich davon? Wieder in ihr zu sein. Den himmlischen Duft zu spüren. Mein Herz schlug schneller als je zuvor.

Ich war als erster unten, da Lu auch das Badezimmer benutzen wollte. „Die Brötchen sind bald fertig", sagte Nathen, als ich die Küche betrat. Daran hatte ich nicht gedacht. Hatte ich über etwas anderes nachgedacht als über meine egoistischen Wünsche? Ich wunderte mich und fühlte mich unwohl, stellte mir vor, wie es für ihn gewesen war, uns zu hören und nun wiederzusehen.

„Guten Morgen." Lu stand schon lächelnd hinter mir und ging auf dem Weg zu Nathen an mir vorbei. „Geht es dir gut?", fragte sie ihn und sah ihm dabei tief in die Augen. Sie küssten sich nicht und er setzte sie auch nicht auf den Küchentisch, um sie zu ficken, so wie ich es eben tat. Nein, sie umarmten sich lediglich. Ihre inneren Emotionen und Gefühle waren eine andere Welt als meine, die an Sex gebunden war. Das Frühstück aßen wir schweigend. Für mich war es unangenehm, da ich nicht wusste, wie Nathen über das vergangene Ereignis dachte. In gewisser Weise tat es mir leid, dass ich das ohne seine Zustimmung getan hatte. Andererseits brauchte ich ihre Zustimmung, nicht seine; zumindest war das in meiner Welt so. Ich stellte mir vor, wie Jake fragte, ob er Lu für eine Weile leihen könne.

Das klang wie ein Gegenstand. Das war nichts für mich. Ich konnte sie nicht objektivieren.

„Packt eure nötigsten Sachen ein. Wir machen einen Spaziergang durch den Wald." Nathen stand auf. Alles, was hier passierte, war sein Wunsch, aber im Moment war es bei mir genauso. Die Schuldgefühle, die ich empfand, machten es mir leichter, ihm jetzt etwas Gutes zu tun. Wenn es mir schon am Morgen besser ging, dann hatte ich es auch verdient.

Nathen leitete die Tour. Er hatte sich bestimmt über die verschiedenen Wege informiert, also würde ich einfach schweigend folgen und hoffen, dass die Stimmung wieder wie gestern werden würde. Ich hatte sie damals geküsst, aber es machte ihm nichts aus. Er lachte und freute sich sogar, dass das Schweigen zwischen uns beiden brach. Auf der anderen Seite, ist die Annahme eines Kusses etwas anderes, als zu würdigen, dass sie Sex mit mir hatte? fragte ich mich, sagte aber kein Wort, bis Lu anfing.

„Du scheinst heute sehr ruhig zu sein. Bist du sicher, dass alles in Ordnung ist?" – „Normalerweise bin ich nicht die gesprächige Person hier. Du bist es, der heute still ist", sprach er das Wort noch deutlicher aus. „Nicht, dass du irgendetwas von heute Morgen bereust", sagte er und sah mich an. „Warum sollte ich etwas bereuen? Es war der beste Morgen seit Jahren", erklärte ich, und Lu lächelte mich einen kurzen Moment an und dachte sicherlich noch einmal darüber nach.

„Aber ich habe mich gefragt, ob es falsch war, dass ich dich nicht in Verlegenheit bringen wollte", begann ich und er blieb stehen, aber ich ging weiter, bis ich vor ihm stand. „Ich liebe sie, aber sie liebt uns beide", sagte ich zu ihm, als würde das zwischen uns stehen, aber auch eine Verbindung für uns sein. „Wenn ihr in der dritten Person über mich reden wollt, sagt es einfach", bemerkte sie, während wir mit den Augen rollten. „Wir werden reden. Wir werden alles klären, aber jetzt werden wir einfach unsere Wanderung fortsetzen." Nathen schaute mir tief in die Augen und schenkte Lu keinerlei Beachtung. Am Ende wandte er sich ab und setzte fort, was er versprochen hatte.

Wir kamen an Seen vorbei, wilden Tieren wie Kaninchen, einem Otter, Hunderten von Vögeln und hörten sogar einen Bären aus dem Wald. Plötzlich blieb Nathen an einem See stehen und setzte sich auf einen Felsen. Ich verstand, dass er wollte, dass auch wir Platz nahmen, also setzte ich mich auf einen anderen, der ihm und Lu am nächsten war. „Wir könnten die gleiche Wunschliste erstellen wie für unsere Ferien. Nur, dass wir uns überlegen müssten, was wir daraus machen wollen", sagte Nathen, und ich nickte sofort zustimmend, bereitwillig, etwas aus unserer Dreier-Beziehung zu machen.

„Ich will dich nicht ficken; das ist mein erster Punkt", sagte ich mit einem halben Lächeln, um die Stimmung aufzuhellen. „Ich weiß das zu schätzen", sagte er sofort und brachte uns einen kurzen Moment zum Lachen, bevor wir zum eigentlichen Thema zurückkehrten. „Kann ich dieses Mal anfangen?", fragte Lu und wir stimmten zu, dass dies eine gute Idee wäre. Da es irgendwie so war, das der Ursprung der Idee, ihrer war.

„Ich freue mich auf eine Zukunft, in der wir zusammenleben", begann sie und wir hörten alle schweigend zu. „Dort hören wir einander zu und respektieren unsere Wünsche und dunkelsten Gedanken genauso sehr, wie wir versuchen, sie zu erfüllen. In gewisser Weise wie bei Jake und Cecilia, die eine offene Beziehung führen, weil sie verschiedene Macken haben, wie sie es nannten, nur dass wir stattdessen uns drei haben", erklärte sie, und Nathen unterbrach sie mit: „Ich hätte nichts gegen eine offene Beziehung; wenn du daran interessiert bist", und ich fragte mich, welchen von uns er meinte, aber ich konnte mir vorstellen, dass ich vor Eifersucht sterben würde. Dann hätte sie etwas mit jedem Mann oder in diesem Fall sogar mit einer Frau.

„Ich denke, es ist eine gute Idee gegen die Eifersucht von jemandem", erklärte Lu und meine Augen weiteten sich. „Wie ist das gegen Eifersucht? Du würdest mit anderen Männern ficken", sagte ich etwas angespannter und lauter, als ich wollte. „Es geht nicht um Sex, Deen", fuhr Lu fort, aber Nathen warf ein: „In einer Beziehung geht es um Liebe. Sex ist einfach die körperliche Form, mit der jemand es betrachten könnte, aber sieh dir mal die Statistiken an, welche Beziehungen am häufigsten an Eifersucht scheitern", erklärte er mir und mir wurde unbehaglich, als ich mir vorstellte, dass sie Sex mit wem auch immer haben **könnte**.

„Da wir alle offensichtlich an BDSM interessiert sind, auf den Suchverlauf von Deen bezogen", gab Nathen eine stabile Aussage ab. Natürlich hatte er Zugang dazu. Lu sah mich amüsiert an. „Ich wusste es. Du bist einfach zu schüchtern, um es dir einzugestehen." Sie war erfreut. Ich war errötet vor Scham. Danke, lieber Bruder, dafür.

„Ich bin zu 100 Prozent dominant; das wird sich auch nicht ändern. Lu, du hast dich bisher für unterwürfig gehalten, aber du hast gerade Erfahrung darin gesammelt, was es möglich macht, dass es dir vielleicht auch gefällt, die andere Seite einzunehmen". Sie sah ihn stirnrunzelnd an. „Ich sag es einfach, man weiß es nie. Deen bezieht sich auf seine Recherchen", sagte er und ich öffnete meinen Mund, um ihn aufzuhalten, aber nur die einfache Bewegung, mit der er seine Augenbraue hob, hielt mich davon ab. „Beides, ein Switch wie es heißt", erzählte er laut und offen, und komischerweise hatte mich niemand verurteilt. Ich dachte an einen Mann, der so schwach ist, dass er sich einer Frau unterordnet und sie nicht dominieren wollte.

„Was haltet ihr davon, wenn ich euch beide so dominiere, dass ich euch sage, was ihr miteinander tun sollt, aber auch das tue, was ich will? Entspann dich, Deen, solange es in unserem Vertrag nicht unter einer festen Grenze steht, die wir erreichen wollen, damit dies zwischen uns Dreien funktioniert, werden wir alles ganz langsam angehen", erklärte er, und niemand von uns widersprach. Der Gedanke kam mir zunächst seltsam vor, aber auf der anderen Seite war ich es bereits gewohnt, von ihm herumkommandiert zu werden. Es wäre keine so große Veränderung.

Am Ende setzten wir unseren Spaziergang in besserer Stimmung fort. Auf einmal schien die Natur um uns herum viel attraktiver zu sein als zuvor. Was eine einfache Stimmungsänderung ausmachen konnte!

Am nächsten Tag bereiteten wir alles für das nächste Ziel vor, aber vor allem entspannten wir uns. Selbst mitten im Wald war es so sonnig gewesen, dass ich mir die Schulter verbrannte, als wir am See, der unterhalb unseres Hauses lag, ein Sonnenbad nahmen. Niemand lachte mich wegen meiner Sexualität aus, aber dafür schon. „Ich werde die Stille vermissen", sagte Lu, als wir mit unserem Gepäck zum Auto gingen. „Die Privatsphäre, nackt in der Sonne zu liegen, war ebenfalls bezaubernd", fügte ich hinzu. „Das Schlafen war es auch", sagte Nathen ironisch, und wir alle lachten.

„Wenn wir das nächste Mal schlafen, könnte es einem von diesen Särgen sein, die man in China nur für die Nacht hat. Also, dagegen würde ich nichts sagen; immerhin wären wir da zusammen." Mir wurde klar, wie gut es sich angefühlt hatte, und beide kamen jeweils auf meine Seite und legten ihren Arm um mich. Selbst wenn der Weg eng und steinig war und Wurzeln hatte, die einem die Beine brechen konnten, gingen wir zusammen und hielten uns gegenseitig, bis wir unser Ziel erreichten. Alleine wäre ich mindestens dreimal gestürzt. Mir wurde klar, dass ich beide für einen ruhigen Spaziergang brauchen würde.

Kapitel 13

„Sei froh, wenn wir den Flug überhaupt erwischen werden." Ich rollte mit den Augen zu Deen, der verzweifelt meinte, dass wir dann bis sechs Uhr morgens hätten länger schlafen können, auch wenn der Flug um zehn Uhr morgens ging. Die Fahrt dauerte bereits über eine Stunde, und wenn wir irgendwelche Unterbrechungen, wie einen Autounfall, gehabt hätten, wären selbst die zwei Stunden Reisezeit zu wenig gewesen. Da unser lieber Gott jedoch manchmal ein Arsch ist, erreichten wir um halb acht den Flughafen und kamen durch alle Checks, bevor es acht Uhr war. Deshalb musste ich jetzt mit ihm streiten, weil er eine Stunde länger schlafen wollte. „Schlafe doch einfach hier", sagte ich und erkannte, dass meine normalerweise neutrale Stimme nicht wie immer klang. Es war eines der ersten Male, dass ich merkte, dass sie etwas sauer oder eher genervt klang.

Lu lachte darüber, was mich beruhigte. Vielleicht war das der Grund, dass es funktionieren würde. Anscheinend fand sie es lustig, wenn mir jemand auf die Nerven ging. Ob das etwas Gutes war, fragte ich mich, aber zumindest würde ich mich wieder entspannen, und dann lachte sie. „Ich habe Hunger", sagte er, und ich verdrehte die Augen. Er sagte nichts Unnötiges, denn er wusste schon als Kind, was man zu tun hat, wenn man Hunger hat. Fun Fact: Die Antwort war, nach Essen zu suchen. So einfach wie man es sich machen konnte, saßen wir direkt vor der Flughafenbäckerei. Was er damit erreichen wollte, war ganz klar, dass er für seinen Kaffee und sein Brot nichts bezahlen musste. Nicht, dass ich die Behausungen, die Flüge und das Essen bisher allein bezahlt hatte. Manchmal fragte ich mich wirklich, warum ich ihn meinen Bruder nannte. Bei diesem Gedanken fragte ich mich, was er jetzt für mich war. Niemals würde ich sagen, mein Freund, oder in diesem Fall, mein Mann. Nicht, dass es mir etwas ausmachen würde, bisexuell zu sein. Am Ende dachte ich, dass jeder Mensch das war, aber er war mein Bruder. Ich liebte ihn, aber nicht auf diese Art und Weise.

„Wirst du mitkommen?", bat mich Lusie, als sie Deen bereits an die Hand genommen hatte, um in die Bäckerei vor uns zu gehen. Das stabile Alter von achtundzwanzig hatte er noch nicht erreicht in seinen Kopf. „Ich werde mich um unser Gepäck kümmern", erklärte ich. Sie nickte verständnisvoll. „Kann ich etwas für dich mitbringen?", fragte sie mich und ich zog eine Augenbraue hoch. „Du weißt, was du mir immer besorgen kannst", sagte ich nur, und wie wir uns durch Blickkontakt unterhielten, lachte sie und ging mit Deen weg.

Mit einem Smoothie in der rechten und Lusie in der linken Hand gingen wir zu unserem Flugsteig. Nach einer Stunde Wartezeit befand er sich, wie immer, auf der anderen Seite des Flugplatzes, was Deen sehr begeisterte. „Vielleicht werde ich nach diesen Wochen ein Sixpack haben", sagte er, und sie lachte. „Dafür solltest du ein bisschen mehr trainieren, das Bier ist dafür nicht hilfreich", erklärte ihm mein schlaues Mädchen, und er sagte beleidigt: „Ich habe kein einziges die ganze Zeit getrunken."

Das Flugzeug war riesig und ich buchte erneut Plätze in der ersten Klasse. Ich war noch nie ein Freund davon gewesen, viele Menschen um mich herum zu haben. Mein einziger Grund, den Privatjet nicht zu nehmen, waren die logischen Erklärungen von Lusie, die ich mehrere Tage lang hören musste, bevor ich zustimmte. Diese Reise war am Ende hauptsächlich für sie, zumindest war das mein Gedanke gewesen, als ich sie buchte. Da sie noch nie außer Landes war und sich auch keine solche Reise vorstellen konnte, war unser nächstes Ziel Peking, was bedeutete, dass wir morgen um drei Uhr – nach 17 Stunden sitzen und warten ankommen würden, das könnte lustig werden.

Die gebuchte Kabine war für mich ein Sonderangebot und hatte drei Sitzplätze, aber nur ein Bett. Das schien fast doppelt so groß zu sein wie das, in dem wir die letzten Tage geschlafen hatten, aber es sollte nur genutzt werden, wenn es ein ruhiger Flug ohne viele Turbulenzen war. Andernfalls könnten wir uns dafür entscheiden, nebeneinander zu sitzen. Zusätzlich hätten wir auch ein eigenes Bad.

„Darf ich diesmal am Fenster sitzen?", fragte Lusie Deen freundlich. „Wir könnten tauschen?" Er versuchte, freundlich zu klingen, aber ich musste mich beherrschen, um nicht zu widersprechen. Und selbst wenn Lusie am Fenster sitzen wollte, könnte ich mir vorstellen, dass sie auf diese Möglichkeit verzichtet, nur um Deen zu gefallen. Diese einfachen Dinge im Leben, von denen ich mir wünschte, dass sie ihren Verstand besser durchsetzen könnte.

„Wir haben drei Fenster, wenn du also nicht zu ängstlich bist, dich neben mich zu setzen, könntest du auch aus dem anderen Fenster schauen", bot ich an und fragte mich, ob sie wirklich daran gedacht hatten.

„Haben wir hier irgendwelche Spiele?" Deen stand sofort auf, als die Erlaubnis dazu erteilt wurde und wir suchten in der Kabine. „Was machen wir morgen in China?" Lusies Augen leuchteten bei dem Gedanken, in dem neuen geheimnisvollen Land zu sein. „Erinnerst du dich an deinen Wunsch mit der Naturheilklinik?", fragte ich, und ihre Augen glänzten. „Ich denke, nach so einem langen Flug werden wir tatsächlich den morgigen Tag brauchen, um zu schlafen und uns an die neue Zeit zu gewöhnen. In zwei Tagen werden wir einen Führer im Beijing United Family Rehabilitation Hospital haben", erklärte ich, und sie begann zu lachen, so sehr freute sie sich.

„Vielen Dank. Ich freue mich schon jetzt darauf." Sie nahm meine Hände in ihre und ich lächelte. Wie einfach es doch war, sie glücklich zu machen! Sie war wirklich etwas Besonderes. Andere wollten vielleicht Geschenke und waren damit auch nicht zufrieden. Sie dachte nur daran, dass wir zusammen waren, und selbst wenn es nicht immer einfach war, wäre es möglich.

„Ich habe etwas gefunden", sagte Deen und brachte das „Spiel des Lebens" an unseren Tisch. „Bitte", flehte er, und ich verdrehte die Augen über ihn. „Wir brauchen mindestens drei Spieler", fuhr er fort. „Hast du Lusie gefragt, ob sie überhaupt mitspielen will?", fragte ich und er sah sie mit einem flehenden Blick an, was sich offenbar als lustig herausstellte, da es Lusie zum Lachen brachte und sie am Ende zustimmte. Deen wurde zunächst sechzehn und entschied sich für ein Studium. Danach folgte ich ihm und am Ende nahm Lusie den Arbeitsweg ein. Daher konnte sie sich zunächst für einen Job entscheiden und wurde Fluglotse. „Stell dir vor, du kannst in so einem Spiel keine Klinik eröffnen, um von der Pharmaindustrie wegzukommen", erklärte ich ihnen, dass ich mich nicht dafür entschieden hatte, Arzt zu werden. Mein neuer Job war Richter. Auch wenn es mir zunächst dumm vorkam, war es zwischen dem Pharma-Arzt, Forscher und Lehrer eine einfache Entscheidung in einem solchen Spiel gewesen. Deen setzte sein eigenes Leben in das Spiel und wurde Arzt. Er lachte mich aus und sagte, es sei nur ein Spiel. Ja, das war es, aber so einfache Entscheidungen zeigten unsere Denkweise sehr gut, bemerkte ich ruhig und ließ ihn die Augen verdrehen, da er keine weiteren Erklärungen abgab.

Während des gesamten Spiels mussten wir alle heiraten, auch wenn nur Lusie und Deen ein Kind bekommen würden. Anscheinend war ich gut in meinem Job und hatte die besten Einsätze durch die Lebensversicherung verdient, bevor ich in die Rente gehen musste. Am Ende des Spiels hatte Lusie bei ihrer normalen Arbeit fast mehr Geld als Deen, der sich fast bis zum Ende des Spiels durchgeschlagen hatte. Leider kam er die ganze Zeit auf Partyfelder. Außerdem half ihm seine Millionenvilla nicht viel, er musste sie verkaufen, da er sonst privat insolvent gewesen wäre. Zum Glück war Lusie so freundlich, sie zu kaufen; ich befand mich bereits im Altersheim. Zumindest hatte ich nicht mehr das Recht, zu kaufen.

„Revenge", sagte Deen am Ende des Spiels, doch ich schüttelte den Kopf. „Wir leben nur einmal. Wähle weiser, dann gewinnst du vielleicht auch eines Tages", antwortete lehnte mich zurück, froh, dass es vorbei war. Jetzt hatten wir nur noch 15 Stunden Zeit.

„Wusstest du, wohin sie dich bringen würden, als der Mann dich entführt hat?", fragte mich Lusie, während Deen auf meiner Schulter eingeschlafen war. Offenbar war meine Schulter bequemer als das

Bett, was uns eigentlich zur Verfügung stand. „Ich war erst fünf“, erklärte ich, versuchte mich aber zu erinnern, ob ich gewusst hatte, dass er mich in diesem Moment von meiner Mutter wegbringen würde. „Vielleicht dachte ich, es sei etwas Gutes. Seit ich ein Kind war, kommt es mir seltsam vor, dass ich nicht einmal versucht habe, mich zu verteidigen oder zu meiner Mutter zurückzukehren“, erklärte ich, und sie sah mich schockiert an.

„Sie hat dich missbraucht, nur damit sie Geld verdienen konnte“, sagte sie geschockt. „Ich war ein Kind, wie gesagt. Wie hätte ich von einem besseren Orten wissen können?“ Sie schüttelte den Kopf: „Ich kann mir einfach nicht vorstellen, dass sie das getan hat. Sie war so freundlich gewesen“, dachte Lusie an die Zeiten zurück, in denen meine Mutter ihr und Deen geholfen hatte, vor den Pharmazeuten zu flüchten.

„Wer sagt, dass Coco nicht freundlich ist? Damals hat sie mir alles gegeben, was wir verdient haben. Sonst wäre ich nicht mehr am Leben“, erklärte ich, aber sie wollte es nicht verstehen. „Weißt du, damals befand sie sich an einem solchen Tiefpunkt. Tiefer, als man sich vorstellen kann, und schlimmer, als es bei Deen war. Allerdings musste sie sich um mich kümmern. Was sie auf ihre Art auch tat. Ich bekam das Essen, sie die Drogen.“ Ich wollte aufstehen und mein Mädchen in den Arm nehmen. Das Thema war alt und ihre Tränen nicht wert, aber wenn ich mich bewegen würde, würde Deen aufwachen und unser Gespräch würde beendet werden.

„Hat es lange gedauert, bis seine Eltern dich adoptiert haben?“, fragte sie, und ich schüttelte den Kopf. „Etwa ein halbes Jahr. Ich hatte Glück. Sie wollten einen Spielkameraden für ihn finden, da seine

Mutter nicht mehr gebären konnte." Wir lachten beide schweigend. Es war wirklich schade, dass er einen so schlechten Kameraden bekommen hatte wie ich. Spiele hatten mich nie interessiert, aber da ich lesen konnte, hatte ich das getan. Im Alter von neun Jahren begann ich, fast ausschließlich Sachbücher zu lesen."

„Was hast du gedacht, als du deine Mutter verlassen hast? Hattest du jemals vor, zurückzukehren?", fragte sie, und ich lachte und schüttelte den Kopf. „Wenn ich die Wahl gehabt hätte, hätte ich sie nie wieder gesehen. Es war Deen gewesen, der bat, ihr eine letzte Chance zu geben. Am Ende bereue ich nicht, was ich getan habe", erklärte ich und sie lächelte verständnisvoll. „Zumindest bequemer, aber für manche macht es den Abschied vielleicht noch schlimmer." – „Für mich nicht. Ich habe immer an die Jahre gedacht, in denen...", sie stoppte die Bilder der schlimmsten Stunden und Tage, die ihr wieder in den Sinn kamen. „Nein, es gibt wirklich nichts zu bereuen", sagte sie schließlich, während die Erinnerung an ihre Vergangenheit noch immer Schmerzen in ihr auslöste.

Wir landeten genau um zehn Uhr morgens chinesischer Zeit. Auch wenn wir alle müde waren, denn nur Deen hatte während des Fluges geschlafen. Allerdings war auch er wieder bettbereit. Wir wurden zu unserem Hotel gefahren, in dem wir die nächsten Tage übernachten würden. Es hatte für meinen Geschmack viel zu viele luxuriöse Details, aber es war ein Abenteuer, wie sie es sich gewünscht hatten. Wir hatten ein Badezimmer, aber zwei Betten. Eines davon nutzten wir als Sofa, das andere zum Schlafen. Auch wenn der Abend nicht lange dauerte, das hatte Deen schon beschlossen. Mir machte das nichts aus, und Lusie auch nicht. Solange wir zusammenblieben, dachte ich, würde sie sich um nichts kümmern.

„Waren wir es nicht, die gestern im Flugzeug nicht geschlafen haben?", fragte ich sie, während wir schon seit einer Stunde darauf warteten, dass Deen aufwachte. Es war bereits fünf Uhr, und wir beide hatten nicht länger als fünf Stunden geschlafen. Allerdings hatten wir beide Hunger. Ich hatte seit mehreren Stunden nichts mehr gegessen, da es auf dem Flug schon Abend war. Doch die Zeitverschiebung verwirrte mich. In einigen Stunden mussten wir wieder ins Bett gehen, um morgen um Punkt neun Uhr in der Klinik zu sein.

„Ich werde ihn wecken," sagte ich schließlich, denn es wäre nicht von Vorteil, wenn er jetzt so lange schliefe. „Hmm", murmelte er, als ich ihn leicht am Arm schüttelte. Es gab keine andere Reaktion, er schlief einfach weiter. „Lass es mich versuchen", bot Lusie an und sie ging zu ihm. Sie küsste ihn auf die Lippen, und es dauerte keine Sekunde, bis er die Augen öffnete.

Wir gingen frühstücken, oder besser Abendessen. Es gab Reis, Meeresfrüchte und eine Suppe, die wirklich gut schmeckte. Danach gingen wir durch die Stadt. „Jetzt müssen wir uns gegenseitig die Hände halten, sonst verliere ich dich sofort", Deen streckte seine Hand aus, um meine zu nehmen. Ich hatte Lusie schon auf der anderen Seite, weil ich Angst vor dem Gleichen hatte. Es war, als ob Millionen von Menschen an uns vorbeigingen. Noch nie in meinem ganzen Leben war ich in einer solchen Stadt. Faszinierend und der komplette Kontrast zum Naturpark in Kroatien, dort waren nur wir drei.

Mein Vorteil war, dass ich aufgrund meiner Körpergröße noch den Überblick behalten konnte. Sonst wären wir nicht wieder im Hotel angekommen. Es war erstaunlich, dass dies hier jeden einzelnen Tag so war. Jeden Tag gab es hier Tausende von Menschen, die ihr Leben leben. Geburten, Eheschließungen, Beerdigungen und Todesfälle.

Kapitel 14

Die Stadt war nicht riesig; sie war unbeschreiblich, wie ein Ameisennest. Tausende Menschen hatten ihre eigenen Ziele und Träume, die sie erreichen wollten. Wir haben bemerkt, dass wir gerade dadurch in gewisser Weise herausragen, sonst wäre man ein Tropfen in einer Flut. Man kann in den Tiefen untertauchen oder oben schwimmen; wie auch immer man sich entscheidet, es wäre schwer, einen als Tropfen im Ozean zu sehen.

Heute würde einer meiner und Nathaniels Wünsche in Erfüllung gehen. Der Besuch einer Naturheilklinik. Es war meine Idee gewesen, aber er stimmte sofort zu. Nur Deen war immer skeptisch gewesen und hatte sich nun in einen schweigsamen, folgsamen Hund verwandelt. Allerdings war ich froh, dass er mitkam. Schließlich hätte er auch im Hotel bleiben können. Selbst wenn ich dachte, dass auch Nathaniel ihn bei uns haben wollte, besonders jetzt, wo es lehrreich war, würde er das nie zugeben. Ich fragte mich, ob er alles nur für mich tat, damit ich hier bekam, was ich wollte.

Wenn das der Grund war, dann hatte er mein Buch falsch gelesen. Mein Wunsch war, dass wir alle diese Reise genießen würden. Selbst wenn wir nur noch eine Woche Zeit hätten, würden die Erinnerungen immer bleiben. „Wir müssten in einer Stunde da sein." Deen ärgerte seinen Bruder, wie er es vor dem Flug getan hatte. Ich würde es nie wagen, ihm gegenüber so zu sein. Selbst wenn ich wüsste, dass er mir nicht weh tun oder mich für eine Zeit der Verärgerung verlassen würde, schien es unnötig. Warum sollte ich jemanden verletzen wollen, dem ich vertraute und liebte? Er hatte mich einmal gerettet und würde dies jeden Tag tun. Er war intelligent und wollte mein Bestes, also würde ich ihm für immer blind vertrauen. Es klang vielleicht blauäugig und dumm, aber es bedeutete nicht, dass ich meinen Verstand nicht mehr benutzte. Er hatte mir gezeigt, dass er mir zuhörte und meine Bedeutung akzeptierte. Ein besseres Zeichen hätte es nicht geben können. Es war nur eines von vielen Symbolen und freundlichen Gesten, mit denen er sich einen Teil meines Herzens verdient hatte. Sein ganzes Wesen hatte nicht einen einzigen Punkt, den man nicht mögen konnte. Auch wenn einer seiner Schäden aus seiner Vergangenheit es mir in der Regel schwerer machen würde, dachte ich jetzt nicht mehr daran. Ich war überzeugt, wie er selbst, dass Sex nichts mit Liebe zu tun hatte. Das waren zwei verschiedene Gefühle, die einfach zu oft verwechselt werden.

Das Gebäude selbst war atemberaubend, überhaupt nicht wie ein Krankenhaus oder eine Klinik. Auf dem Dach gab es eine Terrasse mit Gras und Blumen, so dass es schon vom Boden aus gemütlich aussah. Da stand ich nun. „Hallo", zwei Chinesen kamen uns entgegen und grüßten uns sehr freundlich. „Mein Name ist Li. Ich arbeite hier als Krankenschwester." Die Frau begrüßte uns und gab jedem von uns die Hand. „Mein Name ist Cheng. Ich bin einer der Ärzte hier", erklärte der Mann. Er wirkte sehr bestimmt, gab aber jedem von uns einen höflichen Händedruck. „Sie sind an einer Zusammenarbeit interessiert?", fragte er Nathaniel, und sowohl Deen als auch ich sahen ihn an, nicht schockiert, aber doch irgendwie überrascht. „Wir würden gerne sehen, wie die Klinik funktioniert, aber wir sind an einer Zusammenarbeit interessiert, wenn unsere Erwartungen erfüllt werden." Auch er sprach mit fester, fast kalter Stimme. Er zeigte mir wieder seine einschüchternde Seite, für die ich fast Jahre gebraucht hatte, um sie zu überwinden.

„In vielen anderen Krankenhäusern konzentrieren wir uns nicht auf das Symptom, sondern auf die Heilung der tieferen Ursache für das Auftreten des Symptoms. Wir bieten viele der traditionellen chinesischen Arzneimittel an, wie Akupunktur, Moxibustion, Schröpftherapie, traditionelle Massage, Aromatherapie, Druckpunkttherapie mit der Anwendung chinesischer Kräutermedizin und gesunde pflanzliche Ernährungsberatung", zählt er auf. „Wofür wird das genau hilfreich sein?", fragte Nathen fest und sah ihn höflich an, aber keineswegs so, als wolle er ihnen gefallen. „Paraplegie, Hemiplegie, Hemiparese und andere Situationen der Körperlähmung; Zerebralparese und ihre Komplikationen; Schmerzen im unteren Rücken, im Nacken, der Schulter, in der Taille und in den Beinen wie Rhinitis. Auch Allergien, Schwindel, Schlaflosigkeit, Verstopfung, schmerzhafte oder unregelmäßige Menstruation und andere Krankheiten. Unsere fachkundigen Akupunkturdienste bleten gezielte positive Behandlung für eine Reihe von Krankheiten, darunter Schlaganfall und neurologische Störungen; Gesichtslähmung wie Bell-Lähmung; Kopfschmerzen und Schwindel; Arthrose, Spondylose und andere Wirbelsäulenprobleme wie das Frozen-Shoulder-Syndrom oder Lendenwirbelsäulenprobleme; Bandscheibenvorfälle und ein Schädel-Hirn-Trauma; Rückenmarksverletzung einschließlich Querschnittlähmung; Zerebralparese, rheumatoide Arthritis, Ischias; Knochendegeneration und andere Erkrankungen". Er zählte alles ganz bestimmt auf, aber ich konnte nicht verstehen, was die einzelnen Punkte bedeuteten. Was ich verstand, war, dass es viele verschiedene Krankheiten gab. Alles von psychisch bis physisch, mit vielen Schmerz und weniger.

Bei diesen Ärzten schien die Welt mit der richtigen Lebensweise und Kondition heilbar zu sein, aber konnte es wirklich so einfach sein? Wir kamen in einen der Räume, die sie uns zeigen wollten. Sie sagten, dass sie anders aussahen als andere Standards, aber dass sie alle viel Platz und Raum hätten, um sich in Einsamkeit zu rehabilitieren. Man musste also nicht den ganzen Tag mit anderen zusammen oder am privaten Pool sein, den das Krankenhaus wie viele andere Angebote hatte. Wenn man am liebsten allein war, brauchte man nicht die ganze Zeit im Bett zu liegen.

Das Zimmer selbst war etwa gleich groß oder möglicherweise sogar größer als Nathaniels Patientenzimmer in der Klinik. Es war hauptsächlich weiß, mit einem Holzpfahl hinter dem Bett. Beruhigend waren die Lampen, die nicht in den Augen schmerzten, wie es viele weiße Lampen taten. In zwei großen Schränken, die auf jeder Seite mit einem Waschbecken in der Mitte standen, gab es auch ausreichend Platz für Kleidung. Darüber hinaus standen ein Sofa und ein Holztisch auf der rechten Seite des Bettes, so dass man sich beim Hereinkommen nur nach rechts drehen musste, um zu ihnen zu gelangen. „Was ist mit dem Essen hier?", fragte Nathaniel und sie führten uns sofort in den ersten Stock. „Das Café bietet leichte Mahlzeiten und Snacks wie warme Vorspeisen, Sandwiches, frisch gebackene Muffins und Kekse. Es ist von Montag bis Samstag von halb acht Uhr bis halb sieben Uhr abends geöffnet," erklärten sie, aber

Nathaniel wollte etwas anderes wissen: „Was ist mit den Mahlzeiten für die Patienten, die Sie zubereiten?", fragte er deshalb genauer. „Es tut mir so leid. Ich dachte, sie wären hungrig", erwiderten sie lächelnd. Der Arzt musste gehen, nachdem wir uns eines der Zimmer angesehen hatten, da er von einem seiner Patienten gebraucht wurde. Er sagte jedoch, dass er so bald wie möglich wiederkommen würde.

„Wir glauben an die Kontrolle der Ernährung und ihre Auswirkungen auf die Gesundheit der Patienten. Eine präventive Behandlung kann Risikogruppen dabei helfen, einen gesunden Lebensstil beizubehalten, aber sie verringert auch das Risiko, übergewichtig, fettleibig oder krank zu werden. Durch eine Ernährungstherapie kann ein Patient seinen Zustand kontrollieren und stabilisieren und Komplikationen während einer Operation verringern", erklärte sie, und Nathaniel nickte zufrieden. „Sie denken an eine Basische Ernährung, oder?", vergewisserte er sich und sie stimmte zu. Sie sprachen erstaunlich gut Englisch, fast als wäre es ihre Muttersprache, nur mit leichtem Dialekt.

„Geht es dir gut, Deen?" fragte ich ihn, als ich bemerkte, dass er unruhig wurde und von einem Fuß auf den anderen trat, während wir standen und mit der Krankenschwester Li sprachen. „Kann ich kurz mit euch reden?", fragte er, und die Krankenschwester verschwand sofort, um uns die Privatsphäre zu geben, um die er gebeten hatte. „Ihr wisst von einem meiner Wünsche: einmal um die Welt zu fliegen?" Er versuchte zu lächeln, aber man konnte sehen, dass es ihm schwerfiel. „Es tut mir leid, Nathen, aber ich habe beobachtet, wie du sie hier kontaktiert hast und ich wusste, dass wir heute hier sein würden." Nathaniel unterbrach ihn. „Du hast einen Flug nach Dubai gebucht", sagte er, und Deens Gesicht spannte sich für einen Moment an, als wäre er überrascht, dass er das so einfach herausgefunden hatte, aber dann kannte er seinen Bruder und nickte zustimmend. „Ich konnte mir nicht vorstellen, dass es so sein würde. Es tut mir leid, sonst wäre ich bei dir geblieben. Aber damals war ich egoistisch genug, nur an meinen eigenen Wunsch zu denken, nämlich eine Pause von allem", erklärte er und ich wusste nicht mehr was ich denken oder sogar fühlen sollte.

Deen hatte nicht nur gesagt, dass er gehen wollte, sondern auch, dass er eine Pause von uns wollte. Auch wenn es nicht jetzt war, sondern damals in der Klinik, er hatte es gebucht, und es tat weh. Ja, unsere Beziehung war damals kompliziert, und ich verstand sein Problem mit einer Pause, aber da sie sich verändert hatte, hätte er es sagen können. „Ich wollte nicht, dass du das im Kopf hast", erklärte er. „Es tut mir wirklich leid, aber es wird zehn Tage dauern; danach werde ich zurück in die Klinik fliegen", sagte er und versuchte, die schlechte Stimmung wieder zu vertreiben. „Wann geht dein Flug?", fragte Nathaniel pragmatisch. „Um drei", sagte Deen knapp und wir sahen alle gleichzeitig auf die Uhr. Es war halb eins. Nur zwei Stunden, und er musste im Flugzeug sein.

Wir entschuldigten uns und sagten, dass es einen Anruf aus unserer Klinik gab und wir einen Notfall hätten. Deshalb müssten wir den Rückflug nehmen. Die Lüge fiel uns nicht leicht, wenn man bedachte, wie einladend und hilfsbereit sie waren. „Ich werde Ihnen über die Zusammenarbeit schreiben", war das Letzte, was Nathaniel sagte, bevor wir zum Hotel eilten. In weniger als einer Stunde waren wir vollgepackt mit allem, was er brauchte und auf dem Weg zum Flughafen. „Du musst jetzt wirklich nicht mitkommen. Ich werde den Weg selbst finden", versuchte Deen freundlich zu sein, aber Nathaniel sagte, dass wir uns zumindest gerne richtig verabschieden wollten.

Schließlich hatte er am Flughafen genau eine Stunde Zeit, bis sein Flug gehen würde. „Lu", sagte er, und ich konnte sehen, dass seine Augen wässrig waren. Ich hatte noch nicht realisiert, dass er die letzten Tage nicht mehr bei uns sein würde. Andererseits, so hatte er gesagt, würden wir uns in wenigen Tagen jeden Tag sehen. Aber jeder Tag in unserem Alltag war nicht dasselbe wie ein einziger Tag in unserem Urlaub. „Es tut mir so leid, ich weiß, wie viel es dir bedeutet hat", erklärte er, und ich schüttelte den Kopf. „Es war deine Entscheidung. Steh dazu. Wenn du mir einen Gefallen tun möchtest, bleib in Dubai sicher und komm gesund zu uns zurück." Ich war stolz auf die Festigkeit meiner Worte. Es klang fast wie bei Nathaniel. Er nickte und kämpfte offensichtlich mit sich selbst, um nicht zu schluchzen. Am Ende war ich es, die damit hätte kämpfen müssen. Er wusste es die ganze Zeit, jede einzelne Sekunde und hatte genug Zeit, sich darauf vorzubereiten. „Komm her", sagte ich, und ich wollte ihn ein letztes Mal umarmen. Diese erfolgte zum Schluss mit einem tiefen, vielversprechenden Kuss, bevor er sich umdrehte und ging.

Auf einmal sahen wir ihn nicht mehr. Nathaniel legte einen Arm um mich, was mich unbeschreiblich tröstete. Die Wärme, die ich nach so einer eiskalten Aktion brauchte. „Was machen wir jetzt?", fragte ich, als wir in Richtung des Taxis gingen. „Der morgige Tag ist schon geplant, wie auch die Tage danach, zumindest größtenteils. Wir werden unsere Ferien einfach nur für uns zwei nutzen." Seine Logik war wie ein Stich ins Herz und dessen Heilung zugleich. Nathaniel, dessen Tag wunderbar sein würde, doch das war nicht dasselbe, als wären beide Brüder hier. Ich war fast schockiert über meinen Optimismus, als mir der Gedanke kam: Alles geschieht aus einem bestimmten Grund.

„Was würdest du heute zu einem Abendessen außerhalb des Hotels sagen?", fragte Nathaniel, als wir wieder auf dem Rückweg waren, und ich lachte leicht. „Wie ein wirklich gutes Essen nur wir zwei. Ein Date?", fragte ich, und auch wenn wir direkt vor unserem Zimmer standen, wartete er nicht, bis wir eingetreten waren. Nein, er drückte mich gegen die Wand, gab mir einen sehnsüchtigen und begehrenswerten Kuss, der meinen Bauch in ein Schmetterlingsparadies verwandelte.

„Weißt du, wie sehr ich das in den letzten Tagen machen wollte?", sagte er danach. „Warum hast du es nicht getan?", fragte ich staunend, und er zuckte mit den Schultern und gab mir keine Antwort, als wir unser Zimmer betraten. „Du hast erwähnt, dass wir bereits einen Plan für morgen haben; wie sieht der aus?", fragte ich, und ein Lächeln leuchtete belustigt auf seinen Lippen auf. „Was hältst du von einer Reittour mit anschließender Besichtigung der Chinesischen Mauer?" Ich begann zu lachen und lief auf ihn zu, um ihn herzlich zu umarmen. Wer hat gesagt, dass das alles Zufall war und nicht ein bestimmtes Ereignis, das passieren musste? Ich stellte mir Deen auf einem Pferd vor und musste noch mehr lachen; das wäre nie passiert. Er würde sich nur über meinen Wunsch lustig machen. Ein einziges Mal in unserer Geschichte klang das Ereignis von morgen für mich romantisch.

Kapitel 15

Als wir zu dem Restaurant gingen, das Nathaniel ausgesucht hatte, fragte ich mich, ob die Stadt jemals geschlafen hatte. Immerhin war es etwas ruhiger, jetzt um halb fünf Uhr. Sie waren alle da und unruhig. Als ginge es im Leben nur um Arbeit. Dennoch waren sie alle weiterhin freundlich und höflich. Eine ganz andere Mentalität, als ich es von zu Hause gewohnt war. Natürlich wären sie jedermann gegenüber höflich, aber immer mit dem Hintergedanken, etwas aus der Beziehung herauszuholen. Egoistisch, falsch und unwissend darüber, dass Menschen für jeden Schritt arbeiten müssen, den Sie unternehmen. Wahrscheinlich dachten sie, dass ihr Leben wichtiger war als das anderer Spezies. Menschen waren blind dafür, dass alle versuchten zu arbeiten und das bestmögliche Leben zu haben. Man stelle sich vor, manche sitzen faul auf dem Sofa, während andere für uns arbeiten Sie zahlen Steuern für uns. Wenn sie dann krank werden, würden sie herausfinden, wieviel ihr Geld wirklich wert ist und allein im Bett liegen, so wie ich einst auch.

Er wollte meine Hand nicht eine Sekunde aus seiner lassen. Nicht, dass ich das gewollt hätte, aber ich fand es ein wenig amüsant, wie viel Angst er hatte, mich hier zu verlieren. Ich konnte erkennen, dass er sich an so riesigen Orten nicht wohl fühlte. Der Versuch, den Überblick zu behalten und alles unter Kontrolle zu haben, wie er es immer wollte, war hier fast unmöglich. Umso leichter fiel es ihm, mich zu berühren, weil er wusste, dass es niemanden interessierte und niemand uns kennen würde. Auf der anderen Seite verlor er viel Energie, um sicherzustellen, dass wirklich alles die ganze Zeit in Ordnung war. Vielleicht sollten wir länger in dieser Stadt leben, damit er seinen Kontrollwahl verliert und sich endlich entspannen würde. Auch wenn wir von hunderten Fremden umgeben waren, die sich nicht um uns kümmerten, sondern nur um ihren Alltag und die tausend verschiedenen Probleme, die sie hatten.

Das Restaurant war groß, aber er hatte einen privaten Tisch für uns beide reserviert. Im Hintergrund lief die ganze Zeit leise chinesische Musik, wodurch ich mich einer anderen Kultur näher fühlte. Allerdings glaubte ich nicht, dass er zugehörte, zumindest sah es nicht so aus. Er beobachtete, wer im Restaurant saß, was sie aßen und wo die Ausgänge waren. Wenigstens konnte ich mich bei ihm immer sicher und entspannt fühlen. Sorgen zu machen war für andere notwendig, nur nicht für mich, solange er die ganze Zeit meine Hand hielt. Als wir unsere Plätze gefunden hatten, war ich überwältigt von der plötzlichen Stille. Wie er es sich gewünscht hatte, war es wirklich privat. Es gab weder Geschwätz zu hören noch waren Menschen zu sehen. Es war ein sehr edler Stil, mit leiser chinesischer Oper im Hintergrund und leuchtender Kunst an den Wänden.

„Du hast doch sicher schon das Essen bestellt", fragte ich, als wir uns setzten, und er nickte. „Du wirst zwischen den besten Gerichten wählen können", sagte er amüsiert, und ich lächelte; das war mein Nathaniel.

„Wie lange wird er fliegen?", fragte ich, als mir das Bild von Deen, der uns vor einigen Stunden verlassen hatte, wieder in den Sinn kam.

„Länger als wir, zumindest. Ich gehe davon aus, dass er den längsten Weg genommen hat, denn er wollte ja unbedingt einmal um die Welt fliegen", erklärte er und ich stellte mir vor, wie er allein irgendwo oben in der Luft saß. Allein. Mein Herz tat bei dem Gedanken eine Weile weh, aber es war seine Wahl. Das mussten wir akzeptieren und das Beste daraus machen. „Machen wir immer noch alles wie geplant?", fragte ich, da wir nun nicht mehr zu dritt waren.

„Wir könnten jetzt tun und lassen, was Sie wollen. Auch wenn ich die nächsten Tage geplant habe, ist es nicht unbedingt erforderlich, alles so zu machen", bot er an. Ich entgegnete, dass es sicherlich das Beste sei, einfach seinen Plänen zu folgen. Am Ende war es für mich ein Rätsel und ich hatte keine Ahnung, was ich wirklich gerne tun würde. Letztendlich hatte mir alles, was wir bisher gemacht hatten, gefallen. Warum sollten wir also nicht einfach als Duo weitermachen wie bisher?

„Hier ist das Vogelnest, die geschmorte ganze Abalone, die Haifischflossensuppe, die Wontonsuppe, die Frühlingsrollen und die gebratene Peking-Ente. Kann ich Ihnen noch etwas bringen", fragte die Kellnerin mit Akzent. Sie hatte wundervolle lange schwarze Haare, sah aber in ihrer Restaurantkleidung förmlich aus. „Uns geht es gut, danke", antwortete er. Sie lächelte, nickte und ging weg, ohne uns weiter zu stören. „Du bist verrückt", sagte ich, als ich mir all die vielen Gerichte ansah. „Erwarten wir noch jemanden?", fragte ich amüsiert und fragte mich, ob wir das jemals alles essen könnten.

„Die meisten Gerichte sind sehr gut für uns, mit Kräutern und Gewürzen, die wir von zu Hause nicht kennen. Du wirst sehen, wir werden zwar die nächsten Tage hier sitzen, aber es wird sich lohnen", zwinkerte er mir zu, und ich lachte. „Vielen Dank für alles", war das Einzige, was mir einfiel. „Es gibt nichts zu danken", sagte er mit so viel Liebe in seinen Worten, dass ich mich fragte, wer mir da gerade gegenübersaß. Noch nie war er so emotional gewesen, auch wenn es gut war, sich daran zu erinnern, wie viel heute passiert war. Manchmal vergaß ich fast seine Verantwortung und die Brüderlichkeit. Wenn Deen während seiner Abwesenheit etwas zustoßen würde, wollte ich wirklich nicht in seiner Haut stecken.

Wie erwartet war alles köstlich, und zum Glück nicht so üppig wie das Essen, das ich gewohnt war. Einiges davon war ganz besonders und einzigartig, während ich anderes schon einmal probiert hatte. Wir aßen fast schweigend, sprachen nur kurz darüber, was uns am besten schmeckte und welches wir danach probieren wollten. Es war eine angenehme Stille. Nachdem wir Deen ganztägig um uns hatten, war es gut, jetzt so eine Stille zu haben.

„Es ist fast so, als würde ich für solches Essen gerne an diesen Ort ziehen", gab ich am Ende zu und er lachte. „Darf ich eine Weile in der Küche arbeiten und dann alles lernen, damit wir das gleiche Zuhause haben könnte?", fragte er ohne erkennbares Zeichen von Humor. Ich lachte bei dem Gedanken, ihn den ganzen Tag zwischen zwanzig Leuten in einer warmen Küche zu sehen. Nach zwei Tagen bräuchte er eine Pause in der Natur, eine Wanderung, um wieder zu Kräften zu kommen.

„Hast du jemals darüber nachgedacht, umzuziehen?", fragte ich interessiert. „Da war Deen und seine Familie, bis sie starben, das hat mich an den Ort gebunden. Danach die Klinik, also nein, ich hatte nicht die Zeit und die Flexibilität dafür, schätze ich", erklärte er. Ich betrachtete die Bilder an der Wand. Einige zeigten Mahlzeiten, andere die Natur, aber auf einem war eine Frau in einem schwarzen Kleid abgebildet, das bis zum Boden fiel und es weckte mein Interesse. Ihr winziger, dünner und kleiner Körper sah wunderschön aus, wie das Kleid, das sie trug. Wenn man es jedoch genauer betrachtete, war es an den Boden gebunden und hielt sie dort fest, damit sie nicht fortfliegen konnte. Auf dem Bild sah man einen kleinen Diamantring, und ich stellte mir vor, dass sie jemanden heiraten wollte. Das würde jedoch nie geschehen, solang sie sich nicht aus dem Kleid befreite.

Ich drehte mich wieder zu Nathaniel um. Er hatte ein anderes Gemälde angeschaut, aber er richtete seine Aufmerksamkeit wieder auf mich. Sofort war ich wieder in der Realität. „Kunst ist faszinierend, nicht wahr?", fragte er, und ich nickte. „Meistens zeigt sie Motive, die einen gleichzeitig zittern lassen, glücklich und verängstigt machen. Das hängt davon ab, wie viel Zeit man mit dem Fragment einer anderen Welt verbringt", erklärte ich, auch wenn ich noch nie der Mensch war, der sich sehr für Kunst interessierte, bevor er in mein Leben trat. Schließlich hatte er alles verändert, warum sollte er also nicht auch meine Interessen ändern? Andererseits, was waren meine Hobbys, bevor ich ihn traf? Sicher nicht die Arbeit, das Babysitten oder Elisa von einer ihrer Partys nach Hause zu bringen.

Wir kamen halb zehn abends ins Hotel und waren so müde, dass ich mich fragte, warum wir nicht schon auf dem Heimweg in den Schlaf gefallen waren. Am Ende wäre das auch niemandem aufgefallen. Jeder wäre an uns vorbeigegangen, als wären wir Steine, die im Weg lagen, zu gewöhnlich zum Anschauen. Schließlich schlief ich in Nathaniels Armen ein. Ich träumte davon, dass er mir befahl, vor ihm niederzuknien und ihm zu gehören, während er einen Fingerring mit einem kleinen Ring an dem ein Diamant befestigt war an meinem Finger steckte.

„Guten Morgen", weckte mich eine tiefe Männerstimme und ich erstarrte. „Guten Morgen", antwortete ich und drehte mich kurz um. „Wir müssen bald los, sonst sehen wir nicht die ganze Mauer", sagte er. Ich lachte: „Als ob wir in der Lage wären, die gesamte Mauer an einem Tag zu sehen." – „Zumindest der Teil, den ich im Sinn hatte, dauert mindestens drei Stunden, wenn wir reiten", erklärte er und ich brauchte weniger als eine Minute, um vollständig angezogen vor ihm zu stehen. Er schüttelte den Kopf und sagte: „Erst frühstücken, sonst gehst du nirgendwo hin", und so gingen wir zusammen nach unten, um etwas zu essen.

„Haben Sie einen schönen Ausritt", sagte die Frau, und ich drehte mich um, um zu gehen, mit dem großen Pferd neben mir. „Du hast mir nicht gesagt, dass du reiten kannst." – „Du hast nicht gefragt", antwortete er leichthin. Mein Pferd hatte braunes Fell, aber eine schwarze Mähne und einen kleinen weißen Stern auf der Stirn. „Guter Junge, komm", sagte er, ignorierte meine Anwesenheit völlig und sprach stattdessen mit dem Pferd. „Ich denke, es ist das Beste, wenn wir ihn etwas besser kennenlernen, bevor du auf seinen Rücken steigst", erklärte Nathaniel, überfürsorglich wie immer. Aber er hatte recht. Ich hatte das vorher noch nie gemacht, und es wäre sicher gut, das Tier näher kennenzulernen. Léi, wie er genannt wurde, schien zumindest ruhig zu sein.

„Wann hast du angefangen zu reiten?", fragte ich, während wir eine Weile schweigend die Faszination unserer Umgebung betrachteten. „Es war eine der Therapiemethoden, die am besten funktionierte", erklärte er und schwieg einen Moment, bevor er fortfuhr: „Wie ich schon sagte, war ich nicht immer der beste Spielkamerad oder Bruder für Deen gewesen. Am Anfang fiel es mir wirklich schwer, mich zu entspannen und in seiner Nähe oder der seines Vaters zu sein. Deshalb nahm mich seine Mutter mit auf einen Bauernhof, auf dem es auch zwei Pferde gab. Es war mein erster Job gewesen. Ich verbrachte dort die meiste Zeit, nicht nur mit der Arbeit und dem Training der Pferde, sondern auch mit dem Lesen. Ich war meistens in den am besten versteckten Ecken", erklärte er und ich hörte schweigend zu. „Warum hast du aufgehört, dorthin zu gehen, wenn es dir so gut gefallen hat?", fragte ich. Es dauerte fast eine Minute, bis er stehen blieb und mir in die Augen schaute.

„Ein paar Kinder gaben ihnen frisches Brot. Es dauerte nicht lange, bis sie beide an einer Kolik starben", erklärte er, und es fühlte sich an, als ob sein einziger Halt an diese Zeit in diesem Moment verschwand. Ich konnte es mir nur vorstellen, und es war unerträglich. „Aber es hat mir die Lektion erteilt, dass man sich nicht wieder an etwas binden sollte. Wir lernen aus unseren Fehlern", sagte er so leichthin, dass mir ein Schauer über den Rücken lief.

Könnte das auch etwas mit mir zu tun haben? Und wenn ja, was würde das für mich bedeuten? „Du wolltest reiten?", fragte er plötzlich, als ich ihn eine Weile schockiert angestarrt hatte. Ich brauchte fast die gleiche Zeit, um meine Gedanken zu ordnen. Wir waren da, und er wollte jetzt bei mir sein, und solange er das tat, würde ich jede Sekunde nutzen müssen. Am Ende war nicht er, sondern das Pferd gegangen.

Er hob mich auf das Pferd. Ich hatte einen Helm und eine Sicherheitsweste um, um mich zu schützen, falls ich stürzen sollte. Das war etwas, worauf Nathaniel bestanden hatte, bevor ich auf Léi aufsteigen durfte. „Wow, es ist erstaunlich", sagte ich sofort, als ich mich in eine stabile Position brachte. „Guter Junge", sagte ich zu dem Pferd und strich ihm über den Hals. Er blieb ruhig und ging weiter, während Nathaniel ihn lenkte, als ob nur eine Feder auf ihm säße.

„Vermisst du nicht das Gefühl?", fragte ich, und er lachte kurz auf. „Ich gehöre nicht zu den Menschen, die alles in ihrer Vergangenheit vermissen", erklärte er kurz, aber ich verstand nicht, wie er immer nur nach vorne schauen und nie zurückblicken konnte auf das, was er früher in seinem Leben genossen hatte. „Weißt du, als Mann ist es nicht so schön zu reiten. Das wäre eine faule Ausrede, ich weiß. Außerdem habe ich nie genug Zeit gehabt und habe jetzt andere Hobbys. Schlussendlich wurde es zu einer guten Erinnerung, trotz des traurigen Ausgangs, an das ich mich bis zum Ende meines Lebens erinnern werde", erklärte er, während ich auf die scheinbar kleine Welt herabblickte. Ich war fasziniert von der Aussicht und wie weit sie sich von meiner Position aus erstreckte. „Ich kann das mit dem Erinnern nicht wirklich verstehen. Es ist nicht so, dass ich irgendetwas hätte, worauf ich mich beziehen könnte", antwortete ich nach einer Weile des Nachdenkens. „Hattest du nie ein schönes Hobby, an das du dich gut erinnern kannst?", fragte er, und ich versuchte, mich zu erinnern. „Damals gab es kein Hobby, das ich ausüben durfte, abgesehen vom Lesen, das ich immer noch tue. Das erste Ereignis, das mir einfällt, wenn ich an diese Zeit denke, war die Beerdigung meines Vaters. Danach war sowieso alles eine Hölle", erklärte ich, während ich das Pferd weiter streichelte. Es war wirklich entspannend, als würde man wie eine Königin auf dem weichsten Pferd aller Zeiten getragen werden, auch wenn es sehr stark aussah.

Wir waren schon auf dem Rückweg, da musste ich vom Pferd runter. So hart hatte ich mir das nach so wenigen Stunden nicht vorgestellt. Diese Muskeln hatte ich noch nie trainiert. „Das wird mich die nächsten Tage an dich erinnern", sagte ich zu Léi, während ich meine Beine streifte. „Wir werden etwas unternehmen, sobald wir zurück sind", bot Nathaniel an, und ich lächelte. Warum sollte ich auch nur daran denken, dass ich mit meinem Arzt an meiner Seite einen schmerzhaften Tag haben könnte?

„Möchtest du es noch einmal tun, wenn wir zu Hause sind?", fragte Nathaniel. Ich brauchte einen Moment, um über sein Angebot nachzudenken. „Ich möchte wirklich keine Anstalten machen. Außerdem habe ich in der Nähe der Klinik keine Bauernhöfe gesehen", erklärte ich und er begann zu lächeln. „Du weißt doch von dem neuen Gebäude an der Klinik. Der Stall", begann er, und ich wusste sofort, was er damit sagen wollte. „Natürlich würde ich mich gerne um alle kümmern. Nicht nur um die Pferde. Schließlich kann ich dir bei allem in der Klinik helfen", sagte ich erfreut. Er lachte. „Du weißt, dass du mir bei nichts helfen musst, wenn du es nicht willst", versicherte er mir. „Ich möchte keine faule Mittzwanzigerin sein. Außerdem würde ich gerne etwas mit Tieren machen", erklärte ich mit einem breiten Lächeln, und als er sich mir zuwandte, blieb Léi stehen. „Dann möchte ich, dass du mein professioneller Tierfreund

und -betreuer wirst", sagte er und streckte seine Hand aus, als wäre es ein Jobangebot, und ich lachte und umarmte ihn stattdessen. „Das würde ich gerne."

Unsere lange Wanderung ging weiter und wir wechselten uns beim Pferdführen ab. Manchmal versuchte ich sogar, mit Léi ein wenig schneller zu gehen, und er gehorchte sofort. Es war faszinierend, wie sehr er uns vertraute, selbst wenn wir ihn gerade erst kennengelernt hatten und er bestimmt schon viele Menschen vor uns getroffen hatte. Ein treuer Freund schien er zu sein, der nicht mehr als einen Stall, Heu und eine Karotte als Lohn bekam. Der Abschied war, auch wenn es insgesamt nur fünf Stunden gewesen waren, schwer. Allzu schnell hatte ich gelernt, unseren vierbeinigen Begleiter zu lieben. Aber es war schon spät, und wir mussten aufbrechen, um im Hotel etwas zu essen. Sonst würden wir wieder ein Restaurant suchen müssen.

Als wir zurückkamen, beschlossen wir, erst einmal zu duschen, bevor wir nach unten zum Abendessen gingen. Ich ging zuerst, und als ich herauskam, hörte ich, wie Nathaniel mit jemandem sprach. Ich zog mich schnell an. Etwas in seiner Stimme beunruhigte mich, und ich wollte so schnell wie möglich herausfinden, was es war. Er ging hin und her, rieb sich verzweifelt das Gesicht, und ich lehnte mich an die Wand, um zu warten, bis er seinen Anruf beendet hatte. „Den Rest werde ich selbst herausfinden. Ich danke Ihnen für die Informationen. Tun Sie alles, was Sie können, um sie wieder zu Kräften zu bringen. Ich werde alles dafür bezahlen, dass sie wieder gesund wird", erklärte er und meine Augen weiteten sich. War jemand verletzt? War etwas mit Deen passiert? fragte ich mich und wartete, bis er aufgelegt hatte. Er riss seine Augen auf und ich konnte Tränen in ihnen glitzern sehen. Sein ganzer Körper spannte sich an, und sein Atem ging schneller.

„Was ist passiert?", fragte ich mit zittriger Stimme. Er sah mich an, sein Gesicht war ganz blass. „Die Klinik wurde niedergebombt", erklärte er. Sein Lebenstraum war zerstört. „Warum sollte so etwas passieren?" fragte ich, langsam stiegen mir Tränen in die Augen. „Man sagt, dass anscheinend medizinische Geräte in der Klinik explodiert sind", sagte er, aber ich konnte sehen, dass er nicht überzeugt war. „Aber du glaubst das nicht?" fragte ich, und er schüttelte den Kopf.

„Niemand, der es mit der Pharmaindustrie aufnimmt, kommt ungeschoren davon", sagte er, und eine Art von Wut, die ich nie zuvor gespürt hatte, stieg in meiner Brust auf. Unschuldige Menschen sterben oder werden verletzt, nur wegen des Geldes und des Ansehens der Pharmazeuten. Für sie war es nichts anderes als ein Spiel, aber in einem Spiel kann man sich wehren.

In dem ganzen Buch wurden teilweise reale Plätze erwähnt. Mit diesen gibt es keine kooperation und all information dazu wurde über die folgenden Seiten geft

"The Palazzo Fiuggi" in Italien:

- Palazzo Fiuggi for a longer life, better lived. (2024, February 23). Palazzo Fiuggi - Wellness Medical Retreat. https://www.palazzofiuggi.com/?adblast=6839561872&vbad w=6839561872&utm_source=google&utm_medium=cpc&ut m_campaign=world-en-palazzofiuggi&gad_source=1&gclid=Cj0KCQiAxOauBhCaARIs AEbUSQQplFFUMe_DkGjNtZeSbNwsneiCFrmye1JlVo_F3vAC1 NWQOpCfpE4aAspnEALw_wcB

Das oldtimer museum in Italien:

- Museo Nazionale dell'Automobile - Torino. (2024, February 23). Mauto. https://www.museoauto.com/
- The collection - Mauto. (2023, December 14). Mauto. https://www.museoauto.com/en/the-museum/the-collection/

Der Europa-park in Deutschland:

- Europa-Park Resort. (n.d.). Europa-Park Erlebnis-Resort. https://www.europapark.de/en

Das Wiener Kunst Museum:

- Kunsthistorisches Museum Wien. (n.d.). https://www.khm.at/en/

Der National park in Kroatien, genannt die "Plitvice lakes":

- Plitvice Lakes National Park. (2023, November 14). Nacionalni Park "Plitvička Jezera." https://np-plitvicka-jezera.hr/en/

Das Krankenhaus in China:

- Nutrition Consultation | Beijing United Family Rehabilitation Hospital. (n.d.). https://rehab.ufh.com.cn/nutrition-consultation?fbclid=IwAR0Spvp9KKEAudGOOTXHnzbqnynPd29XaDxEUP8PDeOVqG2DBM6ZgFdZETk&lang=en
- Beijing United Family Hospital | Beijing United Family Hospital and Clinics. (n.d.). https://beijing.ufh.com.cn/locations/main-campus?lang=en

Die Chinesische Mauer:

- Beijing Horseback Riding and Badaling Great Wall Day Tour, Horse Riding in Beijing - Horseback Riding Kangxi Grassland Beijing. (n.d.). https://www.tour-beijing.com/horseback_riding/badaling_great_wall.php

Bitte bedenke das dies keine Doktor Lektüre sondern ein fiktiver Roman ist, auch wenn die Information gut nachgeforscht ist (Insbezüglich Krankheiten und andere Geschehnisse), haftet der Autor nicht für jegliche Erwähnungen.

Schlusswort

Ich hoffe, Sie haben unsere Reise mit Lusie, Nathaniel und Deen
genossen. Da Sie sich entschieden haben, auch dieses Buch zu lesen,
freue ich mich, dass Ihnen der erste Teil gefallen hat und hoffe, dass
Ihnen „One last Death" ebenso gefiel. Ich möchte mich noch einmal
bei allen für ihre Hilfe und die schönen Kommentare bedanken, die
ich erhalten habe. Vielen Dank auch für alle Kritischen
Erwähnungen; Sie werden mir helfen, mich als Autor
weiterzuentwickeln und noch mehr wundervolle Geschichten für
euch zu erschaffen. Bleiben Sie bis zum nächsten Mal stets gesund
und glücklich, aber genießen Sie auch die Bittersüßen, harten Tage.
Vielleicht wurden sie von Deen ja inspiriert sie mit etwas Kreativen
zu verbringen wie Nathaniel es ihn einst sagte ;)

Ihre L.H. Kuhrau